FREITAG IST
EIN GUTER TAG
ZUM FLÜCHTEN

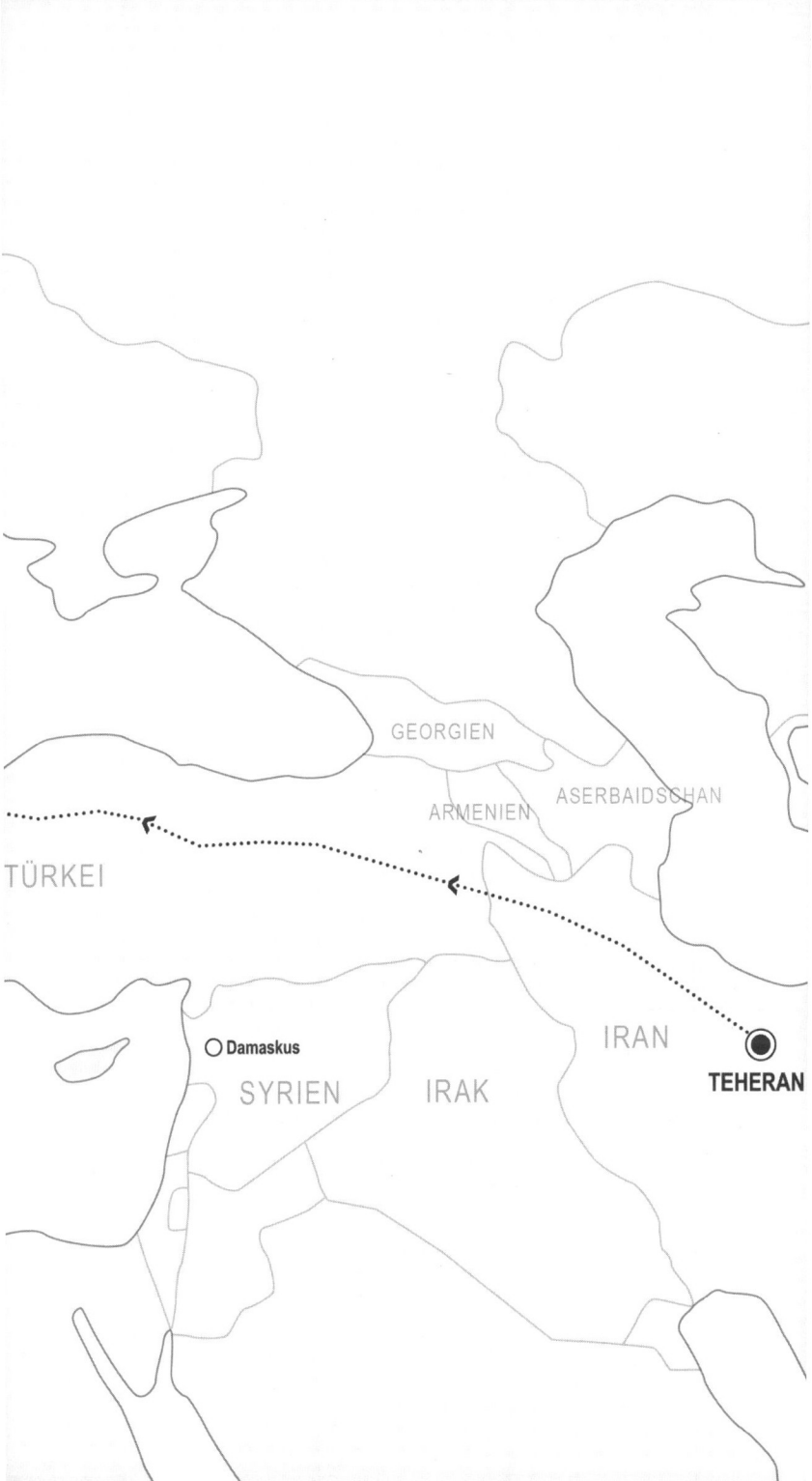

Elyas Jamalzadeh/Andreas Hepp

FREITAG IST
EIN GUTER TAG
ZUM FLÜCHTEN

Paul Zsolnay Verlag

Mit freundlicher Unterstützung der Kulturabteilung
des Landes Oberösterreich und des Zukunftsfonds
der Republik Österreich

Jedes verkaufte Buch unterstützt das AVC-Projekt
»Afghanistan – Flüchtlingshilfe«.

2. Auflage 2022

ISBN 978-3-552-07289-3
Satz und Karte: Nele Steinborn, Wien
Autorenfoto: © Mira Rumpel
Umschlag: Anzinger und Rasp, München
Foto: © Daniel Haselauer Fotografie
Druck und Bindung: CPI books GmbH, Leck

Printed in Germany

MIX
Papier aus verantwortungs-
vollen Quellen
FSC
www.fsc.org
FSC° C083411

Der Herr Polizist kam gleich zur Sache.

»Wie heißen Sie?«

»نام شما چیست؟«

Eigentlich flüchtet jeder.

Das Neugeborene flüchtet aus der Mutter.

Der Schüler flüchtet vor der Prüfung.

»الیاس جمالزاده«

»Er sagt: Elyas Jamalzadeh.«

Der Erwachsene flüchtet vor der Verantwortung.

Der Herr Polizist notierte die Übersetzung.

»Woher kommen Sie?«

»شما اهل کجا هستید؟«

Der Österreicher flüchtet vor dem Rundfunkgebühren-Inquisitor.

Der Sterbende flüchtet aus dem Leben.

Und ich? Ich flüchte. Vor? Nein, grundsätzlich.

»پدر و مادر من از پایتخت ما کابل هستند. سپس به ایران فرار کردند. من در ایران متولد شدم. سپس دوباره فرار کردیم. گفتم من افغان هستم. چون ایران هرگز چیزی به من نداده است. چرا باید احساس کنم پخشی از آن هستم؟«

»Er ... sagt: Afghanistan.«

Born to flee.

NOCH 2 KAPITEL
BIS ZU MEINER GEBURT

Dort, wo ich herkomme, sind manche Mädchen ohne Jungs Jungs, und Jungs Jungs.

Dort, wo ich herkomme, gehen hennafarbene Bärte mit ihren Männern spazieren.

Dort, wo ich herkomme, tanzen Kalaschnikows auf Hochzeiten. Im Ernst, schau auf YouTube, da gibt's Videos davon.

Padar-jan, das heißt *Vater*, wurde mit zwei Händen, zwei Füßen und typisch vielen Haaren in einer reichen Familie in Kabul geboren. Beruf: Pfleger. Er war der, der sich um die Alten, Kranken und sonstige unwirtschaftliche Mitglieder der Gesellschaft gekümmert hat. Sein Bruder um deren Fernseher, Steckdosen und Stromleitungen. Söhne durften ja etwas lernen. Töchter nicht – klar, warum denn auch?! Die sollten zu Hause putzen, kochen, kindern.

Besucht hat meine Madar-jan die Schule trotzdem.

Besucht hat ihr Nachbar meinen Padarbozorg deshalb.

Padarbozorg, das ist der Vater meiner Madar-jan. Der Nachbar jedenfalls hat ihn netterweise und nachdrücklich darüber aufgeklärt, dass es peinlich sei, wenn seine Töchter zur Schule gehen. Ist doch immer wieder schön, so Hilfe von Nachbar zu Nachbar, oder?

Besucht hat Madar-jan die Schule danach nicht mehr. Beruf: Hausfrau.

Meine Eltern wurden verheiratet. Da war Padar-jan ein wenig jünger als Sebastian Kurz heute, und Madar-jan ein wenig jünger als Greta Thunberg. Neben der Tatsache, dass mein Beispiel sicher ein witziges Paar abgeben würde, überlasse ich das Rechnen dir. Ist nicht so meine Stärke. Und ja, das mit dem Verheiraten gibt's echt noch. Auch bei den Afghanen, die schon in anderen Ländern leben. Hm, wie kann ich dir das erklären?

Vielleicht so: Eine afghanische Verheiratung läuft wie die österreichische Regierungsbildung ab. Die Eltern des Sohnes wären dann die stärkere Partei. Da sag ich jetzt lieber keine konkrete, da mach ich mir hier keine Freunde. Die haben jedenfalls die Initiative. Zuerst wird ein geeigneter Koalitionspartner sondiert. Den finden die afghanischen Eltern unter den Verwandten und Bekannten in der Stadt. Dann finden erste Gespräche statt. Die Alpenrepublik-Politiker haben da den Vorteil, dass schon jeder jeden entweder kennt oder zumindest mal bestochen hat. Meine Eltern kannten einander aber nicht. Deren Eltern regelten das untereinander.

Meine Madar-jan und mein Padar-jan hatten einander nie gesehen. Erst bei der Hochzeit. »Servus! Ah, du bist der, mit dem ich die nächsten fünfzig oder bis-zur-nächsten-Explosion Jahre verbringen soll? Cool! Nice to meet you!« So etwa stell ich mir das vor. Am Hochzeitstag standen sie nur da wie Puppen, in Anzug und Brautkleid. Und dann – Plopp! – waren sie auf einmal verheiratet. Plopp! Das macht auch der afghanische Reis im Kochtopf. Nicht schrecken, ist wie die Afghanen: explodierend. Haha.

»Weißt du, ich hatte trotzdem keine Angst vorm Heiraten.«

Das hat Madar-jan mir später erzählt. Sie hatte ihren Eltern vertraut, dass sie die besten Entscheidungen treffen würden. Aber sie wusste von einer Verwandten, die von ihrem Mann sehr schlecht behandelt wurde. Die waren nämlich verheiratet worden, und bei einer afghanischen Hochzeit sind beide sehr stark geschminkt. Als der Ehemann am nächsten Morgen seine Frau ohne Schminke gesehen hatte, war er erschrocken aufgesprungen und aus dem Zimmer gelaufen. Er hatte sie nämlich zu hässlich gefunden. Und was tust du klarerweise, wenn du deinen Partner ohne Schminke zu hässlich findest? Genau. Du heiratest einfach noch wen! Das gibt es in Afghanistan oft. Mit dieser zweiten Frau war der Mann dann spazieren, bei anderen zu Besuch oder hatte Sex mit ihr. Die erste Frau ignorierte er, sie musste ihr Leben lang für ihn putzen und im Haus bleiben. Das erlaubt die Religion, sagt man. Das erlaubt Mohammed. Der Prophet hatte selbst zehn Frauen, die jüngste davon war bei der Hochzeit erst sieben. Deswegen werden Mädchen oft sehr jung verheiratet.

Vielleicht denkst du jetzt: »Warum ist die Frau nicht weggelaufen oder hat sich scheiden lassen?« In der muslimischen Welt gibt es ein Sprichwort: Eine Frau kommt mit weißen Kleidern in die Ehe und verlässt sie auch mit weißen Kleidern. Der erste Teil vom Sprichwort meint das Brautkleid. Der zweite Teil meint das Kafan. Das ist ein großes weißes Tuch.

Das Kafan trägst du zum Beispiel in Mekka.

Und das Kafan trägst du, wenn du tot bist.

Also meint die Redewendung, es gibt keine Scheidung, nur den Tod. Aber der Mann darf, wie Mohammed, mehr Frauen heiraten. Heutzutage ist es schon ein bisschen anders: In modernen Gebieten und Städten kannst du dich scheiden lassen. In den ländlichen Gebieten, wo die Paschtunen wohnen, nicht. Oder wo die Taliban sind. Da gibt's nur das Kafan. Punkt.

Afghanistan war 2018 auf Platz 187 von 189 auf dem Gender Development Index des UNDP. Ein Hoch auf die Frauenrechte!

NOCH 1 KAPITEL
BIS ZU MEINER GEBURT

Oder wie meine älteste Schwester Mahbobeh von den Taliban entführt wurde und spurlos verschwand.

Der Herr Krieg migrierte so vor fünfunddreißig oder vierzig Jahren nach Afghanistan. Bekam leider von Beginn an eine Arbeitsbewilligung. Und werkelt dort heiter weiter bis heute. Hoffentlich kommt der Herr Krieg nie auf die Idee, auch in den Westen zu fliehen.

Damals kämpften die Taliban gegen die Regierung, so wie heute die Paschtunen gegen die Tadschiken. Wobei die Taliban ja heute auch noch kämpfen? Na ja, egal, Afghanistan – Plopp! – halt, jeder – Plopp! – kämpft. Die Taliban jedenfalls wollten die Schulen schließen und die Kinder in die Moschee zum Koranlernen schicken. Alles, was noch gelehrt wurde, war plötzlich nicht mehr auf Dari, sondern auf Paschtu, also in einer ganz anderen Sprache. Stell dir vor, du gehst in die Schule, und plötzlich dürfte niemand mehr Deutsch sprechen, sondern nur noch irgendein Chinesisch:

Du so: »Servus!«

Er so: »您好«

Du so: »Was?«

Er so: »拿枪«

Du so: »Hä?«

Er so: »圣战！«

Du so: »Ich versteh nix!«

Er so: »你是一个不信的人«

Du so: »Sorry, kein Plan.«

Er beginnt, dich zu schlagen.

Du so: »Au!«

So ähnlich war das. Den Jungs ab zwölf Jahren wurde ein Tuch um den Kopf befohlen. Und die Kleineren hatten dann alle so eine muslimische Art von Haube am Kopf. Unter uns gesagt: Die schaut exakt wie die Kippah der Juden aus. Erzähl das aber bitte nie den Taliban. Das hören die nicht so gern. Sonst machen die dich plopp.

Meine Eltern lebten noch halbwegs in Sicherheit. Der Vater meines Vaters war reich, Direktor der einzigen Schule im Viertel, und hatte in der Lokalpolitik die richtigen Freunde. Außerdem war Kabul vergleichsweise sicher und stabiler als der Rest unseres kriegszerrütteten Fleckens Erde. Aber unsere Familie hatte ein Problem: Madar-jan bekam vier Töchter hintereinander, und keinen Jungen.

Mädchen gelten nichts. Deshalb gibt es Bacha Posh. Heißt wörtlich »wie ein Junge gekleidet«. Das passiert häufig in Afghanistan: Eine Tochter wird als Junge verkleidet, benimmt sich wie ein Junge und hat auch die Rechte eines Jungen. Das ist ein Bacha Posh. Offiziell dürften sie nicht existieren. Aber ein erfundener Sohn ist besser als gar keiner. Im Volksmund munkelt man, dass das nächste Kind ein Junge werde, wenn ein Mädchen zu einem Bacha Posh wird. Außerdem kann sie beziehungsweise er am Bazar weit billiger einkaufen als ein Mädchen, selbst arbeiten und Geld verdienen, unbehelligt zur Schule gehen und seine Schwestern beschützen. Nicht nur, aber vor allem in ländlichen

Gegenden dürfen Frauen ohne einen Mann nicht einmal das Haus verlassen. Und wenn du als Mädchen einen Bruder hast, der das besitzanzeigende Fürwort »meine« vor »Schwestern« setzen kann, lassen die anderen dich in Ruhe. Egal, ob »die anderen« nun pubertierende Burschenbanden, vereinzelte Sexsklavenhändler oder gar die Taliban sind.

Denn: Der männliche Besitzanspruch wird respektiert.

Deshalb wurde Asina, meine drittälteste Schwester, ein Bacha Posh. Das beschlossen meine Eltern, das beschloss die Familie. Anderer Name, andere Frisur, anderes Benehmen. So konnte auch Mahbobeh die Mädchenklasse besuchen, und sowohl die zweitälteste, Trina, als auch die jüngste, Khaledeh, durften gelegentlich mit »ihm« ins Freie.

Dabei weiß natürlich jeder, dass es die Bacha Posh gibt. Fast jede Familie hat einen Bacha Posh in der Verwandtschaft. Und umso älter sie werden, umso leichter sind sie zu erkennen. Jeder weiß es, keiner sagt es. Es wird stillschweigend akzeptiert, weil ganze Familien von einem Bacha Posh, seinem Einkommen und seinen Rechten abhängig sein können. Eine Zeit lang ging das für Asina noch gut. Die eiserne Regel allerdings ist: Ab zwölf muss »er« wieder zu »ihr« werden. Dann wird es ohnehin schwer, ein pubertierendes Mädchen als Jungen auszugeben. Und das Letzte, was du im Leben willst, ist, von den Taliban als Bacha Posh enttarnt werden.

Daran hielten sich meine Eltern. Asina wurde zwölf, blieb kurzfristig zu Hause, ließ ihr Haar wieder lang wachsen und wechselte in die Mädchenklasse. Der schützende Bruder in unserer Familie existierte nun nicht mehr, war wie ausgelöscht. Und so musste es leider auch bleiben. Zwar hatten meine Eltern nun schon zwei Söhne bekommen. Aber es war spät, zu spät. Hesam war erst drei, und Ramin vielleicht ein Jahr alt. Und Asina war wieder bloß Asina. Es gab keinen Bacha Posh mehr, der durch die Straßen stampfen und »meine« vor »Schwestern« setzen konnte. Weder vor die jüngere. Noch vor die beiden älteren. Unser männliches Possessivpronomen war verschwunden.

Mahbobeh ging eines Tages in die Schule.

Mahbobeh kam eines Tages nicht mehr heim.

Meine Eltern haben am ersten Tag nur bei den Verwandten gesucht und herumgefragt. Sie wollten kein Aufsehen erregen. Es wird als große Schande betrachtet, wenn ein unverheiratetes Mädchen bei Einbruch der Dunkelheit nicht zu Hause ist. Und Schande kann in dieser Kultur tödlich enden. Wer nämlich weiß, wo und bei wem sie ist ...? #AfghanischeEhrkultur

Am nächsten Tag, als Mahbobeh noch immer nicht nach Hause gekommen war, gaben sie in der Moschee und vor dem ganzen Vorort von Kabul und der Polizei bekannt, dass ihre Tochter verschwunden ist. Doch niemand konnte sie finden. Meine Eltern wurden immer verzweifelter, fragten, schrien, weinten. Doch niemand konnte sie finden. Nach einigen Monaten, als der Krieg heftiger geworden ist, bekamen meine Eltern eine knappe Nachricht von den Taliban:

»Wir haben eure Tochter. Wir kommen und holen die anderen.«

Deshalb verheirateten meine Eltern Trina sofort. Wenn du in Afghanistan verheiratet bist, tut dir niemand was, weil der Mann auf dich aufpasst. Du bist quasi nur zu Hause, weil du nicht arbeiten oder in die Schule gehen darfst, aber du bist in männlich- und religiös-garantierter Sicherheit. Auch für Asina hatten meine Eltern bald einen Mann als Beschützer gefunden. Better married than dead. Als unsere Eltern bald trotzdem weitere Drohungen von den Taliban erhielten, flohen sie mit Familie zum Haus unseres Onkels außerhalb von Kabul.

Tags darauf wurde unser eilig verlassenes Haus von einer Bombe in die Luft gesprengt.

Meine Eltern wussten, dass die ganze Familie weiter in großer Gefahr schwebte, solange sie im Land blieben. Die Taliban wollten sie beseitigen: Erstens, weil der Vater meines Vaters eine wichtige Person für die lokalen Politiker war, die ein modernes Afghanistan schaffen wollten. Und zweitens, weil auch meine Eltern selbst zu progressiv waren und ihre Töchter in die Schule geschickt hatten. Was also konnten sie noch tun? Die Möglichkeiten für unsere Familie waren, positiv ausgedrückt, begrenzt. Den Taliban schien es mit uns recht ernst zu sein, und sie hatten Verbindungen in ganz Afghanistan. Deshalb sind meine Eltern mit meiner jüngsten Schwester Khaledeh und den beiden Kleinen, Hesam und Ramin, durch die Berge und die Wüste ein Monat lang zu Fuß von Kabul nach Teheran in den Iran geflohen.

Als sie endlich angekommen waren, machten sie sich große Hoffnungen. Sie waren froh, in einem Land zu sein, in dem die Religion und die Sprache fast dieselben wie vor der Flucht waren. Sie dachten: »Hier werden unsere Kinder eine bessere Zukunft haben. Alles wird gut.«

Mahbobeh blieb verschwunden.

BITTESCHÖN, HIER BIN ICH!

»Woher kommst du eigentlich?«

Ach ja, die Sache mit der Herkunft.

a) Meinst du, wo ich geboren wurde? Das war im Iran.

b) Meinst du, zu welcher Kultur ich gehöre? Afghanistan.

Oder c), meinst du, was auf meiner Geburtsurkunde steht?

Dann bin ich gar nichts. Ein Schatten. Staatenlos. Ich habe keine Geburtsurkunde. Wurde niemals offiziell registriert. Wie mein Bruder Edris, der zwei Jahre vor mir und direkt nach unserer Flucht geboren worden war. Auf Farsi gibt es für etwas wie uns ein Sprichwort.

Tschub-e do sar gohi.

Stock, an beiden Enden beschissen.

Keine Seite ist mehr deine Heimat. In Afghanistan verfolgt, im Iran verhasst. Wir waren nun bloß Fremde, bloß ein Stück oder ein Stock in der wabernden und klebrigen Masse illegaler Afghanen, denen es genauso ging wie uns, und von denen sowieso ein paar Millionen zu viel am Leben waren, wenn du den durchschnittlichen Teheraner auf der Straße gefragt hättest. Kein Krankenhaus und keine Hebamme konnten wir uns leisten. Das Hinterzimmer unserer engen Wohnung in Teheran war der einzige Geburtshelfer. Aber immerhin: Meine Mutter behauptet felsenfest, es habe am Tag meiner Geburt geschneit. Schnee im Iran? Das ist doch zumindest etwas, oder? #DingeFürDen-Lebenslauf

Ich wurde nie zum Flüchtlingskind.
Ich war immer ein Flüchtlingskind.
Ich war schon als Flüchtlingskind geboren worden.
Born to flee.

Die kleine Wohnung hatten wir überhaupt nur über eine Tante von mir bekommen, die offizielle Papiere im Iran besaß und somit einen Mietvertrag abschließen durfte. Niemand in unserer Familie hatte legale Aufenthaltsdokumente für den Iran. Deshalb hätten wir selbst, wir als Afghanen nicht einmal einen Platz zum Schlafen mieten dürfen. Nur auf dem Schwarzmarkt, wo du den dreifachen Mietpreis zahlen musst. Die wissen schließlich, dass du keine andere Wahl hast. Aber das musst du dir als Flüchtlingsfamilie mit kleinen Kindern und alten Eltern erstmal leisten können.

Warum erzähle ich dir das alles? Nicht, damit du Mitleid hast. Nicht, damit du sagst: »Oh, du armes Flüchtlingskind!« Vielen Menschen auf der Welt geht es gleich oder schlechter. Auch andere Menschen müssen leiden, flüchten, sterben. Ertrinken. Ich erzähle dir das nur, damit du verstehst, woher ich komme. Das mit der Herkunft halt.

Meine jüngste Schwester Khaledeh, die mit meinen Eltern und meinen Brüdern in den Iran geflohen ist, hat auch geheiratet. Ihr Mann war der Sohn meiner Tante, die für uns die Wohnung gemietet hat. Khaledeh ist bald darauf mit unserer Tante und ihrer neuen Familie zurück nach Afghanistan gezogen. Sie hatte ja nun einen, der sein »mein« vor sie setzte. Und ab da waren meine Eltern auf sich gestellt. Sie mussten sich eine eigene Wohnung und eine eigene Arbeit suchen, und eine Schule für uns Brüder.

Da wir allerdings keine Aufenthaltspapiere bekamen, konnten wir auch keine offizielle Schule besuchen und durften nichts lernen. Das ist Teil des Teufelskreises für Afghanen, die im Iran als Flüchtlinge leben und keine Dokumente erhalten. In dieser Zeit, als wir auf uns gestellt waren, ist uns auch immer mehr bewusst geworden, wie teuer das Leben im Iran für illegale Flüchtlinge ist. Als Afghane ohne Aufenthaltsgenehmigung ist so ziemlich alles unleistbar für dich. Wir mussten beispielsweise für Medikamente oder im Krankenhaus den doppelten Preis zahlen, weil wir Afghanen waren. So war es auch bei Miete, Kaution oder Betriebskosten für die Wohnung. Die Leute wussten, dass wir keine andere Wahl hatten. Wir mussten alles schwarz bezahlen, weil wir keine Rechte hatten. Aus diesem Grund hörte mein ältester Bruder Hesam im Schuhgeschäft auf und fing in einer Tischlerei an. Dort stellten sie hauptsächlich Sofas her, und Hesam verdiente mehr als vorher.

Ich bekam als kleines Kind von alldem noch nicht viel mit. Ich liebte es, rauszulaufen vors Haus und mit den anderen Jungs auf den weiß-schwarzen Lederball einzudreschen, der mit dem Älterwerden nur noch ein Drittel so groß, dann nur mehr ein Viertel so groß, dann schließlich nur noch ein Fünftel so groß wie ich war. In den umliegenden Wohnungen lebten dicht an dicht viele andere afghanische Familien. Viele von ihnen hatten keine Papiere, so wie wir. Wir hatten offiziell keine Rechte im Iran und würden mangels Papieren auch nie Rechte erhalten. Aber wir waren vorerst in Sicherheit. Hier gab es keine Leute, die dich oder dein Haus in die Luft sprengen wollten. Hier gab es keine Männer, die dich oder deine Schwester am helllichten Tag entführen. Hier konnten wir überleben, trotz aller sozialen oder wirtschaftlichen Nachteile.

Schließlich wurde ich sieben Jahre alt. In diesem Alter beginnen Jungs normalerweise, in die Schule zu gehen. Da wir schon seit etwa zehn Jahren im Iran gelebt hatten und ich im Iran geboren worden war, machte meine Mutter sich große Hoffnungen, dass ich aufgenommen werde. Sie wollte, dass zumindest ihr jüngstes Kind eine Schulbildung erhielt. Aber die Schule lehnte uns ab, da wir weiterhin keine offiziellen Dokumente besaßen. Meine Mutter durfte mich nicht anmelden. Voller Enttäuschung machten wir uns auf den Heimweg. Ich weiß noch, dass meine Mutter am Weg nach Hause nur geweint und geweint und geweint hat.

»Warum weinst du, Madar-jan?«

Ich hab das alles nicht verstanden:

Ich kann die Sprache perfekt sprechen.

Ich wurde in diesem Land geboren.

Meine Brüder und mein Vater arbeiten in diesem Land.

Und trotzdem darf ich die Schule nicht besuchen?

Wir wohnen am selben Ort.

Wir haben dieselbe Regierung.

Wir haben dasselbe Aussehen.

Und trotzdem darf ich die Schule nicht besuchen?

Wir haben denselben Glauben.

Wir haben dieselbe Religion.

Wir haben den gleichen Gott,

denselben Propheten

und den Koran.

Und trotzdem darf ich die Schule nicht besuchen?

Diese Frage beschäftigte damals meinen kleinen Kopf.

Diese Frage beschäftigt heute meinen etwas größeren Kopf.

NOCH 8 KAPITEL
BIS ZUM MITTELMEER

»Dorut, Fare-jan!«

Faredin war mein Nachbar.

Faredin war mein bester Freund.

Faredin war mein Einstieg in die Kinderarbeit.

Wir trafen uns oft und spielten am Abend zusammen Fußball. Zuerst hatte er Angst vor den älteren Jugendlichen in unserer Gasse, und deshalb kam er nicht gerne, wenn sie spielten. Wir lernten uns besser kennen, und nach einiger Zeit verlor Faredin auch seine Angst vor den älteren Jungs. Er war dann immer dabei und spielte mit uns, meistens in meiner Mannschaft.

Nachdem ich an der offiziellen, iranischen Schule abgelehnt worden war, war meinen Eltern klar, dass ich eine Alternative brauchte. Dass wir eine Alternative brauchten, eine finanzielle. Deshalb entschieden sie, dass ich auch arbeiten gehen sollte. Damals war ich sieben Jahre alt.

»RABENELTERN!«, schreist du jetzt vielleicht die Buchstaben vor dir an, »ENTSETZLICH! Einen Siebenjährigen arbeiten schicken!«

Ja stimmt, Sherlock Holmes, nicht ideal. Aber was ist besser für unseren hochverehrten Herrn Kindeswohl:

a) untertags Geld verdienen und dafür als Familie Essen und ein Dach über dem Kopf genießen oder

b) gelangweilt zu Hause sitzen, ohne Bildung, die Wucher-

Miete nicht mehr zahlen können, obdachlos werden, und in Kriminalität und Drogenmissbrauch abrutschen wie ein großer Teil der ärmeren Jugendlichen im Iran?

Manchmal muss man sich im Leben zwischen zwei Übeln entscheiden. Manchmal kannst du nur zwischen Scheiße und Gülle wählen. Und heute denke ich, dass meine Eltern das geringere Übel gewählt haben, zum Wohl der Familie und deshalb auch zu meinem Wohl. Damit ich die Chance auf eine bessere Zukunft haben darf. Als ich Faredin erzählte, dass ich arbeiten muss, reagierte er recht gelassen.

»Du kannst mit mir kommen. Ich zeig dir alles.«

Das hat Fare-jan mehr im Spaß gemeint. Er dachte, ich mache wie immer nur einen Scherz. Ich mach nämlich oft Scherze. Heute noch. Fällt dir das auf? Meine Verlobte verdreht dann meistens die Augen, weil sie die Witze so blöd findet. Na ja. Als ich jedenfalls am nächsten Morgen wirklich vor Faredins Haustür stand, nahm er mich ernst. Wir fuhren also mit dem Bus zum ersten Mal gemeinsam los.

Als illegaler, afghanischer Flüchtlingsjunge im Iran hast du meistens nur eine Möglichkeit zu arbeiten: Verkauf etwas auf der Straße. Du kannst Kaugummis verkaufen, Schuhe putzen oder mit einer Waage am Wegrand sitzen und den Leuten anbieten, dass sie sich für ein paar Cent wiegen dürfen. Oder du verkaufst Fal-E, also sowas wie Omen. Das habe ich am Anfang gemacht, als mich Faredin mitgenommen hat. Fal-E sind im Iran beliebt. Das sind kleine Zettel in bunt gestalteten Umschlägen, auf denen ein Spruch aus persischen Gedichten für deine Zukunft steht. So ähnlich wie bei chinesischen Glückskeksen. Aber es steht immer etwas Positives drauf, damit die Leute es kaufen wollen. Und es muss möglichst allgemein formuliert sein, zum Beispiel:»Du bist eine nette Person, und du wirst viel schaffen«

oder »Du wirst heiraten und bis dahin einige Schwierigkeiten überwinden«.

Mit dem Bus fuhren wir immer in der Früh los. Ins reiche Viertel. Dorthin brauchten wir pro Strecke so zwei bis drei Stunden. Wenn es keinen Stau gab und nicht so viele Leute unterwegs waren, dann waren wir schneller. Aber in Teheran sind die Busse immer überfüllt. Deshalb mussten wir bei fast jeder Haltestelle zehn Minuten warten, bis alle Leute aus- und eingestiegen waren. So ähnlich wie bei diesen Bildern von vollen Bussen und Zügen in Indien, die man im Internet oder in Schulbüchern sieht. Und einmal in der Woche mussten wir vorher noch zum Bazar fahren, um neue Fal-E zu kaufen, das dauerte dann noch länger.

Im reichen Viertel sind die Leute reich. Ja, ich weiß, kommt jetzt überraschend, die Aussage. Aber sie ist nichtsdestotrotz eine wichtige und uralte Erkenntnis für alle Straßenverkäufer. Dort sind viele Menschen, die Eis essen gehen, im Café sitzen und lesen oder in die Einkaufszentren shoppen gehen. So ähnlich wie hier bei uns. Denen kannst du viel verkaufen. Wir wechselten immer wieder unseren Standort. Meistens waren wir in Tehranpars-falak-e-aval, in Do oder Seh unterwegs, das sind die besseren Stadtviertel.

Ich hatte natürlich Angst, viel Angst vor dieser großen Gesellschaft und der Arbeit. Meine Mutter war auch jeden Tag nervös, ob ich am Abend wieder nach Hause komme. Es war gefährlich, weil die Polizei oft kontrolliert und Kinder erwischt hat, die nicht schnell genug weggelaufen sind. Außerdem wusste ich in der ersten Woche nicht, was ich machen soll, damit die Leute meine Fal-E kaufen. Faredin gab mir Tipps: »Du musst an den Leuten kleben und mitgehen, bis sie ein Fal-E von dir kaufen. Und du musst möglichst arm tun, ›Oh, ich hab nichts zu essen‹ und so.«

Wir verkauften aber nicht nur Fal-E. Je nach Jahreszeit mussten wir die Waren wechseln. Im Winter verkaufst du besser Handschuhe, Hauben und Schals, im Sommer eher T-Shirts. In diesen Wochen und Monaten als Siebenjähriger habe ich gelernt, wie alles funktioniert in dieser Welt der Kinderarbeit.

Faredin passte immer auf mich auf. Er war ein bisschen älter und stärker als ich. Trotzdem gab es immer wieder Jugendliche, die unsere Waren oder unser Geld gestohlen haben. Sie kamen zum Beispiel zu dritt mit einem kleinen Messer und sagten: »Gib mir dein Geld!« Dagegen konnten wir nichts tun, wir konnten ja nicht zur Polizei gehen.

Außerdem wurde die Polizei selbst zu unserer größten Bedrohung. Je älter ich wurde, desto schwieriger war die Situation für mich. Wir Afghanen mussten immer weglaufen und uns verstecken, wenn die Polizei vorbeifuhr. Wir wussten: Wenn sie uns erwischen, sind erstens unsere Waren und zweitens unser Geld weg. Und wenn du älter bist und keine Dokumente hast, wirst du sofort nach Afghanistan abgeschoben. Deshalb versteckte ich mich immer, wenn die Polizei kam, in der Nähe hinter einem Baum oder unter einem Auto.

Wir hatten auch immer mehr Konflikte mit den Geschäftsleuten dort. Sie sahen ordentlich und gepflegt aus, also so mit Jeans und sauberen T-Shirts oder Hemden. Das waren meistens jüngere Männer so zwischen fünfundzwanzig und vierzig Jahren. Sie mochten es nicht, wenn wir vor ihren Geschäften Waren verkauften. Klar, wenn du dieselben Produkte wie die Geschäftsleute verkaufst, nur billiger, dann haben sie damit keine Freude. Wenn du klein bist, finden sie dich nur arm. Wenn du größer wirst, sehen sie dich als Konkurrenz. Das war schon immer so: Je größer du wirst, desto größer werden die Probleme. Die wachsen mit dir.

»Verschwindet, ihr Scheißstraßenköter!«

Oft beschimpften sie uns, wollten uns schlagen oder riefen die Polizei.

a) Was, glaubst du, haben wir Intelligenzbestien dann gemacht? – Genau! Wir haben aus dem Biomüll Tomaten oder Bananen oder alte Wasserflaschen genommen, auf die Auslage geworfen und sind weggelaufen.

b) Aber was, glaubst du, war dann für uns Intelligenzbestien das Problem? – Richtig! Wir konnten dort nichts mehr verkaufen. Sonst hätten wir richtig Ärger mit den Geschäftsmännern und der Polizei bekommen.

c) Und, glaubst du, haben wir Intelligenzbestien es trotzdem immer wieder getan? – Auf jeden Fall.

Und noch eine geniale Idee, die nur zwei speziellen Idioten wie uns einfallen konnte: Wir verkauften billige USB-Ladegeräte für Handys. Aber nicht einfach irgendwelche, sondern kaputte. Ein Bekannter von uns sammelte die in seinem Geschäft in einer großen Plastiktonne und gab sie uns fast gratis. Wir postierten uns an einer Ecke oder ein wenig abseits einer Einkaufsstraße und verkauften sie an die Passanten. Warum ein wenig abseits der Einkaufsstraße? Eigentlich unlogisch, weil dort weniger Kunden sind. Aber wir wollten vorsichtig sein, damit sie die Ladegeräte nicht sofort auf ihre Funktionstüchtigkeit überprüfen konnten. Nach ein bis zwei Stunden wechselten wir den Standort und zogen ein paar Straßen weiter, damit uns die bald wütenden Kunden nicht mehr finden konnten. Wenn uns doch jemand wiedererkannte, dann hieß es: Lauf, so schnell dich deine betrügerischen Kinderbeine tragen!

Eines hat sich mir von damals noch eingebrannt, da war ich zehn oder elf. Von ihr habe ich mir einige Jahre danach ein Tattoo auf meinen rechten Fuß stechen lassen, das habe ich heute noch. Das war, bevor Banksy sein weltberühmtes Bild von ihr gekritzelt hat. Eines Tages war sie nämlich da und stand neben mir mit ihren Luftballons, die sie auf Plastikstangen gesteckt verkaufte. Sie war vier oder vielleicht fünf Jahre alt, auch aus Afghanistan. Und auch keine legalen Papiere. Sie hatte ein Kleidchen und eine Jeans an, aber ich sah, dass beides alt und dreckig war. Und sie hatte lange Haare, die sie aber nie unter ihrem Kopftuch versteckte. Ich glaube, sie hieß Mariam.

»Steh nicht neben mir«, sagte ich zu Mariam. »Was ist, wenn die Polizei kommt, und sie denken, dass du meine Schwester bist, und dich mitnehmen? Steh lieber hundert Meter weiter weg. Wenn die Polizei aus meiner Richtung kommt, dann warne ich dich, und wir laufen gemeinsam weg. Wenn die Polizei aus deiner Richtung kommt, dann machst du dasselbe für mich.«

Wir waren bald gute Freunde. Ich wollte auf Mariam aufpassen, damit ihr niemand etwas Böses tut. So wie Faredin auf mich aufgepasst hat, als ich neu war. Ich hatte schon einige Jahre Erfahrung, deshalb konnte ich Mariam manches über das Verkaufen beibringen. Und immer, wenn gerade wenig Leute auf der Straße unterwegs waren, kam sie wieder zu mir, und wir redeten.

Mariam hat gesagt, ihr Vater sei drogensüchtig.

Mariam hat gesagt, ihre Mutter sei krank.

Mariam hat nicht gesagt, welche Krankheit.

Mariam hat nicht gesagt, vielleicht Diabetes?

Mariam hat gesagt, sie ginge oft ins Krankenhaus.

Mariam hat gesagt, sie müsse für Madar-jan Tabletten holen.

Mariam hat gesagt, auch irgendwelche für den Vater.

Mariam hat nicht gesagt, ob Padar-jan auch krank sei.

Mariam hat gesagt, sie habe ein jüngeres Geschwisterchen.

Mariam hat gesagt, ein Baby.

Mariam hat nicht gesagt, wie ihr Vater die Drogen bezahlt.

Mariam hat nicht gesagt, wie ihre Wohnung aussah.

Mariam hat nicht gesagt, ob sie überhaupt noch Möbel hatten.

Mariam hat nicht gesagt, ob sie überhaupt ein Bett hatte.

Mariam hat gesagt, ihr Vater schlage sie.

Mariam hat nicht gesagt, sie laufe oft von zu Hause weg.

Mariam hat gesagt, sie bringe zu wenig Geld nach Hause.

Mariam hat gesagt, sie arbeite laut ihrem Vater zu wenig.

Mariam hat gesagt, sie spiele nur laut ihrem Vater.

Mariam hat gesagt, sie solle sich konzentrieren.

Mariam hat gesagt, sie wolle nicht zurück nach Hause.

Mariam hat gesagt, sie hasse diese Welt.

Mariam hat gesagt, sie wolle wegfliegen.

Mariam hat gesagt, mit ihren Ballons.

Mariam hat gesagt, sie hasse sie.

Mariam hat gesagt, diese Welt.

Mariam hat gesagt, sie wolle weg von dieser Welt.

Mariam hat gesagt, sie hasse diese Welt.

Mariam hat gesagt, sie wolle weg von der Kinderarbeit.

Mariam hat gesagt, sie hasse diese Welt.

Mariam hat gesagt, sie wolle weg von allem.

Mariam hat gesagt, sie hasse diese Welt.

Mariam hat gesagt, sie wolle weg.

Mariam hat gesagt, sie wolle weg.

Mariam hat gesagt, sie wolle weg.

Mariam hat gesagt, sie wolle weg.

Mariam hat gesagt, sie wolle weg.

Mariam hat gesagt, sie wolle weg.

Mariam hat gesagt, sie wolle weg.

Faredin und ich haben begonnen, Besteck und Geschirr zu verkaufen. Deshalb mussten wir das Viertel wechseln. Mariam blieb. Nach einigen Monaten kamen wir wieder an den Ort zurück. Mariam war weg. Ich fragte die Leute dort, was mit ihr passiert sei, suchte nach ihr und ihrer Familie. Aber niemand hat je mit ihr gesprochen, niemand hat auf sie geachtet, und niemand hat etwas gewusst.

Mariam war weg.

Einfach weg.

Weg.

NOCH 7 KAPITEL
BIS ZUM MITTELMEER

Eine Sache war am schlimmsten.

Als ich auf der Straße gearbeitet und Hunger gehabt habe und in schmutziger Kleidung herumstehen musste, damit ich meiner Familie Geld bringen konnte, gab es etwas, das war am schlimmsten für mich. Ich sah immer, wie manche Mütter ihre Kinder von der Schule abholten. Die hatten Schultaschen und eine Uniform und aßen manchmal Eis oder hielten ein Getränk in der Hand. Das Eis oder das Getränk war mir nicht wichtig, das hätte ich mir auch hin und wieder leisten können. Aber was mich gestört hat:

»Fare-jan?«

»Hm?«

»Warum dürfen sie in die Schule gehen und ich nicht?«

Obwohl das der größte Wunsch meiner Eltern war, und mein größter Wunsch. Ich wollte zwar meine Familie finanziell unterstützen, aber ich wollte nicht mein Leben lang Analphabet bleiben wie meine Mutter. Durch viel Nachfragen unter Freunden und Bekannten fand ich schließlich eine versteckte, afghanische Schule. Dort konnte ich gegen Bezahlung lernen. Aber es war keine große Schule. Unser Direktor, Herr Akbari, hatte einfach ein Haus mit ein paar Zimmern gemietet, wo afghanische Kinder lesen und schreiben lernen konnten. Leider wurde das Zeugnis von dieser Schule nirgends anerkannt. Die Schule selbst musste versteckt bleiben und war illegal. Ich war trotzdem überglücklich und dankbar, dass ich endlich auch Unterricht haben durfte.

Das Problem war, dass die Polizei nach einigen Monaten immer wieder vorbeikam und unsere Schule zusperrte. So hatten wir »frei«, bis Herr Akbari wieder ein Haus für uns gefunden hat, das wir als inoffizielle Schule benutzen konnten. Es war natürlich nicht leicht, ein Gebäude zu finden. Denn Herr Akbari musste den Vermietern viel Geld zahlen, damit diese erlaubten, dass seine kleine Schule dort stattfinden durfte. Noch dazu illegal. Und noch dazu Afghanen. Aus diesem Grund mussten wir Schülerinnen und Schüler auch viel zahlen, damit wir den Unterricht weiter aufrechterhalten konnten. So bekam ich das, was ich verdient habe, von meinen Eltern als Taschengeld zurück und zahlte es an die Schule. Meine Mutter war unendlich stolz auf mich, dass ihr kleiner Junge doch noch in eine Schule gehen konnte.

Aber es gab auch Konflikte. Ich konnte die feinen Jungs nie verstehen. Sie sind ihr Leben lang in die Schule gegangen und im Wohlstand aufgewachsen. Rückblickend war auch ich es manchmal, der sie provoziert hat. Damals fragte ich mich: Warum wollen die mir oder meinen Freunden beweisen, dass sie stärker sind als wir? Deshalb gab es auf der Straße oft Schlägereien zwischen uns. Irgendjemand ist immer mit einem Gesicht voller Blut nach Hause gekommen. Manchmal die anderen. Manchmal wir. Doch es war ein geiles Gefühl, etwas zu gelten. Endlich mal in etwas ebenbürtig zu sein mit denen, die alles im Leben hatten. Und nicht schon als Flüchtlinge geboren worden waren, so wie ich.

Bei diesen Schlägereien waren die Gegner meist gleich alt. Wir trafen uns für gewöhnlich nach der Schule auf der Straße. Meistens ging es los, weil einer zugeschlagen hat, dann hat der andere zurückgeschlagen. Und dann kommen die Freunde der einen Person und die der anderen, und dann wird daraus eine Gruppenschlägerei. Aber das musst du dir alles sehr schnell vorstellen, das dauert nicht stundenlang. Sobald du das Gefühl hast, dass der Gegner verletzt ist, läufst du weg. Meine Mutter musste sich danach immer bei den Eltern der anderen Kinder entschuldigen, dass ich so schrecklich sei und dass es ihr so leidtue: »Mahzerat mikham, das wird nie wieder vorkommen!«

Je größer ich wurde, desto größer wurden auch die Schlägereien. Ich war mit einigen der wildesten Iraner der Gegend unterwegs und ständig in Streitereien in den Gassen und Winkeln der Stadt verwickelt. Dort funktioniert das zwischen den Familien. Dort rufst du keine Polizei. Dort rufst du nur mehr Leute. In gewisser Weise wirkten wir gegen die ethnische Ungleichheit: Wir verprügelten sowohl Afghanen als auch Iraner, sowohl Paschtunen als auch Tadschiken. Und wir wurden verprügelt, sowohl von Afghanen als auch Iranern, sowohl von Paschtunen als auch Tadschiken. Wir provozierten Proleten wie Straßenkinder. Wir gaben Armen wie Reichen eins auf die Fresse, und Arme und Reiche gaben uns eins auf die Fresse. Sich beweisen – eine Dummheit, die Herkunft überdeckt. Sogar viele Afghanen in der Schule oder in meinem Viertel hatten Angst vor uns. Meine Brüder Edris und Ramin hatten zwar auch Kontakt zu der Gruppe gehabt, aber sie gingen rasch auf Distanz. Ich nicht. Manchmal prügelten wir uns. Manchmal verarschten wir andere. Manchmal spielten wir aber auch einfach Volleyball. Ja, sogar wir waren ab und zu friedlich.

Zu dieser Zeit hatte sich mein ältester Bruder Hesam selbstständig gemacht. Hesam war schon immer derjenige, dem zu jeder Zeit sieben neue Geschäftsideen im Kopf herumschwirrten. Er gründete mit einigen iranischen Freunden eine kleine Möbelfirma. Ramin und Edris begannen auch dort zu arbeiten. Damals ging es uns finanziell eine Zeit lang etwas besser. Trotzdem lebten wir mit dem Risiko, dass wir jederzeit nach Afghanistan abgeschoben werden konnten. Meine Mutter ist deshalb nach Afghanistan gefahren, um unser zerbombtes Haus wiederaufzubauen. Falls wir abgeschoben würden, hätten wir sonst wieder nichts. Natürlich war das ein Risiko für meine Mutter. Bei unserer Verabschiedung am Busterminal weinte ich, weil ich Angst um sie hatte. Ein Mann soll nicht weinen? Scheiß drauf, wenn deine Mutter nach Afghanistan geht, dann darfst du weinen. Zumindest war sie nicht allein, zwei entfernte Verwandte begleiteten sie. Sie hoffte, dass nach zehn Jahren schon genug Zeit vergangen war, dass die Gefahr nicht mehr so groß war, und es wäre ja nur für ein paar Wochen. Mit dem Geld, das wir hatten, konnte sie dort einige Tagelöhner bezahlen, mit denen sie die halb zerstörten Wände wiederaufbaute.

Wichtig war für uns, dass sie dort einen afghanischen Reisepass ergattern konnte. Das war ein Glücksfall für mich. Bei der afghanischen Botschaft im Iran konnten wir mit einer hohen Summe einen Beamten bestechen, damit mein Foto auf den Reisepass meiner Mutter dazugeklebt wurde. Dadurch konnte ich mich bei der iranischen Schule anmelden. Es war allerdings ein großes Risiko für mich: Falls jemand draufkommen sollte, dass mein Foto erst nachträglich hinzugefügt worden ist, würde ich wieder große Probleme mit der Polizei bekommen. Ich hatte Glück: Ich wurde schließlich an der iranischen Schule angenommen.

Der Stoff dort war schwer für mich, aber zumindest konnte ich bereits lesen und schreiben. Obwohl ich nebenbei arbeiten musste, schaffte ich es, die Schuljahre erfolgreich abzuschließen.

Erfolgreich heißt nicht, dass ich die besten Noten hatte. Erfolgreich heißt, dass ich nicht durchgefallen bin und Vierer oder sogar Dreier geschafft habe. In den drei Monaten Ferien nach der Notenvergabe fuhren die meisten Kinder auf Urlaub. Ich ging im Sommer wieder zu Faredin auf die Straße und arbeitete weiter für mein Schulgeld und die Familie.

Aber auf der Straße haben wir zunehmend Scheiße gebaut. Fare-jan war auch mit uns unterwegs eines Abends, da kam Najib mit Tabletten daher. Meinte, er habe die schon öfter genommen, die seien einwandfrei.

»Richtig geil, du wirst lustig, bist gut drauf«, meinte er.

Und wir? Was sonst: »Komm, machen wir!«

So flanierten wir in den Park. Tramadol hieß das Zeug. Schmerztabletten. Die kannst du pulverisieren und konzentrieren. Dann hast du die hundert- oder tausendfache Wirkung, je nachdem, wie viel Geld du bei den Dealern einwirfst. Najib, Fare-jan und ich schluckten je eine Tablette. Warteten eine Minute. Fünf Minuten. Eine Viertelstunde. Die anderen beiden waren schon high.

»Ich spür nichts, gib mir mehr«, forderte ich von Najib.

Ich war zu high, um die Drogen zu fühlen. Er war zu high, um mich auf die verzögerte Wirkung hinzuweisen. Najib reichte mir wortlos die Packung. Und ich warf gleich noch zwei Stück von dem Zeugs ein. Ja, ich hab wie immer die besten Ideen.

Um Mitternacht sind wir dann in ein Café getorkelt, haben Ab Havij bestellt. Karottensaft mit Vanilleeis, ein klassisches Getränk in Teheran. Schmeckt richtig gut. Außer du hast vorher umgerechnet sechshundert Schmerztabletten geschluckt.

a) Ich so: »Also ein bisschen dreht sich's schon.«

b) Magen so: »Alles raus, was keine Miete zahlt.«

Mein Ab Havij lieferte Usain Bolt ein hartes Rennen um den

Weltrekord, als es innerhalb von 9,62 Sekunden von meinem Mund über meine Speiseröhre in meinen Magen über meine Speiseröhre aus meinem Mund sprintete. Den anderen war da auch der Appetit geflüchtet.

Najib wohnte vier Blocks entfernt bei seinen Eltern. Er hatte aber Schiss, dass sie etwas mitbekommen könnten. Also kletterte sein Spinnenkörper trotz Schwindelgefühl und Übelkeit irgendwie die Hausmauer hoch bis oben aufs Flachdach, er schaffte es, nicht zu sterben, rollte übers Geländer und schlief weg. Mir ging's am Heimweg noch verhältnismäßig gut. Ich bin normal nach Hause und ins Bett. Aber meine Nase begann zu jucken, immer stärker, ich hatte noch nie in meinem Leben so einen starken Juckreiz. Überall Feuerameisen unter der Haut. Konnte nicht schlafen, alles drehte sich immer stärker, und kotzen konnte ich auch nichts mehr.

Ich rief Fare-jan an:»Ey, ich pack's nicht, wann hört das auf?«

Er so:»Alter, du hast drei Stück geschluckt gestern, oder? Scheiße, geh ins Krankenhaus!«

Was ich dann mit meiner Mutter auch getan hab. In der Ambulanz fühlte ich mich sterbenselend, es wurde immer schlimmer. Madar-jan hatte ich erzählt, dass ich keine Drogen genommen hätte, aber dass so eine komische, grüne Fliege in meinem Ab Havij war und ich sie geschluckt hätte. Diese Geschichte tischte ich auch dem Arzt auf.

Er so:»Hast du konzentriertes Tramadol geschluckt?«

Meine Mutter beäugte mich kritisch.

Ich krächzte:»Nein, das kenn ich nicht, alles war normal, nur diese komische Fliege ...«

»Hast du Tramadol geschluckt?«

Der Todesblick meiner Mutter spießte mich auf.

»... äh, und die Fliege war so dick und hat geglänzt und ...«

»Zum letzten Mal: Hast du was genommen?«

Ich saß in der Zwickmühle. Jetzt stellte sich mir die wahrscheinlich letzte Frage meines Lebens. Wollte ich:

a) weiter auf unschuldig spielen und durch die sich intensivierenden Vergiftungserscheinungen von sechshundert Schmerztabletten krepieren, oder

b) ehrlich sein, das überleben und dann wegen Madar-jan ins Gras beißen?

Die Wahl war schnell getroffen.

»... und, äh, vielleicht hilft es, aber die Fliege war eben grün, und äh, so groß, nein, größer als mein Daumennagel ...«

Schlussendlich wurde mir der Magen ausgepumpt, und ich musste aufgrund meiner Vergiftung noch eine Zeit im Krankenhaus unter Beobachtung bleiben, bis sich mein Zustand stabilisierte. Ich wusste schon, noch bevor ich wieder zu Madar-jan heimkam und noch bevor ich die für illegale Afghanen in gewohnter Manier dreifach überteuerte Krankenhausrechnung erhielt: In Zukunft Finger weg von dem Scheiß.

Als ich schließlich die iranische Schule erfolgreich abgeschlossen hatte, bekam ich kein Abschlusszeugnis. Das war auch nicht zu erwarten gewesen, trotz Pass und trotz positiver Leistungen. Warum? Weil ich Afghane war. Das war für meine Familie und für mich eine große Enttäuschung. Zu diesem Zeitpunkt ist uns bewusst geworden, dass wir selbst mit Schule und Ausbildung nichts in diesem Land schaffen dürfen. Wir würden uns hier nie etwas aufbauen können, und unsere Kinder oder deren Kinder auch nicht. Wir würden immer Flüchtlinge bleiben. Ich würde immer Flüchtlingskind bleiben. Tschub-e do sar gohi. Der erste Zufall meiner Biographie hatte schließlich schon sein Urteil gesprochen: irgendwo geboren werden.

NOCH 6 KAPITEL
BIS ZUM MITTELMEER

Als ich dreizehn wurde, kam ich zu Hakim.

Und ja, jetzt bin ich wieder dreizehn Jahre jung. Ich erzähl nicht alles der Reihe nach. Das ist mein Buch, also darf ich das. Jedenfalls sollte ich, nachdem ich schon in keine offizielle Schule gehen durfte, und die afghanische Schule oft unterbrochen wurde, den Koran lernen. Das war zumindest das, was Madar-jan mir sagte.

»Dann hast du, wenn du ein Mann bist, wenigstens darüber eine Ausbildung abgeschlossen.«

Hakim war ein Verwandter meiner Mutter, und ein Imam. Madar-jan sprach mit ihm, und er willigte ein, mich als Schüler anzunehmen. Damit doch noch etwas aus mir wurde, etwas anderes als ein Flüchtlingskind. So begann ich gemeinsam mit seinem Sohn, den Koran zu lernen. Auswendig können den Koran nur sehr wenige. Er hat dreißig Kapitel, die ziemlich lang sind. Jedenfalls länger als die meisten Kapitel in der Bibel. Insgesamt ist der Koran viel kürzer. Auswendig lernen, das meine ich nicht mit »den Koran lernen«. Wenn ein Junge den Koran kann, heißt das, er hat das richtige Vorlesen der arabischen Wörter gelernt. Aber eine fremde und schwere Sprache richtig vorzulesen, das ist eine Herausforderung.

Ich war einige Monate bei Hakim. Aber ich bin nicht weit gekommen, nach einigen Monaten habe ich abgebrochen und bin nicht mehr zu Hakim gegangen. Zu viel Arbeit. Das sagte ich jedenfalls. Nach einigen Monaten Pause hat meine Mutter mich zu Mohammad Shah geschickt. Mohammad Shah war ebenfalls ein Imam. Aber er unterrichtete viel mehr Kinder. Und Mohammad hat uns Kinder bestraft und geschlagen:

1) Wenn wir ein Wort im Koran falsch vorgelesen haben.

2) Wenn wir nach dem Unterricht draußen gespielt haben.

3) Wenn wir zu laut waren.

4) Oder wenn wir irgendetwas gemacht haben, was ihm nicht gefiel.

Mohammad wartete dann am nächsten Tag auf uns, wenn wir wieder in die Koranschule kamen. Mit einem Zweig. Wir mussten die Hände ausstrecken, und jedem von uns wurde ein paar Mal auf die Hände geschlagen. Ich war immer derjenige, der die Hände zurückgezogen hat, wenn Mohammad zuschlagen wollte. Einmal, als ich meine Hand zurückgezogen hab, hat er sich mit dem Zweig, weil der so biegsam war, selbst in die Eier geschlagen! Das war witzig! Und dann bin ich von ihm verprügelt worden. Und – scheiß drauf – es war trotzdem witzig.

Nach diesem Zwischenfall traute ich mich nicht mehr, zu Mohammad Shah in die Koranschule zu gehen. Und ich traute mich nicht, das meinen Eltern zu beichten. Ich saß in der Zwickmühle. So ging ich jeden Tag mit meinem Koran in der Hand aus dem Haus. Dann wartete ich vor der Schule, bis meine Freunde herauskamen und wir spielen konnten. Und dann ging ich wieder nach Hause. Nach zwei Wochen traf Mohammad Shah zufällig meinen Vater auf der Straße.

Am liebsten nahm mein Vater den Gürtel.

Das war das Schlagwerkzeug, das er am liebsten mochte. Den Gürtel hat er nicht nur für mich, sondern auch für die anderen Geschwister verwendet. Das war ich schon gewohnt. Aber an diesem Tag gab es richtig Ärger, und mein Vater hat mich mit dem Gürtel verprügelt, weil ich seit zwei Wochen nicht mehr in der Koranschule war. Weil ich meine Eltern angelogen hatte. Und weil ich den Imam ausgelacht hatte. Nach diesem Vorfall machte ich wieder eine längere Pause vom Koranlernen.

In der muslimischen Kultur hat der Imam nämlich großen Einfluss. Der kann richtig gefährlich werden. Vielleicht so wie im Mittelalter manch christliche Priester oder die Inquisition hier in Europa. Ich erzähl dir ein wahres Beispiel: Vor einigen Jahren ist eine Frau in die Moschee gegangen. Der Imam ist in der Moschee zu der Frau getreten und hat sie gefragt, ob sie mit ihm Sex haben möchte. Als Antwort hat die Frau den Koran genommen und dem Imam ins Gesicht geschmissen. Dann ist sie rausgelaufen. Der Imam hat den Koran verbrannt, ist ins Freie gegangen und hat gerufen: »Diese Frau hat den Koran verbrannt. Ihre Strafe ist der Tod!«

Sie wurde zwischen den Männern hindurchgetrieben. Hunderte. Sie warfen mit Steinen auf sie. Sie überfuhren sie mit dem Auto. Sie verbrannten sie. Solange sie noch rufen konnte, schrie sie immer und immer wieder: »Ich habe den Koran nicht verbrannt. Er war es!« Der Fernsehbeitrag ging um die Welt, viele Frauen demonstrierten deswegen. Die Polizei nahm daraufhin einige der Männer fest. Als die Journalisten diese Männer interviewten, haben sie noch stolz gesagt: »Nicht nur sie, sondern jede Person wird mit dem Tode bestraft, die unser heiliges Buch respektlos behandelt.«

Nach Mohammad Shah war ich bei drei anderen Lehrern, aber jeweils nur ein paar Tage oder Wochen. Ich habe es nie lange ausgehalten. Ich wollte nicht. Ich wollte diese dreißig Kapitel in dieser fremden Sprache nicht vorlesen lernen. Beim letzten Lehrer war ich wieder länger. Tofiq war auch ein Verwandter von uns. Ich war sein einziger Schüler, weil er das nicht beruflich gemacht hat. Bei ihm habe ich bis Kapitel neunundzwanzig gelernt. Und beim letzten, dem dreißigsten Kapitel, habe ich während des Vorlesens einmal einen Fehler gemacht, obwohl ich so konzentriert war, obwohl ich versucht habe, keinen Fehler zu machen. Ich habe etwas falsch ausgesprochen. Und Tofiq hat mir so fest auf das Ohr geschlagen, dass ich nur noch ein Pfeifen hörte.

Ich war so sauer auf ihn. Ich hasste den Koran in diesem Moment. Weil ich dachte: »Warum kann er mir nicht normal sagen, ›Das ist falsch, so wäre es richtig‹.« Tofiq hat mir danach nur gesagt: »Lies die Zeile nochmal.« Und ich habe sie nochmal gelesen. Und dann war sie richtig. Da dachte ich: »Wenn es jetzt richtig ist, warum hast du mich dann geschlagen?« Ich bin an diesem Abend aus seinem Haus gegangen und nie wieder zu ihm zurückgekehrt.

Als ich nach Hause kam, hatte ich eine clevere Idee. So konnte ich meine Eltern überreden, dass ich nie mehr zu einem Koranlehrer gehen musste. Ich sagte ihnen, dass ich mit dem neunundzwanzigsten Kapitel fertig sei und das dreißigste nicht bei Tofiq, sondern bei uns zu Hause lesen würde, damit unser Haus gesegnet wird. In der muslimischen Kultur nennt man das Khatme Koran.

Ein Khatme Koran, also »Koran bis zum Ende lesen«, das macht eine Familie aus Dankbarkeit oder wenn jemand gestorben ist oder so. Es ist ein bisschen ähnlich wie die Bibel-Lesegruppen von Christen. Bei einem Khatme Koran gibt's außerdem immer viel gutes Essen. Jedenfalls funktioniert es so: Wer den Koran gelernt hat beziehungsweise vorlesen kann, darf teilnehmen. Zum Beispiel sagen zwölf Leute aus der Familie oder Nachbarschaft, »Ich mache mit«. Es können auch mehr oder weniger

Leute mitmachen. Jeder, der dabei ist, bekommt am Abend des Khatme Koran ein Heftchen mit einem Kapitel vom Koran. Wenn zum Beispiel zwölf Leute mitmachen, bekommt also der Erste (normalerweise der Imam) Kapitel dreißig, der Zweite Kapitel neunundzwanzig, der Dritte Kapitel achtundzwanzig und so weiter. Die restlichen achtzehn Kapitel (dreißig Korankapitel gesamt minus zum Beispiel zwölf Teilnehmer) sollte jeder in der Woche vor dem Khatme Koran selbst lesen. Betonung: »sollte«, tut aber niemand.

Diese zwölf Kapitel aus den zwölf Heftchen werden also am Abend des Khatme Koran gelesen. Jeder im selben Haus, jeder liest gleichzeitig laut vor. Da versteht man natürlich nichts. Mein Vater hat mir früher schon immer ein Heftchen in die Hand gedrückt und gesagt, ich soll mitlesen. Am witzigsten fand ich dann die älteren Männer, die mitgemacht haben. Sie haben nicht sehr genau gelesen, sie haben die Lippen kaum bewegt. Und sie sind im Sitzen immer mit an der Brust überkreuzten Armen nach vorne und hinten gewippt. Ich dachte da immer beim Zusehen: Wie verstehst du überhaupt, was du da liest?

Wenn dann jeder mit seinem Kapitel fertig ist, betet der Imam ein Abschlussgebet. Und dann endlich kommt das Essen. Ich hab nie das Kapitel gelesen, das ich bekommen habe. Auch nicht bei dem Khatme Koran mit unseren Nachbarn und Verwandten. Ich bin einfach mit dem Finger über die Zeilen gefahren und hab umgeblättert, aber ich hab nie laut gelesen. Ich wollte nichts mehr vom Koran lesen. Du weißt ja nicht einmal, was du vorliest. Das ist, wie wenn du weißt, wie man lateinische Wörter richtig ausspricht, aber keinen Schimmer hast, was sie bedeuten. Du lernst nur die Aussprache, keine Bedeutung. Und die Bedeutung, inschallah, die verstehen, glaub ich, nicht mal die Imame.

NOCH 5 KAPITEL
BIS ZUM MITTELMEER

Gier. Geld. Geltung.

Diese drei G-Wörter beschäftigten mich schon seit meiner Kindheit. Nie genug. Nie genug Geld. Nie genug Ansehen. Ich hab mich immer mit den anderen Kindern verglichen, die in die Schule gegangen sind. Sie haben nicht gearbeitet. Und trotzdem hatten sie immer mehr als ich, weil die Eltern so viel hatten, verstehst du? Und meine Eltern waren nicht reich und mussten überall viel mehr bezahlen.

Und deshalb war ich immer eifersüchtig. Ich hatte so einen Hass im Herzen, wenn ich die anderen Jugendlichen sah. Die aus dem Wohlstand. Die, die ohne etwas zu tun, viel mehr besitzen als ich. Die, die bei der Hochzeit ein Haus von ihrer Familie geschenkt bekommen haben. Das war für mich immer ein großes Problem. Und deshalb habe ich versucht, mehr und mehr zu arbeiten. Damit ich irgendwann dieses Leben schaffe, was auch immer das heißen mag. Damit ich irgendwann sagen kann: »Jetzt habe ich so viel, dass ich mich mit den anderen vergleichen kann.« Das war sicher einer der weniger noblen Gründe, die mich zu der Hauptrolle in einer großen iranischen Fernsehproduktion geführt haben.

»Willst du mitkommen?«

Navid sah mich fragend an. Er war ein Freund, den ich aus dem Theaterunterricht der illegalen afghanischen Schule kannte. Navid hat oft und gerne bei Theaterstücken mitgespielt, hin und wieder auch bei kleinen Produktionen außerhalb der Schule. Obwohl er einige Jahre älter als ich war, ließ er mich öfters mitkommen. Durch diese Produktionen konnte ich ein wenig Schauspiel-Erfahrung sammeln.

An diesem einen Tag bekam Navid ein Angebot für ein großes Casting zu einer iranischen Spielfilm-Produktion. Sie brauchten nämlich einen jungen Afghanen. Aber Navid war über 1,70 groß und ein breitschultriger Boxer. Außerdem sah er mehr aus wie ein Iraner, er hatte nicht die typischen asiatischen Gesichtszüge der Afghanen. Er war nicht der Typ, den sie suchten. So hat Navid mir davon erzählt, und ich nahm die Gelegenheit natürlich wahr. Ich ging zu diesem Casting. Und unter vielen jungen Afghanen entschied sich der Direktor tatsächlich für mich! Er meinte, mein Aussehen, mein Alter und meine Größe würden perfekt zum Hauptcharakter des Films passen. Äußerlich ähnlich, okay. Aber was mich wunderte, ist, wie ähnlich diese Rolle meinem echten Leben war:

a) Der Hauptcharakter war ein afghanischer Flüchtlingsjunge, der im Iran aufgewachsen war. Ich war ein afghanischer Flüchtlingsjunge, der im Iran aufgewachsen war.

b) Der Hauptcharakter hat sein Geld durch Straßenarbeit verdient. Ich habe mein Geld durch Straßenarbeit verdient.

c) Der Hauptcharakter hatte eine Schwester, die durch den Krieg in Afghanistan ihr Bein verloren hatte.

Ich hatte eine Schwester, die ich durch den Krieg in Afghanistan verloren hatte.

Insgesamt ging's in dem Film um Versöhnung zwischen

Iranern und Afghanen. Soll ich dir den Inhalt genauer erzählen? Egal, ich mach's einfach. Weil ich stolz auf diesen Film und seinen Inhalt bin. Und weil ich dieses Buch schreibe. Ich darf entscheiden, was hier drinsteht. Okay? Dankeschön.

Also gut: Ich arbeite im Film auf der Straße, und eines Tages sehe ich einen kleinen iranischen Jungen, der mit etwas Speziellem Fußball spielt: mit einer alten Beinprothese. Die will ich unbedingt für meine Schwester haben, die ja ihr Bein verloren hat. Deshalb tausche ich mein Handy gegen seine Prothese.

Diese Beinprothese gehört eigentlich dem Vater des kleinen iranischen Jungen. Der Vater hatte an diesem Tag eine neue Prothese gekauft, aber die ist kaputtgegangen. Deshalb will er die alte Prothese von seinem Sohn zurück. Der traut sich natürlich nicht, seinem Vater zu sagen, dass er sie schon an mich verkauft hat. Deshalb kommt der kleine Junge immer und immer wieder zu mir und will die Prothese zurücktauschen. Aber ich will nicht. Gegen Ende des Filmes folgt er mir bis nach Hause. Er begegnet in dieser Siedlung vielen freundlichen Afghanen und verliert seine Angst vor ihnen.

Bei mir zu Hause sieht er, dass ich die Prothese für meine Schwester brauche. Trotzdem gebe ich ihm den Fuß für seinen Vater wieder. Als sein Vater aber doch eine andere, neue Prothese bekommt, schenken sie die alte Prothese meiner Schwester. Der Film heißt auf Persisch »Paye Dosti«, also »Freundschaftsfuß« (پای دوستی).

Der Film sollte zeigen, dass die afghanischen Kinder auf der Straße arbeiten müssen, während die iranischen Kinder auf der Straße Fußball spielen können. Dass die Afghanen in einer armen Siedlung leben müssen, während die Iraner in die Schule gehen können. Und dass die Polizei die Afghanen jederzeit erwischen und abschieben kann, während die Iraner im Überfluss ihre Sachen wegschmeißen und etwas Neues kaufen. Es geht darum, dass Iraner und Afghanen Freundschaft schließen. Weil viele Iraner Angst vor Afghanen haben. Zum Glück gibt's das in Österreich nicht, dass eine Gruppe von Menschen vor einer anderen Gruppe wegen der Herkunft Angst hat, oder? Den Film hab ich jedenfalls zu Hause, falls du in Linz vorbeikommen und ihn mit mir ansehen willst. Dauert eine Stunde und vierunddreißig Minuten. Ist aber auf Persisch.

Mehr. Mehr Geld. Mehr Geltung.

Etwas zu gelten, etwas zu schaffen, etwas zu erreichen, was auch immer, dieses Ziel verfolgte ich weiterhin. Auch auf der Straße und auch bei allen kleinen Jobs. Während ich die iranische Schule besuchte und parallel arbeiten ging, hatte ich das Ziel erreicht. Durch die Möbelfirma meiner Brüder, die gut lief, musste ich meine Eltern nicht mehr miterhalten. Und ich habe es erreicht, weil die anderen Jugendlichen in meinem Alter nichts verdienten. Ja, sie haben irgendwann einen offiziellen Schulabschluss, aber ich hab schon viel Geld verdient. Ich hab alles in Geld gesehen. Nicht nur ich, sondern auch meine Eltern. Weil sie auch das Gefühl hatten: Wenn du viel Geld hast, hast du Erfolg. Dann hast du ein gutes Leben. Lernen, Schule oder Universität bringen dir auch nichts, außer mehr Geld. Wir haben den Erfolg immer nur in Geld gemessen. Je mehr du hast, desto erfolgreicher bist du.

Nach der iranischen Schule hatte ich hauptsächlich drei Jobs, wobei ich als Tagelöhner manchmal auch Arbeit zum Beispiel auf der Baustelle annahm. In der Nacht so zwischen 22 Uhr und ein Uhr habe ich in einem kleinen Restaurant geputzt und die Küche für den nächsten Tag vorbereitet. Untertags habe ich auf der Straße Waren verkauft. Und am Abend, so gegen achtzehn

Uhr, wenn der Bazar geschlossen hat, habe ich von einigen Bekannten Schuhe mitgenommen. Sie hatten nämlich ein Schuhgeschäft, und ich bin als Vertreter zu den kleineren Geschäften gegangen, um die Schuhe zu verkaufen.

Das funktionierte so: Schuhe werden am Bazar normalerweise nicht als einzelne Paare verkauft, sondern in großen Packungen. Ich borgte mir dann beim Bazar von meinem Bekannten jeweils einen einzelnen Schuh von fünfzehn oder zwanzig verschiedenen Modellen aus. Dann fuhr ich mit Mopedtaxis zu den kleinen Schuhgeschäften. Die kosten in Teheran ein bisschen mehr als die normalen Taxis, aber dafür bist du schneller und kommst zu mehr Geschäften. Das waren nämlich weite Strecken durch ganz Teheran. Den Verkäufern zeigte ich dann meine Einzelschuh-Sammlung.

Ich wusste: Ein Paar Schuhe bei meinem Bekannten am Bazar kostete mich zum Beispiel zehn Euro. Damit ich nach der Taxigebühr noch Gewinn machte, sagte ich den Verkäufern in den Geschäften: »Ich gebe euch ein Paar um fünfzehn Euro. Wenn ihr mehr bestellt, gebe ich euch jedes Paar um vierzehn Euro.« Auf diese Weise konnte ich einen guten Gewinn machen.

Ein Freund von mir besaß eine kleine Boutique für Kleidung in einem Einkaufszentrum. Er kaufte seine Schuhe immer bei mir. Aber er wollte in ein größeres Geschäft auf der Landstraße umziehen. Aus diesem Grund hat er mir angeboten, dass ich sein Geschäft übernehmen könnte. Das war für mich eine Riesenchance, und so sagte ich zu. Ich hatte genug Geld auf die Seite gelegt, dass ich fünfzig Prozent der kleinen Boutique kaufen konnte. Den Rest vereinbarte ich mit meinem Freund als Ratenzahlung. Der Mietvertrag lief natürlich weiter auf ihn. Ich durfte ja nichts mieten. So hatte ich als Jugendlicher bereits mein eigenes, kleines Geschäft. Ich freute mich unglaublich darüber!

Außerdem ist die Chance, dass du bei einer Arbeit in deiner eigenen Boutique stirbst, gering. Sicher um ein paar Prozent niedriger, als ungesichert an zwanzig Meter hohen Baugerüsten auf und ab zu klettern. Dann macht's einfach plumps. Ein Afghane weniger. Einmal musste ich ungesichert in den sechsten Stock klettern und dort Blechplatten befestigen. Am Rand geht das ja noch leichter. Aber zur Mitte hin musste ich über einen Querbalken balancieren, der kaum breiter als mein Schuh war. Wie so ein Zirkusartist kommt man sich da vor. In der Mitte des Balkens ist plötzlich ein Windstoß gekommen. Meine Balance war plötzlich geflüchtet, mein Halt auf dem Balken hat auch irgendwo anders Asyl gesucht, und das Flashback, du weißt schon, das, wo dein Leben an dir vorbeizieht, das ist illegal in meinen Kopf hineinmigriert. Eine Sekunde: gähnende Leere. Ich konnte mich gerade noch hinhocken und an der Unterkante von beiden Seiten festklammern. Blieb dort hocken. Eine Minute. »Elyas, was ist mit dir?!«, schrie das von Bluthochdruck geprägte Gesicht meines Bauleiters. Zwei Minuten. »Befestige die verdammte Platte, los jetzt!« Fünf Minuten. Bis ich langsam am Bauch rückwärts robbte und mich das Gerüst hinunterzitterte.

Dass ich also endlich das Baustellen-Jobben gegen einen klimatisierten und recht untödlichen (und vor allem *klimatisierten*) Verkäuferjob tauschen konnte, darüber vergoss ich auch kaum eine Träne. Aber viele Afghanen brauchen Geld und haben keine andere Wahl. Sie leben von der Baustelle. Und sie leben auf der Baustelle. Echt jetzt, ich kenne Afghanen, die ihre Baustelle nie verlassen. Untertags arbeiten sie dort. Am Abend holen sie sich was zu essen. In der Nacht wickeln sie ihr T-Shirt um einen Ziegelstein, schnappen sich irgendeine Matte und schlafen dort bis zur nächsten Schicht. Im Rohbau wohnst du gratis, und im Rohbau findet dich die Polizei nicht. Meistens. Also Trick siebzehn, falls du mal in die Situation kommen solltest, ein illegaler Afghane im Iran zu werden: Such dir die Baustelle mit den flauschigsten Ziegelsteinen und den weichsten Malermatten.

Jedenfalls brauchten wir als Familie, als ich die Boutique übernahm, dringend Geld: Mein Bruder Hesam war zuvor von seinen iranischen Mitgründern aus der Möbelfirma rausgeworfen worden. Ohne irgendeine Auszahlung zu bekommen. Zur Polizei zu gehen war für uns ja weiterhin nicht möglich. Wir wären sofort abgeschoben worden, selbst nach zwanzig Jahren im Iran. Wie alle anderen Afghanen, die in den ärmeren Siedlungen lebten. So akzeptierten wir zähneknirschend unser Schicksal: Wir hatten unsere kleine Firma verloren.

Er hat nie viel mit uns gesprochen.

Hesam meine ich. Das war schon immer so, schon vor der Flucht. Wir wussten kaum, wie es ihm geht. Nachdem er aus der Firma gedrängt worden war, hatte er hohe Schulden. Das war das Ende für ihn. Wir bekamen ihn kaum zu Gesicht. Und wenn er doch einmal zu Hause war, sprach er kein Wort, sondern saß einfach nur da. Ich hielt das nicht aus, ich hatte kein Verständnis dafür. Warum hatte er aufgegeben? Warum hatte Hesam aufgegeben? Er, der immer sieben verschiedene Geschäftsideen im Kopf hat. Eines Tages kam er dann zu uns und sagte: »Ich habe mein altes Auto verkauft. Ich habe wieder ein bisschen Geld. Ich mache mich auf den Weg nach Europa.«

Das war mir zu viel. Ich wurde sehr wütend und schrie ihn an: »Das kannst du nicht machen, du hast viel zu wenig Geld! Und du weißt, dass ich alleine mit der Boutique nicht die ganze Familie versorgen kann!«

Hesam hörte nicht auf mich. Er meinte nur, er wolle sofort das Geld zurück, das er mir für den Kauf der Boutique geborgt hat.

»Was soll das? Du siehst, dass ich das Geschäft gerade erst übernommen habe. Wie soll ich nach zwei Monaten so viel Umsatz haben, dass ich dir das plötzlich zurückgeben kann?! Und ich will nicht, dass du jetzt in die Türkei oder nach Griechenland gehst und dann anrufst, dass du sofort Geld brauchst – ich kann mir das alles nicht leisten!«

Aber was der Jüngste sagt, zählt bei uns nichts. Es heißt:

Sag biron bashi, Vali kochik khane na.

Lieber ein Straßenköter als der Jüngste in der Familie.

Der Streit wurde immer hitziger. Aus Wut trat ich gegen einen Spiegel, der am Boden stand. Das war das Ende des Gespräches. Ich musste ins Krankenhaus und wurde achtmal genäht. Hesam machte sich in der Zwischenzeit auf den Weg in eine ungewisse Zukunft. Nach Europa. Würde er die Reise überleben? Würden wir uns jemals wiedersehen? Keine Ahnung. Wir haben uns nicht mehr voneinander verabschiedet.

So musste ich das Geld für die ganze Familie aufbringen. Schließlich wurden unsere Eltern immer älter. Mein Vater war schon 64, meine Mutter 54 Jahre alt, und sie waren beide kränklich. Deshalb konnten sie nicht mehr arbeiten. Und meine Brüder Ramin und Edris waren bereits nach Europa aufgebrochen. Sie hielten dieses Leben als Tschub-e do sar gohi nicht mehr aus. Nun lastete also die Zukunft unserer Familie auf meiner kleinen Boutique, die ich als Jugendlicher gerade erst erworben hatte. Essen. Schulden. Betriebskosten. Nie konnte ich nachts ohne Gedanken an den nächsten Tag einschlafen. Würde ich morgen genug Geld verdienen können, damit unsere Familie nicht die Wohnung verliert und wie andere Afghanen auf der Straße leben muss?

Zu dieser Zeit hatte ich den Kontakt zu den anderen aus der iranischen Gang abgebrochen. Ich hatte schon im Jahr davor keine Zeit, weil ich rund um die Uhr irgendwo arbeiten musste. Außerdem konnte ich nicht mehr mit bei dem, was sie abgezogen haben. Zum Beispiel sind sie immer, wenn sie Geld für Drogen oder sonst was gebraucht haben, mit dem Moped los und langsam die Straßen entlang. Wenn sie eine ältere Frau mit Handtasche sahen, beschleunigten sie und fuhren knapp an ihr vorbei. Der, der hinten drauf gesessen ist, schubste die Frau zur Seite und riss ihr gleichzeitig die Tasche aus den Händen. Innerhalb von Sekunden waren sie wieder weg. Nur einmal, als ich noch lose Kontakt zu ihnen hatte, bekam ich mit, dass sie geschnappt wurden. Eine Zivilpolizei hatte den Überfall gesehen und war ihrem Moped gefolgt. Als sie schließlich anhielten, um die Beute zu sichten, stürmten die Polizisten auf sie zu. »Hände hoch und auf den Boden, Gesindel!«, brüllten sie. In Windeseile sprinteten sie weg, die Polizisten konnten nur einen fassen. Der war Afghane und wurde abgeschoben, was ich gehört hab. Schon da dachte ich mir: »Was für Idioten.«

Der endgültige Bruch kam dann einige Monate später. Da hatte ich die Boutique gerade erst übernommen. Vor meinem Geschäft stand immer eine Vitrine mit Zeugs, die ich zusperren konnte. Und die hat sich gedreht. Also so wie bei einem Kebabspieß, nur mit Uhren drinnen. Jeden Abend, wenn ich heimging, hab ich den Kasten zurück ins Geschäft gerollt, damit ihn niemand stiehlt. Außer an diesem einen Abend. »Wird schon nichts passieren.« Am nächsten Tag war die Vitrine – Überraschung! – weg. Ein anderer Shopinhaber von nebenan zeigte mir die Bilder seiner Überwachungskamera. Ein Täter war klar erkennbar: der Cousin von einem meiner »Freunde«, der ein- oder zweimal mit uns um die Häuser gezogen war. Als ich ihn direkt darauf ansprach, ob er etwas davon wisse, drohte er mir sofort: »Wenn du nicht sofort damit aufhörst, schicke ich die Polizei zu dir! Ich weiß, dass du keine legalen Dokumente für den Iran hast!«

Arschloch. Aber ich wollte echt keinen Ärger mit der Polizei. Ich betrachtete die Sache als gegessen und unterdrückte meinen Zorn. Trotzdem standen die Ordnungshüter am nächsten Tag vor meinem Ladeneingang. Aber wisst ihr was? Der Cousin meines Freundes hatte nicht damit gerechnet, dass ich Beweismaterial in Form des Überwachungsvideos hatte. So drehte ich die Situation, indem ich selbst meinen Kopf aus der Schlinge zog: Ich hatte nämlich zufällig meinen alten Schülerausweis dabei, und das reichte den Polizisten, zusammen mit der festen Zusicherung, die anderen Aufenthaltsdokumente hätte ich zu Hause liegen. Und der Cousin wurde festgenommen und musste eine Diebstahlsbestätigung unterschreiben und den Warenwert zurückzahlen. Darauf hatte ich mich mit ihm geeinigt – ein Gerichtsverfahren wollte ich nun tatsächlich nicht provozieren. Nach diesem Tag hab ich mit meinen »Freunden« endgültig gebrochen.

Ein Anruf.

Aus Afghanistan.

»Heute kommt jemand, dem ich viel Geld schulde«, meinte Hesam am Telefon, »ich brauche so und so viel. Und außerdem noch was, damit ich über die Grenze von Afghanistan wieder in den Iran kommen kann.«

Du denkst dir jetzt wahrscheinlich: »Waas?! Er war am Weg nach Europa. Warum ist er jetzt in Afghanistan?«

Ja, genau. Aber lass es mich dir erklären.

Bei der Flucht über die türkisch-iranische Grenze können dir nämlich drei Dinge passieren:

1. Du schaffst es unbemerkt über die Grenze.
2. Du wirst erschossen.
3. Du wirst erwischt und nach Afghanistan abgeschoben.

Wie mein Bruder. Die ganze Gruppe wurde beim Überqueren von Soldaten geschnappt und nach Afghanistan gebracht. Als er dort ankam, hatte er natürlich kein Geld mehr übrig.

»Hesam! ICH. HABE. KEIN. GELD. Ich muss Medikamente für unsere Eltern bezahlen, alles für unser Leben und die Wohnung und die Miete für mein Geschäft! Ich kann dir nichts geben!«

So viel dazu. Kurze Zeit später:

Ein Anruf.

Aus Afghanistan.

»Ich habe jetzt den afghanischen Pass bekommen«, meinte Hesam, »ich brauche morgen das Geld für mein Flugticket in den Iran.«

Ich hatte kein Vertrauen mehr in ihn. Ich war so sauer. Am nächsten Tag bin ich trotzdem früh aufgestanden. Ich habe nicht mal geduscht oder mein Gesicht gewaschen, so aufgebracht war ich. Ich bin einfach mit dem Taxi zum Bazar gefahren. Hätte ich gewusst, was mich dort erwartet, wäre ich nicht gefahren.

Ich wäre nicht gefahren.

Im Iran gibt es ein spezielles Geschäft. Vertrauensmänner. Im Iran oder in Afghanistan kannst du nicht einfach zu einer Bank oder einem Automaten gehen und Geld überweisen oder abheben. Aber du kannst etwas anderes tun. Du kannst einem Mann eine Summe Geld geben. Der ruft dann am Zielort einen Freund an und sagt ihm: »Ich hab soundso viel Geld bekommen. Zahl dieselbe Summe an Herrn soundso aus.« Das funktioniert nur, wenn beide Seiten die Person kennen und ihr vertrauen. Deshalb Vertrauensmänner. Und sie müssen genug Geld bereit haben. Deshalb Geschäftsmänner. Natürlich behalten sie einen Teil vom Geld für sich als Bezahlung für den Dienst.

Hier kommt nun der Film, in dem ich drei Jahre zuvor Hauptdarsteller war, ins Spiel. Der Film wurde nach der Produktion im ganzen Land ausgestrahlt, immer wieder und zu prominenten Zeiten wie Weihnachten oder Neujahr. Jeder im Iran hat den Film gesehen oder davon gehört. Auch die Polizisten. Und Überraschung: Die mochten den Film gar nicht. Die hatten leider nur wenig Freude damit, dass ein illegaler Afghane ohne Aufenthaltsgenehmigung die Hauptrolle spielt. So viel hatte ich schon mitbekommen.

Ganz ehrlich: Eigentlich weiß ich nicht, ob dieser Polizist am Bazar Molawi mich deshalb wiedererkannt hat. Also wegen »Paye Dosti«. Aber etwas in seinen Augen verriet mir, dass es so war. Oder vielleicht ist das nur wieder meine Sucht nach Anerkennung, keine Ahnung. Sag du's mir. Als ich nämlich gerade auf dem Bazar vor dem Vertrauensmann stand, packte jemand meinen Arm. »Was hast du da?«, fragte eine junge Männerstimme. Überrascht drehte ich den Kopf und blickte ihm ins Gesicht. Pickel überall. Aber er war groß. Einschüchternd groß.

»Was hast du da?«

Pickelgesicht schien seine Frage kein drittes Mal stellen zu wollen. Er sah mich an. Ich sah ihn an. Er sah mich an. Ich sah seine Pickel an. So viele verschiedene bunte Formen. Ein Kunstwerk! Rote Pickel, aufgekratzte Pickel, eitrige Pickel, große Pickel, kleine Pickel, braune Pickel, Stirnpickel, Wangenpickel, Nasenpickel, alte Pickel, junge Pickel, Teenagerpickel, Pubertätspickel, unbehandelte Pickel, vielleicht sogar Pickelfamilien, weil sich manche richtig zusammenkauerten auf der Hautoberfläche, da war Pickelpadarbozorg, Pickelmadarbozorg, Pickelpadar-jan, Pickelmadar-jan, Pickelbrüder, Pickelschwestern, Pickelschwiegermütter (die mag keiner), Pickelehefrauen (meistens gleich zwei oder drei, wie üblich), Pickelarbeitskollegen, Pickelbeamte, Pickelsteuerberater, eine ganze Welt von Pickeln eröffnete sich, ehrliche Pickel, religiöse Pickel, gierige Pickel, iranische Pickel, vielleicht musikalische Pickel, ich stelle mir vor, dass er von seiner geheimen Freundin letztes Jahr Gitarre spielen gelernt hat, und auch das ein oder andere Reisgericht, bevor sie letzten Donnerstag mit ihm Schluss gemacht hat, traurige Pickel, Single-Pickel, außer er hat tatsächlich zwei oder drei Ehefrauen, I-don't-need-no-woman-Pickel, kompensierende Pickel, zufriedene Pickel, scheinbar zufriedene Pickel, an diesem Tag aufwachende Pickel, auf den Bazar gehende Pickel, einen vermeintlichen Afghanen erspähende Pickel, den vermeintlichen Afghanen – ja, wirklich, es war wirklich einer! – am linken Oberarm – ist das nicht ... ja, sicher, er ist es, der aus »Paye Dosti«! – packende Pickel, ihm genüsslich ins überraschte Gesicht blickende Pickel. Aber weißt du was?

Es waren allesamt Zivilpolizeipickel, die mich angrinsten.

Stell dir mal vor, du bist dein ganzes Leben lang nervös. Du merkst alles. Du bist ständig auf der Hut. Du hörst den Mann, der zwei Regale hinter dir im Supermarkt einen unauffälligen Blick in deine Richtung wirft. Du siehst das Heulen einer Sirene, ein paar Blocks weiter, und zuckst zusammen. Du riechst in deinem Augenwinkel einen Schatten, der rasch verfließt, sobald dein Blick dorthin schnellt. Ich fühlte mich nicht einfach nervös. Ich war nervös. Ich war schon nervös geboren. Ich war illegal. Jedes Jahr, jeden Monat, jede Woche, jeden Tag, jede Stunde, jede Minute, jede Sekunde konnte es passieren. Und in diesem Moment, als Pickelgesicht plötzlich meine Hand packte, da wusste ich: Jetzt ist es so weit. Stell dir vor, die eine Sache, die schlimme Sache, dieses Grauen, das du spürst, wenn du von deinem schlimmsten

Albtraum mitten in der Dunkelheit zitternd hochschnellst, diese Sache, die dich nicht mehr einschlafen lässt, diese Sache, die eine Sache passiert dir tatsächlich.

Zuerst meinte ich, dass der Typ mich wahrscheinlich für einen Drogenhändler hält. Aber das Erkennen meiner Lage begann langsam. Schleichend. Einige Sekunden. Plötzlich ein Ruck, Pickelgesicht zog mich grob hinter sich her. Ich konnte mich nicht wehren. Er war zu stark. Und ich begann zu ahnen, worum es ging. Diese Sache, die Sache, jetzt war es so weit. Es passierte. Verzweiflung loderte hoch, mein Herz begann zu rasen.

Ich begann zu schreien.

Ich begann zu weinen.

Ich ließ mich fallen.

Alles natürlich absichtlich. Als Straßenjunge hatte ich so meine Tricks. Ich hoffte, dass Pickelgesicht aus Verwunderung seinen Griff lockern würde. Dann könnte ich mich losreißen und weglaufen. Meine Tricks funktionierten diesmal nicht. Pickelgesicht war das alles egal. Pickelgesicht schleifte mich wie einen Sack Reis über den harten Boden des Bazars und stieß mich in einen in der Nähe parkenden Bus hinein. Und als ich mich umsah, sah ich etwas, das ich noch nie in meinem Leben gesehen hatte: echte Afghanen.

Also wirklich echte, ganz echte Afghanen. Lange Kleider, Vollbart, lange Haare. Manche hatten sich den Bart und die Haare rot gefärbt mit Henna. Und ihre Haut war dunkler als meine. Ich bekam plötzlich Angst vor ihnen. Ja, Angst, vor einer Gruppe Menschen, nur wegen ihres Aussehens. Ich konnte nicht mehr klar denken.

Panik.

Vor dem Bus.

Vor den Leuten.

Vor den Polizisten.
Vor Afghanistan.
Vor allem.

Vor meiner Abschiebung.

NOCH 4 KAPITEL
BIS ZUM MITTELMEER

»In Teheran, der Hauptstadt des Iran, saß ich gerade im Augenblick des Tofan Khordad 93, einem gewaltigen Sandsturm, bei welchem eine Zahl an Menschen starb oder verletzt wurde, als junger, wegen illegalen Aufenthaltes angeklagter Afghane, namens Elyas Jamalzadeh, auf dem von Abwasser überschwemmten Kellerboden von Askarabad und blickte der Abschiebung entgegen.«

So ähnlich könnte der alte Herr Heinrich von Kleist meine Situation eingeleitet haben. Aber erstmal der Reihe nach:

Im Bus wurden meine Hände mit einem Plastikring zusammengebunden. Der zieht sich immer enger zu, wenn du versuchst, ihn auszudehnen. Dann setzten sie mich neben jemand anderen ans hintere Ende des Busses, wo noch ein Platz frei war. Zwei andere sprangen auf und wollten weglaufen. Wurden natürlich erwischt. Die Polizisten hängten sie dann ganz hinten, direkt neben mir, mit den Händen an eine Stange an der Decke. Sie wurden so brutal ins Gesicht, in den Bauchbereich und auf die Füße geschlagen, dass niemand sonst sich mehr zu rühren wagte.

Ich hatte mein Handy dabei. Und ich weiß nicht, was du sonst so tust, wenn du als illegaler afghanischer Flüchtling im Iran in einem Bus sitzt und kurz vor der Abschiebung stehst, aber ich wusste es. Vielleicht gibt es einen sinnvolleren ersten Anruf, aber egal. Ich war nämlich stinksauer auf jemand ganz Bestimmten.

Ich rief Hesam an.

»Hey Bruder«, sagte ich, »leeeider kann ich dir kein Geld überweisen. Aber macht nichts: Ich komme jetzt nämlich nach Afghanistan und gebe es dir bar!« Er verstand zuerst nicht, was ich meine: »Was redest du?« Ich sagte ihm, dass mich die Polizei festgenommen hat. Er war schockiert, dass so etwas nach so vielen Jahren echt noch mir passiert ist.

Als Nächstes habe ich den Sohn unseres Vermieters angerufen. Er war ein Freund von mir. Und vor allem war er Polizist. Er und ein Kollege von ihm waren in der Nähe und sind sofort zu unserem Bus gekommen, um mich freizulassen. Aber sie konnten nichts mehr für mich tun. Die anderen Polizisten sagten: »Das geht nicht mehr. Sein Name steht auf unserer Liste.« Warum stand mein Name auf ihrer Liste? Erst seitdem ich in den Bus gestiegen war? Oder hatten sie gezielt nach mir gesucht? Fragen über Fragen, auf die ich bis heute keine Antwort habe.

Dann war mein Handyakku am Ende. Wie mein Leben im Iran.

Nach einer gefühlten Ewigkeit sind wir dann losgefahren. Nein, noch nicht nach Afghanistan, wie ich mitbekommen hatte. Zuerst würden sie uns noch nach Varamin bringen, südöstlich von Teheran. Dort ist ein Abschiebezentrum, in dem Afghanen für den Abtransport gesammelt werden. Die Fahrt dauerte etwa zwei Stunden. Ich hatte den ganzen Tag noch nichts getrunken, und es war sehr heiß. Mir wurde schwindlig, und ich fühlte mich sehr schwach. Die Polizisten gaben uns nicht einen Tropfen Wasser. Warum sollten sie auch? Bald würden wir eh nicht mehr ihr Problem sein. Bald würden wir in Afghanistan sein.

Angst hatte ich weiterhin. Mehr noch vor den anderen Afghanen im Bus als vor den Polizisten. Wenn du ruhig bleibst und ihren Befehlen folgst, tun dir die Polizisten nichts. Wahrscheinlich. Die sind zumindest berechenbar, auch wenn die konkreten Artgenossen in unserem Bus leider nicht bestechlich schienen. Aber ich hatte Angst, weil einige der Afghanen sehr stark aussahen. Falls Mitglieder der Taliban unter ihnen waren, könnte es leicht sein, dass sie eine Geisel nehmen und gegen die Polizisten einzusetzen versuchen. Die Taliban arbeiten oft mit Geiseln. Vielleicht wäre es den Polizisten sowieso egal gewesen, was mit mir passiert. Aber falls die Taliban eine Geisel genommen hätten, wäre die Wahl wahrscheinlich auf mich gefallen. So dachte ich jedenfalls auf dieser Fahrt. Weil ich der einzige Afghane war, der nicht in traditionellen Kleidern mit rotem Henna im Haar herumsaß, sondern normale, westliche Kleidung mit T-Shirt und Hose trug.

Ein Verräter eben.

Tschub-e do sar gohi.

Ich habe die Busfahrt überlebt. Ich bin nicht verdurstet. Ich wurde nicht von Polizisten verprügelt. Und ich wurde von keinen verdeckten Taliban-Mitgliedern als Geisel genommen. Ein Erfolg? Als wir jedenfalls im Teheraner Vorort namens Varamin angekommen waren, begannen die wahrscheinlich schlimmsten Stunden meines Lebens im Abschiebezentrum Askarabad.

Wir fuhren durch ein eisernes Tor in den Innenhof. Dort mussten wir aussteigen und uns dicht aneinandergedrängt auf den Boden setzen. Die Soldaten, die dort stationiert waren, zählten uns und ließen uns eine Zeit lang in der prallen Sonne sitzen.

a) Wer sich aufgeregt hat, wurde geschlagen.

b) Wer viel gesprochen hat, wurde geschlagen.

c) Und wer wie ich verlangt hat: »Meine Mutter muss kommen, ich muss mich von ihr verabschieden«, wurde geschlagen.

Das ist halt so in Askarabad.

Dann haben sie uns in eine Art Keller gebracht. Ich kann dir noch genau beschreiben, wie alles ausgesehen hat. Da war am Anfang ein Raum, in dem Beamte standen. Die haben dich gefragt, ob du Aufenthaltspapiere für den Iran dabeihast. Wenn du gesagt hast: »Ich hab keine Papiere dabei«, haben sie dir einen grünen Stempel auf die Hand gepresst und dich weitergeschickt auf einen langen Gang. In diesem Keller waren insgesamt sicher über dreihundert Personen gelagert. Überall sind Leute herumgelegen oder -gehockt. Es gab nicht viel Licht, und es hat nach Abwasser gestunken. Auf dem Boden sah man Kotreste und Urin.

Wenn du vom Flur nach rechts gegangen bist, dann war da ein Raum, in dem jemand teure Kekse verkauft hat. Mit Ayran. Die Kombination schmeckt grässlich. Aber es war das einzige Essen, das man uns angeboten hat. Vermutlich, um uns weiter zu demütigen.

Am Ende des Flurs waren die Toiletten. Nicht Toiletten wie in Österreich, sondern nur so flache Löcher in den Fliesen. Das Problem war, dass sie verstopft waren mit Tüchern und Klopapier. Also konnte niemand sie benutzen. Vermutlich auch, um uns weiter zu demütigen.

Wenn du vom Flur nach links gegangen bist, dann war da ein größerer Raum, in dem auch viele Leute waren. Ganz oben gab es so kleine, vergitterte Öffnungen mit Fensterscheiben, durch die Licht und Luft hereinkamen.

Ich hatte Angst und lief gestresst im Kreis. Ich wollte dringend irgendetwas oder irgendjemanden finden, um aus dieser ganzen Scheißsituation herauszukommen. Und nicht meine Familie ohne ein Wort zurücklassen und nach Afghanistan abgeschoben werden.

Und dann stand plötzlich jemand hinter mir: der Bruder

meines guten Freundes Karim. Er war zufällig auch an diesem Tag festgenommen worden. Als ich ihn gesehen habe, war meine ganze Angst weg. Ich hatte ein sicheres Gefühl. Ich dachte: »Juhu, ich kenne jemanden!« Außerdem war die Familie von Karim und seinem Bruder aus Herat, der westlichsten Provinz Afghanistans, gleich an der Grenze zum Iran. Dort würden uns die iranischen Soldaten wahrscheinlich irgendwo in der Pampa aussetzen. Also wusste ich zumindest schon, dass ich für den Anfang bei seinen anderen Brüdern unterkommen konnte.

Karims Bruder sagte, dass Karim selbst zu uns kommen werde. Vielleicht könnte er noch helfen. Zumindest wollte er sich verabschieden. Und ich konnte ihn bitten, meine Mutter mitzubringen.

Danach wurde ich plötzlich so müde, dass ich auf dem Boden liegend einschlief. Aber nicht für lange.

Dann kam Tofan Khordad 93.

Das war der 2. Juni 2014 nach westlicher Zeitrechnung. Dieser Sandsturm war viel, viel größer als alles, was bisher gewesen war. Der Himmel verdunkelte sich. Die Fensterscheiben brachen, Sand und Regen wirbelten überall herum, und die Luft kühlte innerhalb einiger Momente um fünfzehn Grad ab. Ich hatte unglaubliche Angst. Ich glaubte, ganz Askarabad würde einstürzen, so sehr hat es gewackelt.

Ich war überzeugt, dass die Welt jetzt untergeht.

Ich war überzeugt, dass ich nun sterben würde.

Ehrlich.

»Jetzt ist alles aus.«

Und wo könnte man als Elyas Jamalzadeh das Ende der Welt besser verbringen als in einem Keller nahe Teheran, einige Stunden vor der Abschiebung in das fremde Heimatland, in dem sie deine Familie in die Luft sprengen wollten, und in dem henna-farbene Bärte mit ihren Männern spazieren gehen, und in dem Mädchen ohne Jungs Jungs und Jungs Jungs sind, und in dem Kalaschnikows mit Hochzeitsgästen – echt, schau auf YouTube, da gibt's Videos davon! – tanzen?

NOCH 3 KAPITEL
BIS ZUM MITTELMEER

Schreie. Durcheinander. Aber am Leben.

Anscheinend habe ich den Tofan Khordad 93 überlebt. Denn als ich die Augen wieder öffnete, bemerkte ich, dass ich noch immer in diesem verdammten Keller festsaß. Ich konnte kaum atmen und verfiel in ein Hustkonzert. Alles war voller Sand, und einige Fensterscherben lagen am Boden. Aber das Haus stand noch. Ich blickte mich um und kannte niemanden. Der Bruder von Karim war nicht mehr da. Ich suchte nach ihm und fand ihn schließlich in einem anderen Raum.

Später kam Karim und mit ihm meine Mutter. In dem Raum mit den vergitterten Fenstern konnten wir sprechen. Sie mussten draußen bleiben, ich drinnen. Ich sah meine Mutter durch die Gitterstäbe, wie sie weinte und die Farbe im Gesicht verlor und vor Angst zitterte. Ich versuchte sie zu beruhigen. Ihr zu sagen: »Alles wird gut! Schau, der Bruder von Karim ist auch da, ich bin nicht alleine!« Konnte ich das überhaupt? Ich weiß heute ehrlich nicht mehr, ob oder was ich zu ihr gesagt habe. Aber eines weiß ich noch:

»Elyas«, hat Karim gesagt, »ich werde alles tun, damit du hier rauskommst. Wenn mein Bruder abgeschoben wird, ist das nicht so schlimm, weil er zu meinen älteren Brüdern gehen kann. Aber wenn du abgeschoben wirst, verliert eure Familie alles! Ich werde alles für dich tun!« Ich habe ihm dann meine

Kontokarte gegeben. Offiziell war sie auf den Namen eines iranischen Freundes ausgestellt. Auf dem Konto waren vier Millionen Tuman, das waren zu der Zeit noch ungefähr 800 Euro. Im Iran verdiente ein Arbeiter damals rund 700 000 bis eine Million Tuman im Monat; also waren vier Millionen für uns viel. Und ich hab zu ihm gesagt: »Nimm alles und versuch, dass ich freigelassen werde.« Karim rief mir noch zu: »Sag denen am Eingang, dass du eh Papiere hast, jemand bringt sie dir gleich!« Dann mussten die Besucher gehen.

Nach ein paar Stunden sind sie wiedergekommen. Er hatte gefälschte Papiere, die ihm ein Bekannter gegen das Geld auf meinem Konto ausgestellt hatte. Und er hatte zwei Pässe mit: den von seinem Bruder, und einen zweiten von einem anderen Bruder, der ungefähr so aussah wie ich. Dann gingen der Bruder von Karim und ich zu den Beamten am Eingang. Sie haben Fotos von uns gemacht und uns mit den Pässen, die Karim ihnen gegeben hatte, verglichen. Dann haben die Beamten einige Namen vorgelesen. Jeder, der genannt wurde, ist wieder freigekommen, weil Papiere nachgebracht wurden. Gleich als Erstes wurde der Name von Karims Bruder vorgelesen, ich weiß seinen Namen gar nicht mehr. Ich wartete nur voller Nervosität. Ein anderer Name. Wieder ein anderer Name. Wieder ein anderer Name. Dann: »Ghader!« Ich reagierte mit einem Moment Verzögerung: »Ja, ich bin Ghader!« Dann war ich draußen. Der Name eines anderen hatte mich gerettet, Gott sei Dank.

Ich konnte noch nicht fassen, dass ich wieder frei war. Doch ganz frei war ich nicht. Draußen lungerten ein paar junge Soldaten herum. Sie hatten offenbar keine Lust, selbst die Aufgaben ihrer Offiziere auszuführen. So ergriffen sie gleich die afghanische Chance, die aus dem Keller in die Frischluft stieg: »Räumt den Müllhaufen dort weg!« Sie wedelten lässig mit ihren halbautomatischen Waffen. Ein effektiver Appell, muss ich sagen. Wir gehorchten ihnen natürlich.

Als wir gegen Abend damit fertig waren, schlenderten wir todmüde zum eisernen Tor, durch das ich vor scheinbar unendlich langer Zeit mit dem Bus gefahren war. Die Soldaten warteten dort und kontrollierten nochmal jeden einzelnen Pass. Ich bekam solche Angst. Ich konnte mich nicht mehr bewegen. Ich hatte einfach keine Kraft mehr. Wann würde dieser Scheißtag endlich aufhören?! Aber Karim war da und sagte mir: »Komm, wir gehen raus!« Ein kurzer Blick, ein Kopfnicken. Nach wenigen Sekunden war es vorbei, die Soldaten winkten uns durch.

Wir waren frei!

Ich war so glücklich. Ich habe die Busfahrt überlebt. Ich habe Tofan Khordad 93 überlebt. Ich bin aus Askarabad freigekommen. Ich war noch nie in meinem Leben so froh und so glücklich. Ich spürte meine Füße am Boden nicht mehr, weil ich dachte, ich fliege. Zwar hat uns das beinahe all unser restliches Erspartes gekostet, aber unsere Familie konnte weiterleben. Für den Moment.

Karim brachte seinen Bruder und mich nach Teheran. Als ich nach Hause kam, kochte meine Mutter schnell etwas und brachte aus Dankbarkeit all unseren Nachbarn etwas vorbei. Sie war überglücklich und strahlte übers ganze Gesicht wie die Sonne. Die Tränen flüchteten aus meinen Augen. Erleichterung. Ich war zu Hause.

Trotzdem war die Stimmung in den darauffolgenden Tagen ernst. Wir wussten, dass ich oder auch jemand anders von uns jederzeit wieder festgenommen und nach Afghanistan abgeschoben werden konnte. Und in Afghanistan waren die Taliban weiterhin stark und gefährlich. In dieser Zeit haben wir uns endgültig entschieden, nach Europa zu fliehen. Wir hatten aufgrund unserer Lage in den letzten Jahren schon immer wieder überlegt, und einige meiner Geschwister hatten die Reise bereits gewagt. Eigentlich war die Schweiz unser Ziel. Ramin und Edris waren dort nach ihrer Flucht gelandet. Meine Mutter hat sich gewünscht, dass wir als Familie dort ein neues Leben beginnen.

»Warum nicht nach Afghanistan zurück?«, könntest du jetzt fragen. »Eure Mutter hat dort ja euer altes Haus aufgebaut.« Stimmt. Aber wir Kinder wären dort Fremde. Edris und ich sind im Iran geboren und waren nie in Afghanistan, Hesam und Ramin konnten sich nicht mehr an Afghanistan erinnern. Und meine Eltern hatten zu viel erlebt. Sie wussten, was passieren konnte. Sie wussten, was passiert war. Sie kannten die Taliban zu gut. Verstehst du das: Wenn jede Nacht die Möglichkeit besteht, dass deine Familie und dein Haus – wieder – in die Luft gejagt werden, wie ruhig würdest du schlafen können?

Wir sprachen mit einem Bekannten, der Kontakt zu Schleppern hatte, die uns über die iranisch-türkische Grenze bringen konnten. Ich habe in der Zwischenzeit versucht, meine Boutique zu verkaufen, um das investierte Geld zurückzubekommen. Wir würden jeden Cent für die Flucht brauchen. Und meine Eltern hatten jeden Tag unglaubliche Angst, dass die Polizei wiederkommt. Weil wir einen Kollegen von ihnen bestochen haben.

Ein Freund von mir, der Ramin hieß, hatte meine kleine Boutique schon immer bewundert. Seine Schwester war in mich verliebt, aber ich wollte nichts von ihr. Wie sollte ich eine Beziehung anfangen, wenn ich doch in Kürze weglaufen würde? Deshalb hatte ich ihr schon in den Wochen davor immer die kalte Schulter gezeigt. Kannst mich Arschloch nennen, aber ich denke, es war besser so. Jedenfalls wollte ich die Boutique an Ramin verkaufen.

Ich sagte, ich würde den Beruf wechseln. Und er bot mir einen Scheck für zwanzig Millionen Tuman an, das waren etwa 4000 Euro. Kein schlechter Preis. Aber die Schlepper akzeptieren keine Schecks. Nur Bargeld. Alles andere ist zu unsicher in diesem Geschäft. Deshalb habe ich Ramins Angebot abgelehnt und meine Boutique meinem Bruder Hesam gegeben, der es nach ein paar Wochen wieder in den Iran geschafft hatte. Er blieb.

Sonst haben wir uns nicht wirklich vorbereitet, es war sehr spontan. Wir wussten nur, dass wir gute Schuhe kaufen müssen, und wir durften nur ein paar Kleidungsstücke anziehen und in einem Rucksack mitnehmen. Aber das war für uns kein Problem. Einerseits hatten wir nicht mehr viel. Andererseits dachten wir, die Flucht wird vielleicht nur ein paar Wochen dauern. Schließlich hatten die Schlepper uns das versprochen.

Unser Bekannter meldete sich bei uns.

In einer Woche würde es losgehen.

Am Freitag.

NOCH 2 KAPITEL
BIS ZUM MITTELMEER

Freitag ist ein guter Tag zum Flüchten.

Wobei in unserem Fall jeder Tag ein guter Tag zum Flüchten gewesen wäre. Jedenfalls besser, als hierzubleiben und auf eine Abschiebung in die Arme der Taliban zu warten. Dagegen hatte ich von Freunden gehört, wie sicher Europa sei:

a) Niemand entführt deine Schwester.

b) Niemand verbietet dir, in die Schule zu gehen.

c) Niemand verlangt um ein Vielfaches zu hohe Mietkosten.

Das sind schon mal drei gute Gründe. Aber auf der anderen Seite war der Freitag, an dem wir fort sind, auch einer der traurigsten und schrecklichsten Tage meines Lebens. Der Schlepper hat gesagt, wir dürfen niemandem Bescheid geben, dass wir uns auf den Weg nach Europa machen. Sie könnten uns an die Polizei verkaufen. Also durfte ich mich nicht von Karim, Farid, Navid und allen anderen verabschieden. Besonders bei Faredin schmerzte es mich, weil ich leider Gottes keinen Kontakt mehr zu ihm habe. Ich weiß nicht, wo er ist oder wie es ihm geht, weil ich keine Telefonnummer von ihm habe und ihn nicht auf Facebook oder Instagram finde. Nur mein Bruder Hesam erfuhr, dass wir fliehen.

Außerdem lastete eine große Verantwortung auf mir. Meine Eltern waren schon alt. Deshalb hatte ich große Angst im Herzen. Falls etwas passiert, wäre ich schuld, meine Geschwister würden mich fragen: Wo warst du, als das und das geschehen ist? Und ich wusste: Wenn die Schlepper unser Geld stehlen, dann haben wir nichts mehr. Alles Geld, das wir mitnahmen, hatten wir durch den Verkauf unserer Möbel erhalten und teilweise von Freunden ausgeborgt. Das heißt, uns war bewusst, dass wir im Iran nichts mehr hatten.

Wir wussten, dass sich nun alles ändern würde.

Wir ließen alles zurück. Unser altes Leben war mit diesem Tag vorbei. Unser neues Leben würde beginnen. Doch wie schwer es von diesem Moment an wirklich werden würde, hatten wir noch nicht einmal erahnen können.

Unser Bekannter hat uns mit dem Auto abgeholt und aus Teheran rausgebracht zu einem anderen Auto. Dort wartete der Schlepper. Mit ihm und diesem anderen Auto sind wir dann zur Grenze zwischen dem Iran und der Türkei gefahren. Als wir in die Nähe der Grenze bei Uromiyeh kamen, hielten wir an. Das war ganz im Nordwesten des Iran. Wir sahen viele Soldaten mit Waffen in der Gegend. Deshalb war Hesam damals schon vor der Grenze festgenommen worden. Der Schlepper meinte, wenn wir es dort vorbeischaffen würden, dann hätten wir die gefährlichste Stelle unserer Reise hinter uns. »Wenn wir es dort aber nicht vorbeischaffen«, meinte er, »dann seid ihr in Afghanistan und ich einige Jahre im Gefängnis.« Tolle Aussichten, vielen herzlichen Dank!

Weißt du, dass es zwei verschiedene Arten von Schleppern gibt? Es gibt die kleinen Schlepper, die mit dir eine gefährliche Stelle oder Grenze überqueren. Sie haben meistens kaum Geld oder Chancen. Sie müssen das machen, weil sie sonst keine andere Arbeit und kein Einkommen haben. Sie kennen die Route nach Europa nicht, aber sie kennen ein oder zwei Stellen, an denen man eine Grenze überqueren kann. Mehr nicht. Deshalb meinte unser Schlepper auch, dass das schon die gefährlichste Stelle der Flucht nach Europa sei. Und das machen sie immer und immer wieder, bis sie ins Gefängnis kommen oder erschossen werden. Der, der mit uns über die Grenze ging, war ein kleiner Schlepper. Aber die großen Schlepper, die siehst du nicht. Das sind die, die das meiste Geld verdienen. Das sind die, die selber keinen Finger rühren. Die trifft man als normaler Flüchtling nicht.

Wir blieben bis zur Nacht in einem kleinen Häuschen. Es gehörte dem Schlepper, mit dem wir hingefahren waren. Bei uns waren noch vier junge Männer, die flüchten wollten. Sie erzählten uns immer und immer wieder: »Es ist so gefährlich. Vierzehn Stunden bergauf wandern. Und du hörst sie immer. Die Schüsse.« Ich hab ihnen gesagt, sie sollen aufhören, uns Angst zu machen. Wir würden nicht aufgeben. Ich bin schließlich geborener Flüchtling, Berufsbezeichnung: Chief of Fleeing, ich würde das schon irgendwie schaffen. Die Burschen erwiderten nur: »Es tut uns leid. Deine Eltern werden dort sterben.« Schließlich stieg auch der Schlepper selbst in die Debatte ein. Hatte vielleicht Angst, uns als Kunden zu verlieren. Sagte: »Ich werde Sie nicht auf den Bergpfad schicken. Wir gehen über die Ebene.«

Um uns herum befand sich ein kleines Dörfchen mit einigen Häusern. Es wurde stockdunkel. Auf dem Platz in der Mitte leuchtete ein Licht. Ein LKW, vor dem sich einige Familien mit Männern, Frauen und Kindern versammelten. Wir stiegen alle ein. Die Ladefläche wurde geschlossen, und wir starteten los. Querfeldein, nicht auf der Straße. Mit hoher Geschwindigkeit. Hat sich wie hundert Kilometer pro Stunde angefühlt. Es war ein trockener, sandiger Untergrund mit einigen Pflanzen und trockenem Gras, deswegen konnten wir dahinbrettern wie seinerzeit Michael Schumacher. Als wir in die Nähe der Grenze kamen, hielt der LKW an. Wir mussten aussteigen und zu Fuß weitergehen. Ich trug immer unsere drei Rucksäcke: einen vorne und einen hinten, im ersten unsere Ersatzkleidung, im zweiten Ersatzschuhe und Ersatzjacken. Den dritten hielt ich in der Hand, da waren Datteln und Brot und Wasser drin.

Es waren Wächter auf den Hängen entlang des Tals. Sie haben immer Lichter auf die Ebene geworfen. Deshalb mussten wir uns oft verstecken. Dabei stachen uns die Dornen der niedrigen Büsche. Aber wir durften nicht schreien, durften keinen Laut von uns geben. Sonst würden sie uns vielleicht hören. Wir krochen vorwärts. Es gab da einen kleinen Bach, der sehr seicht war. Dort mussten wir ins Wasser. Es war sehr kalt. Wir sind ungefähr drei oder vier Stunden im Bach gewatet. Das war zum Glück nicht so lange. Wir hörten immer wieder Schüsse. Manchmal weiter weg. Manchmal näher. Vielleicht wussten sie, dass wir hier waren. Vielleicht wollten sie nur Flüchtlinge abschrecken.

Auf der anderen Seite der Grenze warteten Leute mit Minibussen auf uns. Als wir die Fahrzeuge sahen, hörten wir hinter uns noch den Schlepper: »Lauft dorthin.« Wir drehten uns zu unserem Schlepper um. Aber er war schon weg, in der Dunkelheit verschwunden. Wir sind also in die Busse eingestiegen und losgefahren. Wir wussten nicht, wo wir waren. Aber als wir hörten, dass die Leute nicht Farsi sprachen, sondern eine andere Sprache, war das für uns ein gutes Zeichen. Ein Zeichen, dass wir es tatsächlich über die Grenze geschafft hatten.

Wir kamen in den frühen Morgenstunden an. Ich habe mir persönlich von der Türkei nur schöne und moderne Städte vorgestellt. Das hab ich im Fernsehen gesehen. Aber das Dorf, in das wir hinter der Grenze kamen, hat sehr arm ausgesehen. Wir kamen zu einem Haus, vor dem Zahnlücke stand. Zahnlücke war eine dicke Frau. Ihr fehlten vorne zwei Zähne. Die beiden vorderen Zähne wirken echt breit, wenn sie nicht mehr da sind, muss ich zugeben. Könnte auch sein, dass ihr sogar drei Zähne fehlten. Was da alles durchgepasst hätte. Vielleicht sogar vier Zähne. Deshalb jedenfalls Zahnlücke. Zahnlücke bewachte das Haus. Wir mussten hinein und legten uns einige Stunden schlafen.

Am nächsten Morgen durften wir das Haus erst verlassen, nachdem wir bezahlt hatten. Du musst die Vertrauensmänner anrufen und ihnen sagen, dass sie das Geld an die Schlepper zahlen dürfen. Sie stehen zwischen dir und den Schleppern. Sie kennen beide Seiten, und beide Seiten vertrauen ihnen. Also müssen sie in der Geschäftswelt und am Schwarzmarkt bekannt sein. Erst wenn die Schlepper dann Zahnlücke anrufen und sagen, dass sie das Geld bekommen haben, lässt dich Zahnlücke aus dem Haus. Sie bekommt natürlich auch Geld dafür. Und so funktioniert die ganze Schleppergeschichte.

Zahnlücke verdiente aber noch auf eine andere Weise etwas dazu. Wie willst du in der Türkei ohne SIM-Karte die Vertrauensperson anrufen? Deshalb brauchst du eine türkische SIM-Karte, damit du anrufen und weitergehen kannst. Zahnlücke nutzte das aus. Zahnlücke verkaufte die SIM-Karten an uns. Hundert Lira pro Stück. Das sind ungefähr 50 000 Tuman. Oder damals etwa zehn Euro. Ein kleines Vermögen für einen Iraner. Die SIM-Karte hätte sonst nur einen Bruchteil davon gekostet. Und Zahnlücke verlangte von uns, dass wir die SIM-Karte nach dem Anruf zerstören. Damit die Polizei uns nicht finden kann, sagte sie.

Ich war der Einzige aus unserer Gruppe, der keine SIM-Karte von Zahnlücke gekauft hat. Ich wusste, dass die Karte niemals so viel wert sein konnte. Und ich kannte ja von Kind an die Tricks der Verkäufer. Deshalb wartete ich. Dann sprach ich eine der Personen an, die eine SIM-Karte gekauft und gerade fertig telefoniert hatte: »Du hast schon telefoniert. Und du musst die SIM-

Karte jetzt sowieso wegschmeißen. Gib sie mir um zehn Lira!«
So habe ich Zahnlücke ausgetrickst. Dann rief ich Hesam an. Er
brachte das Geld zu dem Vertrauensmann. Der wiederum kontaktierte die Schlepper. Und die wiederum redeten mit Zahnlücke. So kamen wir aus dem Haus frei.

Die Schlepper brachten uns noch zu einem Busterminal in
der Nähe. Alle sahen so schön und gut gekleidet aus. Und es war
schockierend für mich, das weiß ich noch, dass so viele Frauen
dort geraucht haben. Muslimische oder afghanische Frauen
rauchen nur sehr selten. Wenn eine Frau bei uns raucht, dann ist
das fast sicher ein Zeichen dafür, dass sie eine Prostituierte ist.
Jedenfalls haben wir uns dort ein Ticket nach Istanbul gekauft
um siebzig oder hundertsiebzig Lira pro Person, ich kann mich
nicht mehr genau erinnern. Das war eine sehr lange Fahrt, über
1500 Kilometer. Das ist dreimal so weit wie ganz Österreich von
Osten nach Westen.

Als wir schließlich in Istanbul ankamen, holten uns der
Mann und seine zwei älteren Töchter ab. Seine Frau war die
Tochter der Tante meines Vaters, also seine Cousine. Sie haben
beim Terminal auf uns gewartet. Und wir waren eine Woche bei
ihnen in der Wohnung. Eigentlich war es keine richtige Wohnung, sondern nur ein Keller. Wir wohnten in Zeytinburnu. Und
in dem ganzen Viertel, in dem wir gewohnt haben, gab es rundherum nur Arme und Kranke. Ich war sehr überrascht, weil ich
das in der Türkei nicht erwartet hatte. Aber rein geographisch
gesehen hatten wir es bereits nach Europa geschafft! Denn Zeytinburnu lag auf der europäischen Seite von Istanbul. Trotzdem
stand uns noch einiges bevor.

Und noch etwas Überraschendes: Der Mann dieser Familie ist
zu Hause geblieben und hat für die Familie gekocht. Seine zwei
Töchter haben als Schneiderinnen gearbeitet und das Geld für

die Familie verdient. Seine Frau, die Cousine meines Vaters, war mit ihren zwei jüngsten Töchtern aber nicht mehr hier. Sie waren mit einem Schlepper schon vor einigen Jahren nach Österreich gereist, so wie meine Schwester, die auch nach Österreich geflüchtet war. Der Mann der Cousine und die beiden älteren Töchter hatten vor kurzem die Möglichkeit bekommen, ebenfalls dorthin nachzureisen. Wegen ihrer Abreise stellten sie uns vor die Wahl: Entweder wir zahlen die Miete für die Kellerwohnung weiter, oder wir ziehen bei einem Freund von dem Mann ein. Bei ihm wäre es billiger, und er sei sehr nett, meinte der Mann von Vaters Cousine.

Wir kannten sonst niemanden. Und wir vertrauten dem Mann unserer Cousine. Wir wussten, er wollte uns helfen, so wie die Cousine meines Vaters. So entschlossen wir uns, bei diesem Freund einzuziehen. Er hatte eine Wohnung mit seiner Frau und den vier Söhnen. Wir bekamen ein kleines Zimmer, in dem ich mit meinen Eltern schlafen konnte. Aber schon als ich den Mann das erste Mal sah, hatte ich kein gutes Gefühl. Weil er aussah wie die Afghanen im Bus nach Askarabad.

Am Anfang war die Famile sehr nett. Sie haben mit uns gesprochen und Abendessen mit uns gegessen. Ich hab mit dem Mann ausgemacht, dass wir keine Verwandten oder Freunde sind. Eine Leistung für die andere. Und es darf auch nicht so sein, dass wir einen Preis ausmachen, und er dann in einem Monat sagt: »So, ihr seid uns zweitausend Lira schuldig, weil ihr in dem Zimmer gewohnt habt.« Wir müssen uns schließlich entscheiden, ob wir uns den Preis leisten können. So vereinbarten wir mit ihm dreihundert Lira für jeden von uns drei, also neunhundert pro Monat. Essen und alles andere besorgten wir uns selbst. Das passte für ihn.

Während wir dort gewohnt haben, hat Hesam im Iran für uns

nach einem guten Schlepper gesucht. Aber es war sehr kompliziert. Keiner wollte um so wenig Geld mit uns arbeiten. Und als die Cousine meines Vaters uns aus Österreich angerufen hat und gefragt hat, wie es uns geht, waren wir ehrlich. Wir haben gesagt, dass der Mann am Anfang nur nett getan hat, und jetzt ist er wie eine Schlange. Wir durften nicht mal einmal in der Woche duschen. Weil das Warmwasser sehr teuer sei. Und meine Mutter durfte nicht für uns kochen, während die Familie des Mannes draußen gegessen und abgewaschen hat. So durften wir immer erst sehr spät etwas zu essen machen. Manchmal erlaubte der Mann uns wie vereinbart, das Internet zu benutzen, manchmal hatte er einen schlechten Tag. Dann sperrte er den Zugang für uns. Er stritt viel mit uns. Aber auch innerhalb seiner Familie gab es viel Streit, weil er seinen älteren Sohn völlig anders als den jüngeren behandelte. Kurz gesagt, es war eine schlimme Zeit in einem fremden Land, wo du dich richtig einsam fühlst.

Deshalb hat unsere Verwandte einen Vorschlag gemacht: Wir könnten ja mit demselben Schlepper nach Österreich kommen, mit dem sie es auch geschafft hatten. Karimi. Ja, das war sein Name. Diesen Namen merkte sich jeder von uns. Diesen Namen vergaß niemand mehr. Besonders diejenigen, die starben. Vor allem diejenigen, die ertranken. Karimi.

NOCH 1 KAPITEL
BIS ZUM MITTELMEER

Karimi war einer der großen Schlepper. Karimi war ein Iraner,
der in Österreich lebte und immer wieder in die Türkei flog. Zu
seinen Kunden. Also auch zu uns. Und so haben wir ihn kennengelernt. Er war dick, dunkelhäutig und blind. Also man sah, dass
er blind ist, weil er seine Augen fast nicht aufmachen konnte.
Er hatte immer dunkle Anzüge an und ging mit einem Stock. Er
hat uns erzählt, er sei Anwalt. Er hat uns erzählt, er kenne viele
Leute in Österreich. Und er hat uns erzählt, sobald wir da seien,
könne er alles für uns machen. Alles Lügen. Aber wir haben ihm
geglaubt. Schließlich hat er ja auch unsere Verwandte und ihre
Familie nach Österreich gebracht, oder? Er wird schon ehrlich
sein.

Wir mussten ihm das Geld bar geben. 4000 Euro pro Person,
also 12 000 Euro insgesamt. Das war alles, was wir hatten. Das
waren unsere Möbel im Iran. Das war der letzte Schmuck meiner Mutter. Das war alles, was unsere Existenz im Iran wert gewesen war. Ich diskutierte noch mit ihm, warum wir ihm das
Geld bar und schon im Voraus geben müssten. Er meinte, er
brauche es für die gefälschten Reisepässe, die er anfertigen lie-
ße. Aber was für eine Wahl hatten wir? So flog er mit dem Geld
nach Österreich zurück und versprach, uns bald über die erste
Grenze nach Griechenland zu bringen.

In den folgenden drei Monaten unternahmen wir ungefähr

einmal in der Woche mit Karimis kleinen Schleppern einen Fluchtversuch. Sie haben uns immer gesagt, wie leicht und schnell alles gehen wird. Übrigens: Weißt du, wie die Schlepper einen Fluchtversuch nennen? »Game.« Das haben wir dort gelernt. Das englische Wort für Spiel. Lustig, oder? Ich weiß leider nicht, welches Stück Mensch auf diesen Gedanken gekommen ist. Für dich als Flüchtling ist es nämlich kein Spiel. Für dich als Flüchtling geht es um Leben und Tod.

Jedes Mal, wenn wir ein Game hatten, wurden wir mit einem Auto abgeholt. Das war manchmal mitten in der Nacht. Dann fuhren wir eine Strecke mit dem Auto, so zwei Stunden. Manchmal ließen sie uns dann irgendwo im Dunkeln aussteigen, in einem Wald oder am Rand der Autobahn. Die Polizei hat uns immer erwischt und zurück nach Istanbul geschickt. Zum Glück hatten wir dreimonatige Aufenthaltspapiere für die Türkei besorgt bei der afghanischen Botschaft in Ankara. Deshalb wurden wir nach dem Game nicht ins Flüchtlingslager oder nach Afghanistan zurückgebracht. Und glaub mir, in einem türkischen Flüchtlingslager willst du wirklich nicht gefangen sein. So ging es nämlich vielen anderen Flüchtlingen, die keine Papiere hatten.

Manchmal hat die Polizei schon vorher erkannt, dass wir ein Flüchtlingsauto waren, uns angehalten und zurückgeschickt. Manchmal hat uns die Polizei nicht erwischt, aber wir mussten trotzdem im Wald oder irgendwo im Freien bleiben. Dort war es sehr nass und kalt. Noch dazu ohne Decken oder Wechselkleidung. Die musste dicht in Plastik eingepackt bleiben. Es könnte ja jederzeit sein, dass die Schlepper wieder auftauchen und wir zum Schlauchboot gehen. Die Schlepper versprachen immer, zurückzukommen und uns zu holen. Wir mussten dann stundenlang warten. Aber es hat nie so funktioniert, wie sie es gesagt haben.

Einmal war der Bruder vom Ehemann unserer Verwandten (ja, die Verbindung geht schon über einige Ecken) auch bei einem Game mit. Er war ausgebildeter Bodyguard und hat für den früheren Präsidenten von Afghanistan gearbeitet. Aber nachdem der Präsident gewechselt hatte, verlor er seine Position und sein Einkommen. Er versuchte also, nach Europa zu kommen. Aber er hatte keine türkischen Aufenthaltspapiere besorgt so wie wir. Bei diesem Game ließen die Schlepper uns einfach auf einer Straße aussteigen und fuhren weiter, ohne uns zu sagen, was wir tun sollen. So warteten wir wieder einmal neben der Straße, mitten in der Nacht, im Dunkeln. Alle waren nervös. Ein Junge meinte: »Ich wäre mit dem Boot gefahren, weil ich das kann.« Den haben die anderen verprügelt, weil sie ihn für einen Kollegen der Schlepper hielten. Sie fragten ihn immer wieder, wann die Schlepper wiederkommen würden.

Ich sagte schließlich: »Sie kommen nicht mehr. Wir sollten zum nächsten Busterminal gehen und zurückfahren, solange es noch dunkel ist. Sonst entdeckt uns die Polizei.« Aber der Bruder von dem Ehemann unserer Verwandten hat nicht auf mich gehört. Wir haben bis zum nächsten Morgen gewartet, niemand kam. Schließlich machten wir uns auf den Rückweg. Doch die Polizei nahm uns fest. Meine Eltern und ich wurden freigelassen, weil wir Papiere hatten. Der Bodyguard nicht. Der Kasperl hatte ja keine Papiere. So wurde er ins Flüchtlingslager transportiert. Er hätte auf mich hören sollen. Hat er aber nicht. In Afghanistan spielt das Alter nämlich eine große Rolle. Die Jüngeren müssen immer auf die Älteren hören. Die Älteren seien nämlich intelligenter als die Jüngeren, wird gesagt. Aber das stimmt nicht in jeder Situation. Manchmal sind die Älteren dümmer als die Jüngeren. Und das war hier der Fall.

Und unser Vermieter, der Freund von unserer Verwandten,

machte weiter Probleme. Er wollte plötzlich viel mehr Geld von uns, als wir am Anfang vereinbart hatten. Als wir es nach einem Game wegen der Polizei wieder nicht bis zum Strand geschafft hatten, gingen wir nicht mehr zu ihm zurück. Lieber würden wir auf der Straße schlafen als nochmal bei ihm, sagten wir uns. Und genau das haben wir dann auch getan. Wir haben uns einen trockenen Platz unter einer Brücke gesucht, weil es in dieser Nacht stark geregnet hat, und haben dort geschlafen. Seitdem haben wir den Freund unserer Verwandten nicht mehr wiedergesehen.

Danach zahlten wir einem Schlepper Geld, der uns in einer Flüchtlingswohnung unterbrachte. Dort war es zwar auch teuer, aber es war uns trotzdem lieber. In dieser kleinen Wohnung wohnten ungefähr fünfzig oder sechzig Leute, manchmal mehr, das wechselte täglich. Es schliefen etwa zwanzig Leute in einem Zimmer, Frauen und Männer natürlich getrennt. Man lernte auch andere Flüchtlinge kennen und tauschte mit ihnen Informationen aus. Also war es eigentlich nicht so schlecht, obwohl dort so viele Leute waren.

Ich weiß gar nicht mehr, beim wievielten Game wir es endlich schafften. Wir sind am Abend wieder mit dem Auto weit aus Istanbul hinausgefahren. Dann hielten sie an einer bestimmten Stelle an und stiegen mit uns aus. Wir wanderten längere Zeit querfeldein, bis wir zu einem abgelegenen, kleinen Strandstück kamen. Dort war alles vorbereitet. Und plötzlich wurde uns klar:

Jetzt wird es ernst.

DAS MITTELMEER

Es war eine stürmische, regnerische Nacht mit hohen Wellen.

Wen würdest du retten?

Wir fragten die Schlepper: »Wo ist das Boot?« Sie deuteten nur zur Seite und sagten: »Selber aufblasen. Dort stehen zwanzig Liter Benzin und Motoren.« Sie erklärten uns noch den Zielpunkt: »Wenn ihr in diese Richtung fahrt, werdet ihr ein rotes Licht sehen. Dort wird jemand auf euch warten. Es dauert nicht länger als zwei Stunden. Sehr einfach.« Wir waren schockiert, dass wir alles selber machen müssen. Und, dass die Schlepper nicht mitkamen. Sie weigerten sich. Aber wir hatten keine Wahl. Und die Schlepper waren so schnell verschwunden, wie sie gekommen waren.

Deinen Vater?

Jeder wurde nervös. Wir wussten, dass wir schnell sein mussten. Die Polizei könnte uns jederzeit erwischen. Jeder schaltete das Handy aus, entnahm die Batterien und packte alles in Plastik ein. Damit die Polizei uns nicht orten konnte. Einige Jugendliche liefen gleich zu den drei schwarzen Schlauchbooten, um sie aufzublasen. Dort lagen auch Schwimmwesten. Jeder nahm sich eine. Ein anderer zeigte auf und sagte, er habe Erfahrung mit dem Lenken. So versuchten wir, uns grob auf die Boote aufzuteilen. Es waren etwa fünfzig Leute pro Schlauchboot, das etwa fünf Meter lang war. Noch dazu hatte jeder sein Leben in Form von ein bis zwei vollgestopften Rucksäcken pro Person mit dabei. Für die Mathegenies, die jetzt zu rechnen beginnen, ob das möglich ist: Nein, ist es nicht. Aber es musste klappen. Wir hatten keine Wahl.

Deine Mutter?

Gleich zu Beginn brach ein Streit aus, wer in der Mitte sitzen durfte. Jeder wollte der Erste sein. Jeder wollte einen sicheren Platz reservieren, auch für seine Frau und seine Kinder. Schließlich saßen die Frauen und Kinder größtenteils innen in den Booten, und die Männer am Außenrand. Und dann machten wir uns auf den Weg. Es war etwa acht Uhr am Abend. Manche der Männer mussten sich von außen im Wasser an den Schnüren am Rand festhalten, weil kein Platz mehr war. Aber nicht so schlimm. Wir würden doch eh in knapp zwei Stunden in Griechenland ankommen.

Deinen Bruder?

Übrigens: Es war Winter. Und habe ich schon gesagt, dass es eine regnerische und stürmische Nacht war? Mit scheißhohen Wellen? Und ohne Anführer oder Leute mit Schiffererfahrung? Und dass viele Flüchtlinge, inklusive mir, nicht mal schwimmen können?

Die Wahrheit ist:

Nach zwei Stunden Fahrt waren wir nicht in Griechenland. Wir sahen kein rotes Licht. Wir sahen kein Land, keinen Mond, keine Sterne. Nur Wasser. Hohe Wellen. Sturm.

Du kannst dort niemanden retten.

Dunkelheit.

Angst.

Das Boot füllte sich mit Wasser. Wir konnten es nicht schnell genug ausschöpfen.

Schwarzes Wasser der Frühe wir trinken dich nachts

Die Leute gaben auf. Kinder, Frauen, Männer, alle weinten. Schrien. Auch ich. Schrien um Hilfe. Hilfe. Damit die Polizei uns erwischt. Schrien. Ins Gefängnis, ins Flüchtlingslager, nach Afghanistan. Irgendwohin. Damit wir leben.

wir trinken dich mitternachts und morgens

Wir wollten die Polizei anrufen. Kein Empfang. Und keine Zeit. Das Wasser war schon zwanzig, dreißig Zentimeter hoch. Also festhalten, Wasser ausschöpfen.

wir trinken dich abends

Weg. Zwei andere Boote.
Am Leben?

wir trinken und trinken

Ein alter Mann stand auf. Hatte eine große Familie an Bord. Enkelkinder, Neugeborene. Rief: »Ich übernehme die Kontrolle! Jeder wirft sein Gepäck über Bord!« Sein Sohn Reza tat es als Erster, manche taten es ihm nach.

dein goldenes Haar Margarete

Einige wollten nicht. Manche gaben auf. Schrien: »Das Benzin reicht nicht, wir müssen umdrehen.« Hab sie angebrüllt und geschlagen, bis sie sich wieder hingesetzt haben.

dein aschenes Haar Mariam

Große Schiffe.
Wir schrien. Sie fuhren vorbei.
Größere Wellen.

wir schaufeln ein Grab in den Wassern

Ich hatte den Tod vor Augen. Dachte nur immer wieder: »Oh Gott, wenn ich hier lebendig rauskomme, werde ich ein braver Mensch werden!«

da liegt man nicht so eng

Ich wollte nicht, dass meine Eltern ihren jüngsten Sohn sterben sehen. Ich wollte meine Eltern nicht sterben sehen. Das war das Schlimmste. Wir konnten uns nicht helfen.

der Tod ist ein Meister aus Europa

Das Wasser war arschkalt. Viele spürten ihre Füße nicht mehr und kauerten und stürzten übereinander. Ich hab zwei- oder dreimal in die Hose gemacht. Die anderen bestimmt auch. Aber wenn du von Kopf bis Fuß nass geworden bist wegen der Wellen, ist es egal, ob du in die Hose pisst oder nicht. Niemand merkt das. Weil am Boot, da kannst du nicht einfach aufs Klo. Am Boot, da kackt keiner.

er hetzt seine Boote auf uns

Irgendwann nach Mitternacht wurde das Wasser etwas ruhiger. Reza stand auf und sagte eine Sure aus dem Koran auf. Wir antworteten ihm: »Gott, hilf uns! Gott, hilf uns! Gott, hilf uns!« Das gab uns ein wenig Ruhe.

er schenkt uns ein Grab in den Wassern

Ich blickte nach oben. Sterne zwischen Wolken. War Er wirklich da oben? Macht's Spaß, uns zuzusehen?

dein goldenes Haar Margarete

Nach stundenlangem Gebete-Sprechen und In-die-Hose-Machen und Wasser-Ausschöpfen wurde es etwas heller. Da sahen wir Umrisse eines Gebirges in der Ferne. Land.

dein aschenes Haar Mariam

Ein untoter Morgen brach an. Jedenfalls für uns.

SEIT 1 KAPITEL
DAS MITTELMEER ÜBERLEBT

»Wird Untoten eigentlich kalt?«

Aber echt jetzt. Hast du dich schon mal gefragt, ob Untoten eigentlich kalt ist? In den Horrorfilmen staksen die doch nachtein, nachtaus zwischen nebelnassen Gräbern und feuchtem Gras durch die Novemberkälte. Uns jedenfalls war arschkalt. Dürfte auch ein neues Genre sein, wenn Untote mit einem sterbenden Zweitakter übers Mittelmeer gondeln. Trotzdem ein geiles Gefühl, untot zu sein. Untot nehm ich tausendmal lieber als unlebendig. Noch dazu ein untoter Flüchtling. Da hast du nämlich beste Jobchancen. Wenn manch Lebende schon wegen eines gewöhnlichen Jugos hundert Meter gegen den Wind die Straßenseite wechseln, wie viel mehr dann bei einem untoten Afghanen? Hollywood wird mich hundertprozentig für eine Thriller-Hauptrolle casten.

Aber noch hatten wir keine Ahnung, wo genau wir gerade untot waren. Jedenfalls nicht in Hollywood. Falls das um uns herum ein Friedhof sein sollte, dann war es ein besonders feuchter. Nichtsdestotrotz hielten wir auf die Felsenküste vor uns zu. Wortlos stimmten alle fünfzig im Boot darin überein, lieber an Land als auf dem Meer untot zu sein. Wir schnitten uns die Füße und Hände an den scharfen Kanten und Dornenpflanzen auf, als wir raussprangen und hinaufkletterten. Oben fanden wir eine Straße.

Niemand war in der Nähe. Weder Schlepper noch Polizisten. Wir sahen auch kein rotes Licht. Meine biologische Uhr meinte, es sei sechs Uhr morgens. Und minus 9000 Grad. Also ja, auch Untoten ist kalt.

Aber wir alle waren voller Dankbarkeit, dass wir festen Boden unter den Füßen spürten. Und heilfroh, dass wir nicht untergegangen waren. Dass wir nicht aufgegeben hatten. Ich habe seit diesem Tag unglaubliche Angst vor tiefem Wasser. Kann mit dem Meer nicht mehr warm werden, auch wenn das Meer warm ist. Selbst wenn ich einen Schwimmreifen habe und obwohl ich mittlerweile schwimmen gelernt habe, kann ich das einfach nicht. Wenn ich weiß, dass ich nicht mehr stehen kann, muss ich sofort zurück ins Seichte. Das merke ich bei Seen und beim Meer. Klingt verrückt für dich, oder?

Die einen denken ans Gemütlich-im-Sonnenschein-Braten.
Die anderen ans Doch-nicht-gestorben-Sein.

Ich hatte drei Garnituren an Kleidung mit auf der Flucht. Eine dreckige zum Reisen, eine Reservekleidung und saubere Kleidung. Manchmal mussten wir nämlich so tun, als wären wir Menschen. Ziemlich schwer als Untoter, noch dazu Flüchtling. Dann haben wir die schmutzige Hose ausgezogen und das saubere Zeug an. Aber jetzt hatten wir nichts, was sauber und trocken war. Alles war durchnässt, auch alles im Rucksack. Gerade für die Babys in der Gruppe würde es in der Kälte schnell gefährlich werden. Ganz in der Nähe war ein kleiner Ort, dort hatten wir am Rand Schutz vor dem Wind gefunden. Wir machten ein Feuer und hängten unsere Kleidung auf. Die roch danach sehr intensiv nach Rauch, aber sie war trocken.

Und alle haben begonnen zu telefonieren. »Wir sind angekommen, aber wir wollen sofort unser Geld zurück«, verlangten die noch immer Untoten von den Vertrauenspersonen. Aber alle, auch die Toten: Alle hatten das Geld schon vorher den Schleppern geben müssen. Wenn du auf dieses Boot steigst, haben die Schlepper dein Geld schon. Wenn du zurückgebracht wirst, dann kannst du es wiederbekommen. Aber egal, ob du es schaffst oder dabei stirbst: Die Schlepper haben das Geld. Es ist ihnen egal, ob du überlebst oder nicht. Doch ohne das zu akzeptieren, kommst du nicht über das Mittelmeer.

Gegen neun Uhr morgens, schätze ich, fuhr auf der kleinen Straße ein altes, blaues Auto vorbei. Es hielt an. Reza konnte ein wenig Englisch und lief deshalb zu dem Wagen. Er wollte den Mann fragen, wo wir waren. Der alte Mann hat die Frage aber nicht verstanden, weil er kein Englisch konnte. So hielt Reza den einen Daumen hoch und fragte: »Greece?«, und dann den anderen: »Turkey?« Schließlich verstand der Mann. Er hob den Daumen bei Griechenland. Wir jubelten, wir waren überglücklich. Wir waren nicht nur untot, sondern sogar in Europa untot!

Kurz danach kam ein anderes Auto. Der Mann sagte uns: »Wartet hier, ich rufe für euch die Polizei. Die geben euch einen Zettel, dass ihr dreißig Tage in Griechenland bleiben dürft!« In der Zwischenzeit kamen einige Leute aus dem kleinen Dorf, um uns zu helfen. Sie brachten uns Brot und Wasser vorbei. Wir blieben also bei unserem Lagerfeuer, bis einige Zeit später die Polizei eintraf. Sie holten uns mit großen Transportern ab und brachten uns zu irgendeinem kleinen Flüchtlingslager. Und da waren auch viele andere Leute, die angekommen sind und weiterwollten. Nachdem wir den Zettel für unsere Aufenthaltsgenehmigung bekommen hatten, haben wir eine Nacht im Lager verbracht. Vorher darfst du eh nicht weg von dort, du musst dich registrieren lassen. Sonst kommst du bis zu zwei Jahre ins Gefängnis. Am nächsten Tag konnten wir einfach rausgehen. Das ging damals noch. Das war dann an einem Sonntag, als wir das Lager wieder verließen, das weiß ich noch.

Beim Ausgang sagte man uns: »Es gibt große Schiffe, mit denen ihr von hier nach Athen kommen könnt.« Aber wir konnten keine Tickets kaufen, weil am Sonntag keine Geschäfte geöffnet hatten. So übernachteten wir auf der Straße von dem Urlaubsort. Der Boden war sehr kalt, deshalb suchten wir uns aus dem Müll Kartonreste. In der Nähe sahen wir einige Familien, die vor einem Geschäft lagen. Wir legten uns dazu. Aber wir konnten kaum schlafen. Und es spazierten viele junge Mädels vorbei mit ihren Freundinnen. Kurze Röcke. Sehr sexy. Ich aber dachte mir: »Warum ist mir kalt, aber denen nicht? Ich hab sogar eine lange Hose an und friere!«

Da wir wegen der Kälte kaum schlafen konnten, spazierten meine Eltern und ich ein bisschen durch die Stadt. Alles friedlich, alles modern. Wir sahen Bars und Discos, sehr viele. Deshalb wussten wir, dass es ein Urlaubsort war. Aber wir wussten damals leider nicht, wie die Stadt hieß. Die Insel, auf der wir waren, hieß, glaub ich, Lesbos oder so, das fand ich später heraus, das Lager irgendwie Maria oder Moria oder so. Ich dachte, das kennt hier in Österreich sicher niemand. Bestimmt nicht. Hat zwar immerhin 359 Google-Rezensionen, soweit ich grad sehe, das ist schon eine Menge. Aber nur 2,4 Sterne Bewertung. Merkwürdig, so schlecht war's gar nicht, als wir damals dort waren. Liegt wahrscheinlich an den Toiletten. Die waren nicht normal, so wie im Iran oder in der Türkei, sondern die waren wie so ein weißer Sessel, wo du irgendein Teil hochklappen kannst. Halt europäisch irgendwie. Hab mich bei meinem ersten Versuch angepisst – frag bitte nicht, wie. Frag einfach nicht. Bitte. Jeder hat andere Talente.

Am nächsten Tag, Montag, hatten die Geschäfte wieder offen. Also konnten wir uns auch Tickets für das Schiff nach Athen kaufen. Ohne Schiff kommst du dort nirgends hin, weil es hunderte kleine Inseln in der Ägäis gibt. Ein Ticket hat 72 Euro gekostet, also mussten wir 216 Euro zahlen. Klingt nicht viel, oder? Aber für uns war es eine riesige Investition. Lira in der Türkei war schon viel mehr wert und für uns viel teurer als Tuman oder Rial im Iran. Und der Euro ist nochmal mehr wert als die Lira. Also waren diese 216 Euro für uns über eine Million Tuman. Etwa das, was ein iranischer Arbeiter im Monat verdient, nur für diese drei Tickets, diese eine Überfahrt nach Athen.

Später an diesem Tag machte das Schiff dann bei unserer Insel halt. Es war riesig. Es hatte sechs Stockwerke. Als es in dem kleinen Hafen anlegte, fuhren einige LKWs hinein. Und viele Leute gingen an Bord, wir auch. Dann legte das große Schiff wieder ab und fuhr weiter. Die Reise dauerte ungefähr zwölf Stunden, bis wir in Athen waren. Wir blieben bei vielen anderen kleinen Inseln auf dem Weg stehen, wo wieder Leute ein- und ausstiegen und LKWs aus- und einparkten. Aber die meisten wollten in die große Stadt, nach Athen.

Wieder gab es etwas sehr Erstaunliches für mich. Wir haben genau gleich viel bezahlt wie alle anderen. Für unsere Verhältnisse sogar ein kleines Vermögen. Aber man hat uns nicht erlaubt, im Inneren zu sitzen, obwohl viele Sitzplätze frei waren. Warum? Das wussten wir nicht. Aber wir waren schon daran gewöhnt. Gerade am Abend wurde es sehr kühl, weil ja Winter war und der Wind mitten auf dem Meer sehr kalt. Wir hätten auf dem Schiff etwas zu essen kaufen können, weil wir noch ein bisschen Geld übrig hatten, haben es aber nicht getan. Es war für uns alles so unglaublich teuer und unleistbar.

Wir gingen ganz nach oben, auf die oberste Terrasse. Von dort hatte man einen tollen Ausblick, und man konnte das Meer und viele Inseln in der Nähe sehen. Ich war so dankbar, als ich daran dachte, wie ich 48 Stunden vorher genau auf diesem Meer mit einem Schlauchboot und fünfzig anderen Menschen um mein Leben gekämpft hatte. Und daran, wie viele auf den beiden anderen Booten es nicht geschafft haben. Und dass ich jetzt ganz oben auf genau der Art von Boot stehe, die uns durch die großen Wellen in Lebensgefahr gebracht hat. Zumindest Letzteres war irgendwie ein merkwürdiges Gefühl. Aber in erster Linie war ich froh und dankbar, hier sein zu dürfen. Da habe ich innerlich Gott tausendmal gedankt.

In der Nacht von Montag auf Dienstag sind wir dann in Athen angekommen. Da gibt es einen bekannten Park, wo sich viele Flüchtlinge treffen, wie hieß der noch gleich? Hmm. Vielleicht fällt es mir später ein. Dann kann ich es dir erzählen, wenn du mal bei mir vorbeikommst und mit mir »Paye Dosti« ansiehst. Jedenfalls fuhren wir mit der U-Bahn und der Straßenbahn zu diesem Park, weil uns dort der nächste Schlepper von Karimi treffen wollte. Wir warteten einige Stunden auf ihn und tauschten uns bis dahin mit einigen anderen Flüchtlingen aus, wie sie nach Athen gekommen waren und wie sie weiterkommen würden.

Manche hatten Familienmitglieder verloren. Manche waren misshandelt worden. Manche hatten kein Geld mehr und saßen fest. Manche hatten Töchter, die von modernen Sklavenhändlern entführt worden waren. Wenn du Lust auf traurige Geschichten hast, dann geh in der Nacht in den Armenvierteln von Athen spazieren und sprich mit den Flüchtlingen dort. Ich jedenfalls hatte mittlerweile genug davon. Weg damit.

Weg.

Weg.

Weg.

Schließlich holte uns der Schlepper von Karimi ab und brachte uns in eine Wohnung. Dort waren auch viele andere Flüchtlinge. Endlich konnten wir schlafen. Und zu diesem Zeitpunkt traf ich die Entscheidung: Wir würden nicht mehr mit Karimi weiterarbeiten. Wir waren so wütend auf ihn. Ich musste die hohe Geldsumme, die er von uns genommen hatte, zurückbekommen. Wie willst du denn einem Schlepper vertrauen, dem es egal ist, ob du stirbst oder nicht, ob du im Gefängnis landest oder nicht, ob du in einem Lager festsitzt oder nicht? Natürlich sind die Schlepper nicht mit uns ins Schlauchboot gestiegen und haben uns geleitet. Sie wussten ja, dass es Selbstmord ist. Aber sie ließen uns trotzdem fahren. Weil sie das Geld ja schon hatten. Weil Karimi das Geld schon hatte.

Jetzt stellte sich mir nur die äußerst schwere Frage: Wie willst du das schwarz bezahlte Bargeld von einem großen Schlepper in einem anderen Land wieder zurückbekommen? Doch in meinem Kopf formierte sich bereits ein Plan. Ich ging in ein Internetcafé. Ich wusste, dass Karimi in Österreich lebt. Und ich kannte seinen Skype-Namen. So habe ich es geschafft, ihn über Skype anzurufen. Ich warf Karimi sofort einige Fragen entgegen: »Warum hast du viel mehr Geld von uns verlangt als andere Schlepper? Warum sind die Schlepper nicht mitgefahren? Warum sind zwei von drei Booten untergegangen? Warum?! Ich will mein ganzes Geld zurück!«

Nun, was denkst du, was er sagen wird? Wird Karimi sagen: »Ah, das tut mir leid! Hier hast du dein Geld!« Sicher nicht. Er hat auf seinem Computer Tabellen geöffnet, in denen er verzeichnet hat, dass er soundso viel hundert schon dort und soundso viel tausend schon dort gezahlt hat. »Leider sind nur noch hundert Euro von dem Geld übrig.« Als er mir das alles erklärt hatte, habe ich ihm etwas gezeigt. Ich habe ihm mein Nokia-Handy gezeigt und gesagt: »Karimi, das war ein schönes Gespräch. Du hast mir die ›Rechnungen‹ gezeigt. Und ich hab alles gefilmt. Dein Gesicht. Das deiner Frau im Hintergrund. Und alles, was du gesagt hast. Ich werde das Video meiner Tante in Wien schicken. Sie kommt. Mit der Polizei. In einer Stunde.«

Kannst du dir vorstellen, wie schrecklich dieser Moment für ihn war? Er hat die Farbe im Gesicht verloren. Er ist plötzlich von dem bösen Mann, der kein Geld mehr übrig hat, zu dem geworden: »Oh, Elyas, ihr hattet solche Schwierigkeiten? Hättest du das gleich gesagt! Es tut mir so leid! Weißt du was: Ich gebe dir dein Geld zurück!« Haha, das war lustig! So konnten wir von ihm zumindest 9000 Euro für meine Eltern und mich über eine Vertrauensperson zurückbekommen.

Und jetzt waren wir schließlich in Griechenland, dem Land der tausend Schlepper! Jetzt gab es plötzlich nicht mehr nur zwei oder drei, sondern unendlich viele Anbieter. So blieben wir einen Monat lang in Athen und sprachen mit vielen anderen Flüchtlingen und Schleppern. Denn wenn du einfach den Nächstbesten auf der Straße nimmst, der dir sagt: »Ich kenne mich aus, ich bringe dich um wenig Geld hin!«, dann müsstest du schon großes Glück haben, auf diese Weise einen guten und ehrlichen Schlepper zu finden. Gut, kein Schlepper ist ehrlich. So haben wir dann, weil wir den hohen Preis von Karimi wieder zurückbekommen hatten, unter den bekanntesten Schleppern gesucht. Wir wollten nicht wieder in Lebensgefahr geraten, weil wir einer falschen Person vertrauen.

Unser Problem war aber, dass wir in der Türkei und in Griechenland viel mehr Geld gebraucht hatten als geplant. So mussten wir trotz des Geldes von Karimi Hesam bitten, unser Haus in Afghanistan zu verkaufen. Deshalb fuhr Hesam nach Afghanistan und verhandelte mit den Mietern dort, ob sie es kaufen würden. Die zahlten bisher monatlich die Reparaturkosten für unser wiederaufgebautes Haus ab. Aber die Mieter erfuhren, dass wir das Geld möglichst schnell brauchten, und boten uns nur sehr wenig. Für meine Mutter und speziell für meinen Vater war es schwer, das Haus herzugeben, noch dazu für so wenig Geld. Denn Afghani, die Währung in Afghanistan, war damals noch ein Stück weniger wert als Tuman oder Rial, geschweige denn Lira oder gar Euro. Aber wir hatten keine Wahl.

Mit dem Geld fanden wir einen großen Schlepper, der sehr bekannt war. Und sehr klein. Also von der Körpergröße her. Ein Afghane aus Herat. Dem Bundesland, aus dem mein guter Freund Karim und seine Familie stammten. Mit ihm haben wir gesprochen. Er hatte einen guten Ruf, aber er verlangte auch viel: von Griechenland bis Österreich und ohne Fingerabdrücke in Ungarn abgeben zu müssen 3500 Euro pro Person. Die Schlepper in Griechenland bringen dich nämlich nicht nur über eine Grenze, sondern bis zu deinem Ziel. Zum Beispiel nach Schweden, Deutschland oder Dänemark. Je nachdem, wo du hinmöchtest, verlangen sie zwischen 3000 und 4000 Euro. Wenn du sagst: »Egal, ich gebe meine Fingerabdrücke schon in Ungarn her«, dann kostet es nur so 2000 oder 2500 Euro. Der Unterschied ist, dass dich die anderen EU-Länder dorthin zurückschicken können, wo du als Erstes registriert worden bist. Deshalb nimmt jeder, der es sich leisten kann, das Paket ohne Fingerabdrücke in Ungarn.

Der Schlepper aus Herat jedenfalls versicherte uns, es wird leicht sein (ja, mittlerweile wussten auch wir, dass das absolut jeder Schlepper auf diesem Planeten sagt ...). Wir würden in weniger als einem Monat ankommen. Es wäre nicht viel zu Fuß, fast nur mit dem Zug oder Bus. Wir dachten uns: Wenn er so bekannt ist und nett erscheint, ist er vielleicht ehrlich. Aber diesmal habe ich ihm natürlich kein Geld mehr bar in die Hand gegeben. Ich habe alles bei einer Vertrauensperson hinterlegt. Schließlich wollten wir nicht nur flüchten, sondern auch überleben.

SEIT 2 KAPITELN
DAS MITTELMEER ÜBERLEBT

Bald war es so weit. Wir machten uns wieder auf den Weg. Von Athen bis fast zur Grenze von Mazedonien mit dem Zug. Das war kein Problem. Schließlich hatten wir ja unsere Aufenthaltspapiere für Griechenland. Der Schlepper meinte:»Es ist nicht so viel zum Gehen, wir fahren mit dem Zug.« Da hat er recht behalten, wir sind ja tatsächlich bis zur Grenze mit dem Zug gefahren. Aber als wir ausgestiegen waren, mussten wir die restliche Strecke zur Grenze zu Fuß gehen. Zwölf Stunden. Das wäre ja nicht so schlimm. Aber weißt du, wo wir gegangen sind? Zu Fuß, die Gleise entlang.

Es gab entlang der Zugstrecke viele Engstellen. Viele Brücken, die über ein Tal mit einem Fluss führen. Und auf diesen Brücken gibt es nur Platz für einen Zug. Also: Was machst du, wenn du auf der Brücke unterwegs bist und gerade in der Mitte gehst, und plötzlich kommt ein Güterzug mit hundert Stundenkilometern auf dich zu? Du hast zwei Möglichkeiten. Erstens: Augen zumachen und sagen,»Jesus, ich komme zu dir!« Zweitens: von der Brücke in den Fluss hinunter und das Gleiche sagen. Im Wasser stirbst du auch, verstehst du? Wir waren also unterwegs und hatten schon einige Brücken hinter uns, ohne dass etwas passiert wäre. Aber dann ist der Güterzug wirklich gekommen. Du hörst, dass es pfeift ...

Wenn der Zug kommt, dann zittern die Schienen.

Wenn der Zug kommt, dann knistert es.

Wenn der Zug kommt, dann weißt du:

Weg. Von. Den. Schienen.

Ich habe es gehört, sofort meinen Vater gepackt und bin die Schienen zurückgelaufen. Aber meine Mutter war so langsam. Sie hat sich nicht schnell genug bewegt. Oder sie hat das Zittern zuerst nicht wahrgenommen. Ich hab noch drei- oder viermal geschrien: »Mutter, spring!« Wir konnten den Zug schon sehen, er war am Anfang der Brücke. Dann erst ist meine Mutter gesprungen. Der Zug rauschte einen Augenblick danach dort vorbei, wo sie gerade noch gestanden war. Zum Glück war sie schon fast am Ende angelangt, aber sie fiel auf eine falsche Stelle. Ins Dornengestrüpp. Sie schürfte sich Arme und Beine an vielen Stellen auf. Weil sie, wie mein Vater, schon alt war und übergewichtig, konnte sie danach nur sehr langsam gehen. Aber zum Glück ist nichts Schlimmeres passiert.

Wir gingen weiter und weiter. Die Grenze von Griechenland nach Mazedonien zu überschreiten ist leicht. Die Griechen wollen ja, dass die Leute aus ihrem Land wieder verschwinden. Deshalb sichern sie nichts. Du gehst einfach durch den Wald, du bemerkst die Grenze nicht mal. Als wir viele Stunden später angekommen sind, gab es kurz nach der mazedonischen Grenze ein Haus, das komplett zerstört war. Die Wände waren eingestürzt. Aber die Ruine schützte uns ein wenig vor dem starken Wind in dieser Gegend. Einige andere Flüchtlinge waren auch dort. Sie begrüßten uns mit »Hey, seid ihr neu?« Wir wussten nicht, warum sie uns das fragten. War hier nicht jeder neu? »Nein, wir sind schon seit Monaten hier. Da vorne ist noch ein altes Haus, dort könnt ihr übernachten. Die Nächte werden kalt.« Sie hatten immer wieder versucht weiterzukommen. Und sie waren immer wieder von den extremen Herbststürmen der Region oder den mazedonischen Soldaten daran gehindert worden. Weder das Wetter noch die Soldaten schienen es nämlich gerne zu sehen, wenn Flüchtlinge weiter ins Land marschieren wollen.

Wir sahen uns um. Überall lagen Familien auf Kartons und Plastikresten zwischen den Ruinen und drückten sich gegen die Wände, um dem Wind zu entgehen. Einige Jugendliche waren auch da, die mit den Schleppern arbeiteten. Sie waren oft unterwegs und schauten, wann und wo die Soldaten gerade waren. Also wann und wo man ein Game wagen konnte.

In diesen Ruinen sahen wir auch eine Familie wieder, die wir in Athen vor etwa einem Monat kennengelernt hatten. Meine Mutter fragte sie ganz verwundert: »Warum seid ihr noch immer hier?« Sie antworteten: »Wir haben es öfters versucht, aber es patrouillieren so viele Soldaten hier! Es ist unmöglich, weiterzukommen.« Das war kein guter Anfang für uns. Aber auf der anderen Seite hatten wir trotzdem Hoffnung. Warum? Ich verrate dir was: Das Beste, was dir als Flüchtling passieren kann, ist ein guter Schlepper. Davon hängt alles ab. Und das war unsere Hoffnung, dass uns ein guter Schlepper zugeteilt wurde.

Gleich in der ersten Nacht war es so weit. Um zwei Uhr haben uns mehrere Schlepper geweckt. Ich hatte nicht erwartet, dass es schon in unserer ersten Nacht so weit sein könnte. Ich musste noch schnell unser Leben zurück in unsere drei Rucksäcke packen. Unser Leben: Brot, Feigen, Thunfisch, zwei große Wasserflaschen, Reservekleidung, saubere Kleidung. Wir sind auf die flachen Felder hinaus Richtung Norden gegangen. Der Wind war so stark, dass ich nicht gerade gehen konnte. Ich wurde fast umgeworfen. Außerdem war es stockdunkel. Jeder rundherum hat gejammert: »Ich sehe nichts!« Meine Mutter nicht. Sie hat mich nur immer gefragt: »Elyas, ist dir kalt?« Typisch fürsorgliche Mutter. Und ich, typisch starker Sohn, schrie gegen den Wind zurück: »Nein, Mutter, mir ist nicht kalt!« Aber echt, mir war nicht kalt. Bei diesem Stress und unserer Geschwindigkeit war niemandem kalt.

Es war eine riesige Gruppe. Ich hab die Hand meiner Mutter immer gehalten, nie losgelassen. Die Hand von meinem Vater konnte ich nicht halten, weil ich den dritten Rucksack in meiner Linken trug. Aber er ging immer vor meinen Augen. Plötzlich begann es so stark zu regnen, dass nach ein paar Minuten das Wasser in Bächen am Boden geflossen ist. Einige andere Flüchtlinge, die an diesem Punkt schon seit zwei Tagen gewartet hatten, haben ein Zelt aus Plastikresten gebastelt. Dort suchten wir Schutz vor dem Regen. Aber es machte kaum einen Unterschied. Das Wasser bedeckte den ganzen Boden. Nach drei Stunden wurde der Regen schwächer. Aber die Schlepper führten uns zurück. Es wurde schon hell. Die mazedonischen Soldaten würden uns entdecken. Deshalb mussten wir die Stunden, die wir gegangen waren, völlig durchnässt durch den kalten Wind wieder zurückwatscheln zu der Ruine. Und wieder warten, warten bis zum nächsten Mal.

Tage später spielten die Schlepper das nächste Game mit uns. Wir machten uns wie immer in der Nacht auf den Weg. Nach vier oder fünf Stunden kamen wir aus dem Wald heraus. Wieder auf die Felder. Der Wind war wieder sehr stark und der Boden nass, aber diesmal regnete es nicht. Wir waren etwa mit hundert Personen unterwegs, eine sehr große Flüchtlingsgruppe. Die jungen Männer ohne Familien waren schnell. Meine Eltern und ich fielen immer weiter zurück, weil die beiden nur langsam gehen konnten. Mein Vater war ja schon 65. Und meine Mutter zwar erst 55, aber körperlich in einem noch schlechteren Zustand als mein Vater.

Nach acht Stunden kamen wir in einem Wald an, wo wir uns versteckten, weil es hell wurde. Es war sehr kalt. In der Früh zog Nebel auf, und die ersten Sonnenstrahlen ließen den Tau verdampfen. Dann legten wir uns mit unseren feuchten Schlafsäcken auf den Boden und schliefen ein. Als es dunkel wurde, zogen wir wieder weiter. Am Tag schlafen, in der Nacht wandern. Immer, wenn wir wieder zu einem Waldstück kamen, sagten die Schlepper: »Rauchpause!« Wir fielen völlig erschöpft zu Boden und schliefen ein. Aber genauso plötzlich riefen die Schlepper wieder: »Aufwachen, wir gehen!« Dann musst du schnell aufstehen und weitergehen, sonst lassen sie dich zurück. So ging es zwei Wochen dahin.

Du kannst dir vorstellen, dass es anstrengend war, da muss ich gar nicht alles beschreiben. Aber eine Sache kann ich dir noch erzählen. Wir sind einmal durch einen Weinberg gegangen. Dort war der Boden so matschig, dass wir bei jedem Schritt tief eingesunken sind. Wenn du den Fuß dann rausgerissen hast, klebte ein zwei Kilo schwerer Matschklumpen daran. Das war schon für die Jugendlichen und für mich schwer. Aber meine Eltern konnten kaum gehen, und meine Mutter stürzte oft. Bei jedem Sturz klebte mehr und mehr Matsch an ihr. Sie scheuerte sich durch die Anstrengung die Haut an ihren Beinen blutig. Sie jammerte immerzu: »Es tut so weh, es tut so weh.« Aber wir mussten weiter, immer weiter, nie stehenbleiben. Ein Schlepper wartet nicht.

Eine zweite Begebenheit erzähl ich dir auch noch aus diesen Tagen. Wir mussten nämlich einmal im Wald durch einen knietiefen Bach waten. Kann ich dir nicht empfehlen, das im Winter nachzumachen. Das Wasser war eiskalt, die Steine sehr rutschig und die Strömung stark. Als unsere Familie dran war, bin ich vorgegangen, meine Mutter in der Mitte und mein Vater hinten. Wir hielten die Hand meiner Mutter, damit sie wegen ihrer Verletzungen nicht hinfällt. Aber sie hat es trotzdem nicht geschafft und ist hingefallen. Ich hab noch versucht, sie zu halten, mein Vater auch. Wir fielen alle in den eiskalten Bach. Als wir es ans Ufer geschafft hatten, waren wir vollkommen durchnässt. Wir wechselten sofort unsere Kleidung gegen trockene aus dem Rucksack. Ich hatte aber zuvor schon drei Hosen gleichzeitig an, weil mir permanent kalt war. Jetzt waren alle nass. Zumindest meine Schuhe konnte ich wechseln.

Das nasse Zeug stopften wir schnell in die Rucksäcke, weil die restliche Gruppe mit den Schleppern schon weiterzog. So waren meine drei Rucksäcke gleich doppelt so schwer. Ich wurde immer verzweifelter: Ich war langsamer wegen des zusätzlichen Gewichts, meine Mutter wegen der Kälte und der Verletzungen. Und mein Vater konnte auch kaum noch gehen, weil er sich beim Sturz im Bach am Schienbein verletzt hatte. Wir waren am Ende unserer Kräfte. Als wir die anderen schon fast verloren hatten, brach ich deshalb ein Tabu. Ich tat etwas, das kein Flüchtling je tun sollte. Ich begann, möglichst laut zu schreien und die Taschenlampe ein- und auszuschalten.

Warum ist das ein Tabu, fragst du dich vielleicht. Ganz einfach: Einerseits wirst du die Chancen erhöhen, dass die Polizei dich hört oder sieht. Andererseits werden aber auch die anderen Flüchtlinge oder die Schlepper dann von der Polizei gefunden. Also tat ich gerade das, was die Schlepper am meisten hassten. Aber es funktionierte. Der Schlepper blieb nämlich stehen und kam sogar zu uns zurück. Er hat mich zwar ins Gesicht geschlagen, mich geprügelt und mir gedroht: »Tu das nie wieder.« Aber er ist zurückgekommen. #WorthIt. Ich hab dann zu ihm gesagt: »Entweder wir gehen ganz vorne, oder ich werde es wieder tun!« Das war gefährlich. Aber der Schlepper ließ sich darauf ein. So mussten die Jüngeren uns Vorrang geben, und wir gingen mit den Schleppern voran.

Für einige Stunden lief es gut. Dann haben die Schlepper den Weg verloren. Sie haben uns gesagt, wir sollten warten. Dann sind sie in den Nebel gelaufen und haben uns stehenlassen. Es war stockdunkel, und der Nebel wurde immer dichter. Ich konnte keine zwanzig Meter weit sehen und selbst bis dorthin nur Schemen und Schatten. Die Beunruhigung wuchs. Wo waren die Schlepper? Plötzlich waren sie wieder da und forderten uns auf mitzukommen. Der dichte Nebel führte dazu, dass die Gruppe sich zerstreute. Ich war bei meiner Mutter geblieben und konnte plötzlich meinen Vater nicht mehr sehen. Ich hoffte, dass er mit uns weitergegangen war. Vielleicht war er nur wenige Meter entfernt und trieb in dem Nebelstrom in dieselbe Richtung wie wir?

Schließlich hatten wir auch die Schlepper aus den Augen verloren. Zumindest war noch eine andere Familie in unserer Nähe. Kurze Zeit später erreichten wir einen Fluss. Einen großen Fluss. So ähnlich wie die Donau. Und da führte so ein großes Rohr darüber, das von Schaumstoff umklebt war. Meine Mutter und ich dachten, dass die anderen bestimmt hier über den Fluss gegangen waren. Und wir würden es auch tun müssen. Und so haben wir es versucht. Wir begannen, das Rohr auf dem Bauch entlang zur anderen Seite des Flusses zu kriechen. Aber meine Mutter hatte solche Schmerzen wegen ihrer Beinverletzungen, dass wir nach einigen Metern umkehren mussten. Planwechsel: Wir versuchten, die Gruppe oder idealerweise die Schlepper wiederzufinden. Wir blieben mit der anderen Familie, wo wir waren, damit wir uns nicht weiter verlaufen würden. Nach einer Stunde hörten wir Stimmen, die verschiedene Namen riefen. Wir antworteten und freuten uns, dass wir die Gruppe mit den Schleppern wiedergefunden hatten.

Die Schlepper glaubten allerdings, dass sie in der Dunkelheit und im Nebel den Weg nicht finden würden. So mussten wir bis zum nächsten Tag in diesem Wald im eisigen Nebel übernachten. Ich fragte überall in der Gruppe nach meinem Vater. Aber er war nirgends zu finden. Den Schlepper konnte ich nicht fragen. Der war aus Pakistan und verstand kein Persisch. Sein Übersetzer war nämlich auch nicht mehr da. Die anderen Afghanen in der Gruppe meinten, mein Vater sei bestimmt bei einer der anderen Gruppen, und morgen wäre dann alles wieder okay.

In der Nacht merkten wir erst, wie unglaublich kalt es war. Bisher sind wir nachts immer gewandert und in Bewegung gewesen. Jetzt lagen wir in unserer nassen Kleidung mitten im feuchten, eisigen Fleisch des Nebels. Meine Mutter weckte mich alle zehn Minuten auf, um zu fragen, ob es mir gut geht. Damit ich nicht im Schlaf erfriere und sterbe. Und ich tat das Gleiche bei meiner Mutter. Du kannst es dir nicht vorstellen: Wald und Boden und nass und kalt und Tau und Nebel und feucht und grausig. Wir lagen mit unserer nassen Kleidung im Schlafsack, der übrigens auch nass war.

Als wir am nächsten Tag aufgestanden waren, konnten wir uns kaum bewegen. Unsere Kleidung war steif. Der ganze Körper war steif. Als wir etwa eine Stunde gegangen waren, wurde es etwas besser. Den Schleppern schien es nichts auszumachen. Sie waren es gewohnt. Nach kurzer Zeit fanden wir eine andere Gruppe von Flüchtlingen. Mein Vater war nicht dabei. Wir waren mehr und mehr besorgt. Die Gruppe wollte weiterziehen, da nun fast alle wieder da waren. Wir hatten es beinahe zur serbischen Grenze geschafft. Wir waren fast da. Aber ich musste eine folgenschwere Entscheidung treffen: zurückgehen und riskieren, dass mein Vater allein weitergeht? Oder mitgehen und riskieren, dass mein Vater irgendwo zurückbleibt?

Wir gingen zurück. Meine Mutter und ich trennten uns von der Gruppe und den Schleppern und wanderten den Weg zurück, den wir hergekommen waren. Wir suchten überall nach meinem Vater. Einen Tag. Zwei Tage. Aber wir konnten ihn nirgends sehen. Keine Spur. Nichts.

Mein Vater war weg. Für immer.

SEIT 3 KAPITELN
DAS MITTELMEER ÜBERLEBT

Okay, warte, ich hab dich nur verarscht. Haha, du hättest dein Gesicht sehen sollen! Das mit dem »für immer« war ein Spaß. Hab mir gedacht, es passt gut dazu, weil der Rest der Geschichte so tragisch ist. Puh, hält man ja kaum aus, wenn es immer so ernst und schwierig weitergeht. Aber es hätte wirklich fast so enden können. Mein Vater war, wie er uns später erzählte, am Weg bewusstlos geworden. Als er zu sich kam, waren alle anderen schon weg, und er lag allein am kalten Boden. Nach kurzer Zeit hat ihn die Polizei gefunden und nach Griechenland zurückgebracht, während wir nach ihm gesucht hatten.

Meine Mutter und ich sind zurück über die Grenze nach Griechenland, und dann mit dem Zug nach Athen. Ziemlicher Umweg, wenn man eigentlich schon an der Grenze war, ja, aber die Hauptstadt eines Landes wiederzufinden ist leichter als irgendeine Hausruine. Besonders, wenn du keinen Schimmer von Sprache, Orten oder irgendwas hast. Mein Vater hatte glücklicherweise schon vor uns dieselbe Idee gehabt, und so haben wir ihn in Athen bei unserem Schlepper wiedergetroffen. Zwar waren wir etwas enttäuscht, dass die Entbehrungen, Erschöpfungen und Verletzungen der letzten Wochen umsonst gewesen waren. Aber dass wir uns als Familie wiedersehen durften, das war eine große Erleichterung für uns alle! Da merkt man, was im Leben wichtig ist. Unser Leben: doch mehr als Brot, Feigen,

Thunfisch, zwei große Wasserflaschen, Reservekleidung und saubere Kleidung.

Und weißt du, wen wir dort noch wiedergesehen haben? Den Kleinen, den Dünnen. Also den Schlepper aus Herat. Der Kleine war nicht so schlimm wie der Blinde damals. Aber ich war trotzdem wütend auf ihn. Wütend auf alles. Wollte ihn schlagen. Wollte ich. Hätte ich. Aber meine Mutter hielt mich zurück. Sie hatte Angst vor ihm: »Er kennt so viele böse Menschen. Die können uns am Weg, auf den Feldern oder im Wald umbringen. Niemand würde es merken. Und wir kennen keinen in diesen fremden Ländern mit den fremden Sprachen.« Also habe ich einfach nur unser Geld von dem Kleinen zurückgenommen und einen anderen Schlepper gesucht.

Beim nächsten Schlepper lief es wieder gleich ab. Wir mussten wieder durch Mazedonien wandern, drei Wochen lang. Unsere Gruppe war diesmal kleiner, etwa fünfzig Leute. Diesmal schafften wir es sogar über die serbische Grenze. Wir dachten, dass wir es geschafft hätten! Vor uns lag der Zielpunkt, wo uns die nächsten Schlepper abholen sollten. Uns wurde versprochen, dass es ein großer Bus sein wird, weil wir so viele Leute waren. Der Schlepper ermahnte uns, still sitzen zu bleiben und auf sein Zeichen zu warten. Dann sollten wir zu den neuen Schleppern laufen. Wir blieben im Wald hocken. Angespannt. Es war stockdunkel. Niemand durfte rauchen oder sonst wie Licht machen. Schließlich war die Schnellstraße gleich neben uns, und keiner durfte uns sehen.

Dann endlich tauchte ein Bus aus der Dunkelheit auf und hielt am Parkplatz. Klein, viel kleiner als nötig. Die Schlepper deuteten uns, dorthin zu laufen. Die Jüngeren stürmten los. Natürlich sichern die sich zuerst die guten Plätze, dachte ich noch. Aber als ich einstieg, erwartete mich eine Überraschung. Die Jüngeren hatten sich nicht auf den Sitzen breitgemacht. War leider trotzdem kein Grund zur Freude. Weißt du, warum? Weil es gar keine Sitze gab. Für niemanden. Waren herausgerissen. Wir mussten uns auf den Boden kauern. So können die Schlepper mehr Menschenmaterial transportieren. Kosteneffizient gedacht, muss man ihnen lassen. Respekt. Wir jedenfalls stolperten übereinander, als mehr und mehr Menschenmaterial hereingedrückt wurde. »Ich kann nicht atmen«, keuchten manche, deren Kopf kurz aus den menschlichen Wogen auftauchte. Ich schätze, dass der kleine Bus ursprünglich für maximal zwanzig Personen gedacht war. Aber na ja. Zumindest hatten die beiden Schlepper einen Sitzplatz. Was für ein Glück!

Meine Mutter war der letzte Tropfen im Strom des Menschenmaterials, der in das Fahrzeug gepumpt wurde. Ich machte mir schon Sorgen, wie es ihr auf dieser Fahrt gehen würde. Aber da hörte ich ihre Stimme vom Eingang rufen: »Ihr müsst keine Angst vor der Fahrt haben! Die Polizei ist eh schon da!«

Ich mag meine Mutter.

Humor hat sie.

Ruckartig drehten sich die Schlepper um. Zwanzig Lichtkegel eilten vom gegenüberliegenden Waldrand auf uns zu. Sie hatten uns erwischt. Die Polizisten hatten nur auf der Lauer gelegen und auf einen günstigen Moment gewartet. Sie wissen genau, wo die Sammelpunkte der Schlepperrouten sind. So mussten wir alle aussteigen und uns in einer langen Schlange nebeneinander auf den Boden setzen. Die serbischen Schlepper, die uns mit dem Bus weitergebracht hätten, stellten sich natürlich dumm.

Nix verstehen.

Nix sprechen.

Dann nix Problem.

Aber zu ihrem Pech das nix funktionieren. Die Polizei packte die beiden und stieß sie auf die Rückbank eines der Polizeiautos, die mittlerweile auf den Parkplatz gerollt waren. Wahrscheinlich würden die Schlepper einige Jahre im Gefängnis sitzen müssen. Unsere Schlepper aus Griechenland saßen noch mit uns in der Schlange am Boden. Die Polizei drohte uns und wollte herausfinden, wer von der Gruppe uns hierhergeführt hatte. Aber niemand antwortete. Kein Sterbenswörtchen. Kein Flüchtling darf einen Schlepper verraten. Das kommt raus. Dann bekommst du kein Geld zurück, und kein Schlepper wird mehr mit dir arbeiten wollen. Das war's dann mit deiner Flucht. Dann gibt's keine Games mehr, dann hast du ausgespielt.

So bekamen die Polizisten von keinem aus unserer großen Gruppe auch nur einen Hinweis, wer die Schlepper waren. Schließlich gaben sie auf. Ein großer LKW rollte auf den Platz. Die Ladefläche wurde geöffnet. Und die Polizisten machten uns klar, dass wir hineinklettern sollen. Genau so, wie die Schlepper es tun. Nur mit dem Vorteil, dass die Polizei keine Angst vor der Polizei haben muss. Die ultimativen Schlepper. Ironisch, nicht? Zwei Jugendliche rissen sich in einem unbeobachteten Moment los und rannten über den Parkplatz und die dahinter liegende Schnellstraße. Innerhalb von Sekunden tauchten sie im Gestrüpp auf der anderen Seite unter. Die Polizisten betrieben nicht einmal den Kalorienaufwand, so zu tun, als würden sie sie verfolgen. Was willst du schon als Flüchtling ohne Schlepper, Sprachkenntnisse oder Orientierung in einem fremden Land? Sie würden ohnehin bald geschnappt werden.

Die polizeilichen Schlepper schlossen die Ladefläche und ratterten mit ihrem LKW los. Sie brachten uns diesmal nicht nach Griechenland, sondern auf einen Berg an der Grenze zwischen Mazedonien, Bulgarien und Griechenland. Es war noch immer mitten in der Nacht, und der eiskalte Wind traf uns wie eine Faust, als wir aus dem LKW kletterten. Ich kann mich an einen Vater mit seiner Frau und einem kleinen Baby erinnern. Es war so kalt, dass die Eltern wussten: Ihr kleines Baby würde die Nacht nicht überleben. Der Vater schrie immer wieder: »Nehmt uns wieder mit, ich steige nicht aus!« Er konnte aber kein Englisch, und die Polizisten kein Farsi. Sie antworteten ihm in einer universell verständlichen Sprache: Sie verprügelten ihn so lange, bis er aus dem LKW sprang. Aber das machte es nicht besser. Sofort lief er vor den LKW, und er legte sich vor den einen Vorderreifen, seine Frau und ihr Baby legten sich vor den anderen. Und er schrie wieder: »Es ist egal, ihr könnt uns jetzt gleich mit dem LKW umbringen. Unser Kind stirbt sowieso!« Wir anderen warteten ab, was geschehen würde. Schließlich stiegen die Polizisten aus der Fahrerkabine, zerrten die Familie auf die Füße und in den LKW hinein. Sonst niemanden. Dann fuhren sie in die Richtung, aus der wir gekommen waren. Wohin sie die Familie gebracht haben, weiß ich nicht.

Einer der beiden Schlepper, die sich unter uns versteckt hatten, war ein junger Paschtune. Er war vielleicht sogar jünger als ich und sehr freundlich. Immer wieder entschuldigte er sich bei uns: »Es tut mir so leid! Es tut mir so leid, dass wir es nicht geschafft haben!« Wir versuchten, ihn zu beruhigen. Sagten ihm, er habe seine Arbeit gut gemacht. Aber echt, mit ihm hatten wir es zum ersten Mal ans Ziel geschafft. Wie sollte er wissen, dass dort Polizisten lauern würden? Der junge Paschtune führte uns zu einem nahegelegenen Gott-sei-Dank-haben-wir-hier-Wände, in dem wir übernachten konnten.

Die jungen Männer holten Holz, und wir zündeten im Inneren der Wände ein Feuer an. Weil alles feucht war, war der ganze

Raum innerhalb von Minuten voller Rauch. Es dauerte lange, bis wir endlich eine wärmende Glut hatten. Wir mussten immer wieder das Haus verlassen, weil wir drinnen nicht mehr atmen konnten, und hinaus in den schneidenden Wind. Schließlich hatten einige Männer endlich eine Glut zustande gebracht, und wir eilten ins Warme, um endlich schlafen zu können. Aber der junge Paschtune wollte nicht ruhen. Er war so enttäuscht, dass er uns nicht erfolgreich nach Serbien gebracht hatte. Noch in der Nacht wollte er aufstehen und einen Weg zurück nach Mazedonien finden. Er war wirklich bemüht um uns Flüchtlinge. Meine Mutter beruhigte ihn letztlich und sagte: »Komm, du bist wie mein Sohn, leg dich zu uns. Morgen ist es wieder hell, dann gehen wir.«

Als wir am nächsten Tag aufstanden, waren unsere Gesichter, unser Gepäck und unsere Kleidung völlig schwarz! Sah irgendwie recht lustig aus. Aber wir stanken wieder einmal schrecklich nach Rauch und Ruß. Jedenfalls machten wir uns in der Früh auf den Weg. Nach Mazedonien zurück konnten wir nicht. Die Polizei bewachte den Weg und das Umland des Berges. Nach Bulgarien willst du als Flüchtling nicht. Ich habe viele Geschichten über die brutale bulgarische Polizei gehört. Einige Flüchtlinge erzählten von Bekannten, die sogar zu Tode geprügelt worden waren. Egal, ob da wirklich was dran ist: Riskieren wollte es niemand. So wanderten wir nach Süden, nach Griechenland.

Wieder fuhren wir zurück nach Athen, um einen neuen Schlepper zu finden. In unserer alten Schlepperwohnung tauschten wir uns mit anderen Flüchtlingen und Familien über unsere Erfahrungen aus. Sie erzählten uns von einem Schlepper, der ein afghanisches Lebensmittelgeschäft betrieb. Das war natürlich nur ein Deckmantel. Aber bevor wir zu ihm gelangen konnten, wurden wir auf der Straße von der Polizei kontrolliert. Unsere einmonatigen Papiere waren nicht mehr gültig. Die Strafe dafür beträgt in Griechenland für gewöhnlich ein bis zwei Jahre Gefängnis, soviel ich weiß. Wieder mal ein Paradox des Flüchtlingslebens, das sag ich dir: Du bist am Ausreisen, aber wirst festgenommen und im Land gehalten, weil du nicht ausreist. Jawohl, die Polizei, dein Freund und Helfer.

Sie transportierten uns in ein Familiengefängnis. Da waren wir aber nur zwei Tage. Sie drückten ein Auge zu und stellten uns glücklicherweise wieder Aufenthaltspapiere für einen Monat aus. Hurra, die Polizei, dein Freund und Helfer! Als Begründung gaben sie an, meiner Mutter gehe es gesundheitlich zu schlecht für einen längeren Gefängnisaufenthalt. Schnurstracks gingen wir zu dem afghanischen Lebensmittelgeschäft. Dort gab es einen Hintereingang, der in ein kleines Zimmerchen führte. Der Schlepper dort war sehr freundlich (ja, mittlerweile wussten wir, dass jeder verdammte Schlepper auf diesem Planeten am Anfang freundlich ist ...). Er kannte die anderen großen Schlepper und deren Namen, und sogar einige der Flüchtlinge, denen wir in den vergangenen Wochen begegnet waren. Viele seien zu ihm gewechselt, meinte er. Zuerst verlangte er 4000 Euro für Österreich und ohne Fingerabdrücke in Ungarn pro Person. Als ich ihm unsere Geschichte erzählte und dass wir kaum noch Geld übrig hatten, kam er uns wirklich entgegen: Er bot uns 3000 Euro pro Person als Preis. Da der Preis gut war und wir auch sonst viel Gutes über ihn gehört hatten, willigten wir ein.

Zwei Wochen mussten wir warten, bis er genug Kunden für ein neues Game gesammelt hatte. Bis dahin verbrachten wir die Zeit in seiner Wohnung, schöpften Hoffnung. Alle dort sprachen darüber, wie freundlich und fair der Schlepper sie behandelte. Wir dachten: Wenn wir es irgendwie ans Ziel schaffen, dann mit diesem Schlepper. Das Glück schien uns endlich hold zu sein.

Als wir schließlich aufbrachen, versprach er uns: »Ihr werdet nicht mehr zurückkommen.« Könnte man als Drohung auffassen. Aber als Flüchtling ist das der beste Fall, der eintreten kann. Er teilte unsere Gruppe auf einige Taxis auf und schickte uns los zur Grenze. Meine Mutter und ich waren mit anderen in einem Fahrzeug, mein Vater in einem anderen. Das Problem war nur, dass der Wagen von meiner Mutter und mir es auf unserer Odyssee nicht einmal zur griechisch-mazedonischen Grenze schaffte. Die griechische Polizei stoppte unterwegs das Taxi, in dem man uns nach Norden geschickt hatte. Gültige Papiere? Hatten wir doch, schaut! Egal. Sie stopften uns in ihren Streifenwagen und transportierten uns zum Polizeirevier. Vor dem Eingang wartete bereits eine kleine Gruppe von Flüchtlingen auf ... keine Ahnung, auf was eigentlich. Kafkaesk. Aber wir warteten auch. Wieder einmal. Drei Polizisten passten auf.

Ich weiß noch, dass eine Polizistin lachend einen kleinen Straßenhund auf den Arm genommen hat. Er hat ihr übers Gesicht geschleckt. Wir sahen der Polizistin vom Eingang aus zu. Sie wirkte fröhlich und entspannt. Sie wusste nicht, woher der Hund kam oder was er vorher aufgeschleckt hatte. Trotzdem ließ sie die Zunge des Hundes über ihr ganzes Gesicht schmatzen.

Als wir uns im Revier dann nackt ausziehen mussten, hatten die Polizisten Masken und Handschuhe an. Sie wollten uns auf versteckte Drogen oder Waffen untersuchen, schätze ich. Keine sehr würdevolle Untersuchung. Aber was ich nicht verstehen konnte: Dahergelaufener Straßenhund leckt dein Gesicht ab? Kein Problem. Flüchtlinge auf Schmuggelware untersuchen? Puh, nur mit größter Vorsicht! So erfuhr ich, dass wir als Menschenmaterial für die Menschen offenbar schmutziger und grausiger als Straßenköter waren.

Na ja, jeden Tag lernt man etwas Neues dazu.

SEIT 4 KAPITELN
DAS MITTELMEER ÜBERLEBT

Nach dieser Lernerfahrung haben sie meine Mutter ins Frauengefängnis geschickt und mich ins Männergefängnis. Mein Vater
war per Taxi ohne Schwierigkeiten an der Grenze angekommen,
das wussten wir natürlich damals noch nicht. Aber das Gefängnis, in das sie mich steckten, das war schlimmer als der schlimmste Horrorfilm. Askarabad war ein Kinderspielplatz dagegen. So
weit traue ich mich das zu bewerten, denn mittlerweile war ich
zu einem erfahrenen Kurzzeit-Gefängnisinsassen geworden.

So, nun aber zu dem Ding, das sich Gefängnis schimpfte: ein
Loch. Schräg in die Erde gegraben. Ich wurde gleichzeitig mit
zwei anderen hineingeworfen. In der Mitte war eine flackernde
Glühbirne aufgehängt. Sonst kein Licht, kein Fenster. Kannst du
dir so richtig vorstellen wie in diesen Filmen. Ein kleiner Gang
führte geradeaus ein wenig weiter nach unten in die Dunkelheit.
Dort hinten rechts sah ich im Halbdunkel einen Haufen Leute,
die auf wenige Matratzen verteilt schliefen. Die Matratzen würdest du freiwillig nicht benutzen. Dreckig. Stanken entsetzlich.
Unterschiedliche Uringelb-Schattierungen überlagerten einander. Wie viele Generationen an Menschenmaterial da wohl
schon draufgepisst hatten?

Auf der linken Seite war ein kleiner »Raum« gegraben worden. Da waren alte, halb zerbrochene Kloschüsseln und so etwas
wie eine Dusche. Ein Schimmer Nostalgie in meinem Herzen:

Die Schüsseln waren verstopft, offenbar langfristig. So floss bei jedem Spülversuch das Urin-Kot-Gemisch auf den umliegenden Boden. Und die Dusche direkt neben der Toilette. Hier war sogar heißes Wasser verfügbar. Wenn sich jemand duschte, floss das Duschwasser zur Toilette und beförderte sämtliche Rückstände in die Luft. Es stank unglaublich.

Ich blieb einfach bei der Eingangstür sitzen. Dort hatte ich wenigstens so etwas wie Licht. Ich musste zwar aufs Klo und war sehr müde, aber ich wollte mich nicht auf eine der Matratzen legen oder die kaputten und verstopften Kloschüsseln verwenden. So saß ich einfach da. Nach einigen Stunden brach ein großer Streit unter den Flüchtlingen bei den Matratzen aus. Sie schrien einander an und prügelten sich. Weshalb? Keine Ahnung. Ich wusste nur, dass ich besser Abstand halten sollte. Als sich der Streit gelegt hatte, kam ein junger Mann auf mich zu. Er schien so alt wie ich zu sein. Aber er war schon seit einem halben Jahr ohne Tageslicht in dieses stinkende Erdloch gesperrt.

Ich merkte schnell, dass mit ihm etwas nicht stimmte. Er schien verwirrt und irgendwie nicht ganz da zu sein, und er erzählte mir zehnmal hintereinander seine Lebensgeschichte in Kurzfassung. Immer wieder wollte er dasselbe beginnen, von seiner Kindheit, von seiner Flucht. Er war offenbar psychisch krank geworden. Durch das Gefängnis? Weiß ich nicht. Aber ich war mir sicher: Wenn ich hier wer weiß wie lange festsitzen würde, wäre ich nicht besser dran. Niemand in diesem Land kennt mich. Meine Mutter ist in einem Gefängnis irgendwo anders, und ob mein Vater es zur Grenze geschafft hatte, wusste ich auch nicht. Niemand weiß, wo ich bin. Niemand kann was machen. Ich habe keine Papiere außer die, die mir die Polizei abgenommen hat. Warum sitze ich hier überhaupt fest? Ich hatte doch gültige Papiere!

Da begann Panik in mir hochzusteigen. Was, wenn ich hier bis zum Ende meines Lebens festsitzen würde? Ich bin doch allen egal. Was kümmert es irgendwen da draußen, ob hier ein Flüchtling, ein Afghane mehr oder weniger im Drecksloch hockt? Ich bin hier unten ohne Handy, ohne Geld, ohne Möglichkeiten. Was kümmert es irgendwen da draußen, ob hier ein Flüchtling mehr oder weniger im Drecksloch hockt? Gürtel und Schuhbänder haben sie uns auch genommen. Damit wir uns nicht umbringen können. Aber: Was kümmert es irgendwen da draußen, ob hier ein Flüchtling mehr oder weniger im Drecksloch stirbt?

Du weißt, dass ich freigekommen bin. Sonst hätte ich das Buch nicht schreiben können. Wahrscheinlich waren es nur ein paar Stunden insgesamt. Ein Polizist ist hereingekommen und hat mich nach draußen geführt. Dort haben sie mir meine Sachen zurückgegeben. Meine Papiere waren in Ordnung, ich wurde freigelassen. Meine Mutter auch, das Frauengefängnis war ganz in der Nähe. Ich war unglaublich erleichtert. Ich hätte dort unten keine Woche überstanden. Wir haben dann den Schlepper angerufen und ihm alles erklärt. Er hat uns beschrieben, wo wir hingehen sollen. Wir sind ein Stück weit von der Polizeistation weggewandert, und dort hat uns dann ein kleiner Schlepper abgeholt. Anscheinend waren wir schon fast an der mazedonischen Grenze, weil wir zu Fuß unterwegs waren.

Der Schlepper führte uns diesmal aber nicht zu unserer altbekannten Hausruine, sondern zu einem Bauernhof. Dort wohnte ein alter Mann, ein Bekannter des Schleppers. Wir haben ihn bezahlt, damit wir im Schuppen zwischen den Geräten übernachten durften. Und dort haben wir unseren Vater wieder getroffen, der ohne Probleme hier angekommen war. Außer uns war eine Familie aus Afghanistan da. Pigmentfleck war ein

Paschtune und etwa vierzig, die Frau erst zwanzig Jahre alt. Und einen Säugling hatten sie dabei. Der Mann hatte einen großen roten Pigmentfleck auf seiner linken Gesichtshälfte. Daran kann ich mich noch genau erinnern. Pigmentfleck stammte aus der Oberschicht und konnte einige Sprachen sprechen: Paschtu, Dari und Urdu. Problemlos konnte er deshalb mit allen Schleppern sprechen. Und wir waren sehr froh, als Pigmentfleck uns fragte, ob wir mit ihm in einer Gruppe gehen würden. Ich denke, er war genauso froh, weil sie nicht sehr schnell gehen konnten, und wir auch nicht.

In diesem Schuppen haben wir zwei Wochen lang gewohnt. Nach und nach sind immer mehr Flüchtlinge einzeln oder in kleinen Gruppen hierhergeführt worden. Insgesamt waren wir dann zwanzig Flüchtlinge. Langsam wurde es eng. Und der Besitzer verlangte, dass wir nicht in der Mitte am Boden schlafen, sondern zwischen den Geräten oder hinter den Kästen. Wir sollten schließlich nicht auf den ersten Blick entdeckt werden, falls die Polizei plötzlich da wäre und das Tor öffnen würde. Mein Schlafplatz war noch etwas spezieller: Ich lag mit meinem Schlafsack auf einer halbverpackten Rolle Stacheldraht. Hört sich zwar nach einem etwas unbequemen Ort zum Schlafen an, war es aber nicht. Also nicht so arg.

In der muslimischen Tradition haben wir das nicht gefeiert, also hab ich nicht bemerkt, dass Weihnachten ist. Statt Weihnachten im Schuhkarton hieß es für uns Weihnachten im Schuppen. Aber Silvester, das kannte ich. Ich glaube, es war die letzte Nacht, die wir in dieser Scheune verbracht haben. Ich hörte ein lautes Krachen in der Nacht. Als ich aus dem Fenster sah, gab es am Himmel überall bunte Feuerwerksexplosionen. Aus der Ferne hörte ich Leute lachen und laut rufen. Und ich wünschte mir auch, wieder Spaß haben zu dürfen. In Sicherheit mit meiner

Familie leben zu dürfen. Anzukommen. Solche Luxusträumereien halt. Dann legte ich mich wieder auf meine Stacheldrahtrolle,
die mich sanft ins neue Jahr 2015 hinüberwiegte.

Diesmal erspar ich euch die anstrengenden Details. Wir sind ja
auf den vergangenen Seiten schon oft genug kreuz und quer
durch die mazedonischen Wälder, Ebenen und Eisenbahnstrecken gewandert. Diesmal wählten wir eine andere Route, die
über drei Wochen dauerte. Aber wir schafften es wieder nach Serbien. Auf einem Parkplatz einige Stunden hinter der Grenze erwartete uns ein normales Auto. So versuchten wir zwanzig Leute,
uns in diesen PKW zu quetschen. Meine Mutter und ich ergatterten einen Platz vorne, mein Vater musste in den Kofferraum. Wir
saßen und lagen übereinander. Ich hatte Angst um meine Mutter, weil sie kaum atmen konnte, so eng war es. Deshalb war ich
dankbar, als uns gleich darauf die Polizei erwischt hat.

Also einerseits dankbar, dass diese schreckliche Autofahrt
schnell wieder zu Ende war. Aber andererseits traurig, weil wir
nun wieder nach Griechenland mussten. Verzweifelt. Was sollten
wir dort tun? Wir hatten kaum noch Geld, und unser erneuertes
Aufenthaltspapier war abgelaufen. Wenn wir kein Riesenglück
hatten, dass uns die Beamten in Griechenland wieder ein neues,
einmonatiges Dokument ausstellen, würden wir mit Sicherheit
im Gefängnis landen. Und diesmal länger als die unfreiwilligen
Kurzurlaube, die wir bisher dort genießen durften. Viel länger.

Die beiden jungen Polizisten, die uns erwischt hatten, forderten Verstärkung an. Bald waren zwei weitere Autos bei uns.
Unser Schlepper hat währenddessen an der altbekannten »Polizei da, Gehirn weg«-Krankheit gelitten. Er tat so, als würde er
nichts verstehen von dem, was die Polizisten ihn fragten. Nix
checken, nix Problem. Leben gut. Na ja, wieder mal nicht ganz.

Sie haben ihn trotzdem festgenommen, in ein Auto gebracht und sind weggefahren. Wir mussten auch ins Auto einsteigen. Die zwanzig Flüchtlinge verteilten sich nun auf zwei Autos. War trotzdem eng. Zwei Jungs mussten in den Kofferraum klettern, weil wir vorne keinen Platz mehr hatten. Ich saß auf dem Schoß eines anderen Jugendlichen.

In Griechenland hatte ich mittlerweile ein bisschen Englisch aufgeschnappt. Ich fragte den serbischen Polizisten, wohin wir fahren, und zeigte mit den Fingern. Wie damals Reza, als wir die Mittelmeerfahrt überlebt hatten. Ich fragte: »Serbia or Greece?« Mit dem Finger zeigte ich in die Richtung der Länder. Ich wollte wissen, wo wir nun landen würden, um unseren nächsten Versuch zu starten. Aber der Polizist antwortete mir: »No Greece. Serbia!« Zuerst dachte ich, er hätte mich nicht richtig verstanden. Aber dann checkte ich: Der Typ will uns tatsächlich weiter ins Landesinnere von Serbien bringen! Tja, die Polizei, dein Freund und Helfer. Und Schlepper.

Nach einiger Zeit kamen wir zu einer Polizeistation. Dort mussten wir unsere Fingerabdrücke abgeben. Aber nur mit Tinte, nicht digital. Serbien gehört nicht zur EU, und deshalb war es nicht so schlimm. Weil wenn du in einem EU-Land deine Fingerabdrücke als Flüchtling hergeben musst, wirst du in einer länderübergreifenden Datenbank gespeichert und kannst nirgends sonst Asyl beantragen. Die schicken dich immer wieder dorthin zurück wie ein ungewolltes Amazon-Paket.

Dann haben sie uns noch eine einmonatige Aufenthaltsgenehmigung für Serbien gegeben. Wir übernachteten auf dem Revier, weil es schon spät war. Am nächsten Tag überprüften uns die Polizisten. Bei der Aufnahme hatten sie uns gefragt, wie viel Geld wir dabeihatten. Das hatten sie alles in einer Liste notiert. Alle waren ehrlich zu den freundlichen Polizisten: Einer hatte

200 Euro, ein anderer 100 Euro, und so weiter. Wir zum Beispiel hatten als Familie noch 300 Euro übrig. Das Geld hatten wir die ganze Flucht über in unseren Hosenbund eingenäht bei uns getragen. Zusätzlich war es in Plastik eingewickelt, damit es nicht nass oder dreckig wurde. Immer wenn wir etwas brauchten, haben wir es mit Glasscherben oder spitzen Ästen aufgeschnitten, etwas herausgenommen und wieder eingenäht. Und diese 300 Euro gaben wir freiwillig zu Protokoll an die freundlichen Beamten. Aber ein Mann beharrte eisern: »Ich habe kein Geld.« Der Polizist antwortete ihm: »Keine Angst, wir nehmen es dir nicht weg. Sag es ehrlich, wir müssen das nur notieren.« Er wieder: »Nein, ich hab nichts.« Und der junge Polizist lachte und meinte: »Dann hast du es halt irgendwo versteckt, auch egal. Vielleicht ja hier?« Und als Scherz nahm er die Kappe vom Kopf des Flüchtlings. Da fiel ein kleines Geldbündel im Wert von 400 Euro auf den Boden! Alle haben laut gelacht, auch der Mann und der Polizist. Die Situation war so lustig. Es war, als hätte sich ein Knoten in meinem Inneren gelöst. Ich konnte es noch nicht wirklich glauben. Wir hatten es tatsächlich nach Serbien geschafft.

SEIT 5 KAPITELN
DAS MITTELMEER ÜBERLEBT

Im Kofferraum, da kannst du nicht einfach aufs Klo.

Im Kofferraum, da pisst keiner.

Na ja. Außer ich.

Die Polizisten haben uns am nächsten Tag zum Bahnhof gebracht. Nein, da war ich noch nicht im Kofferraum, und nein, da hatte ich noch nichts angepisst, da saß ich noch normal drin. Das kommt später. Wir stiegen jedenfalls mit unserer serbischen Aufenthaltsberechtigung in einen Zug Richtung Belgrad. Da es vom Süden Serbiens bis nach Belgrad eine ziemliche Strecke war und der Zug in jedem Dorf hielt, brauchten wir etwa acht Stunden bis in die Hauptstadt. Dort riefen wir den Schlepper an. Der sagte uns, dass uns bald jemand abholen würde. Bis dahin sollten wir im Flüchtlingslager bleiben.

Keine Ahnung, wie viele Leute in diesem Lager waren. Viele. Sehr viele. Es war das größte Flüchtlingslager, in dem ich bis dahin gewesen war. Wobei es ja eigentlich erst das zweite Flüchtlingslager war, das ich bisher betreten hatte. Bin offenbar mehr der Gefängnis- als der Lagertyp. Das Flüchtlingslager war ein bisschen außerhalb von Belgrad. Es war gut ausgestattet, und die Angestellten und Helfer waren freundlich. Wir wohnten nicht in Zelten, sondern in Containern, die auf einer großen Betonfläche verteilt aufgestellt waren. Wir waren in einer Art Viertel untergebracht, in dem hauptsächlich Familien wohnten. Das war für meine Eltern ermutigend. Sie waren immer die Ältesten gewesen, wenn wir ein Game riskierten. Hier hatten sie nicht mehr das Gefühl, die Einzigen zu sein, die in diesem Alter noch versuchten zu fliehen. In diesen Containern gab es kleine, abgeteilte Zimmer, in denen nur Betten standen. Wenn wir aufs Klo gehen oder duschen wollten, mussten wir draußen durch den »Garten« marschieren.

Der Garten war asphaltiert.

Ein paar grüne Grasbüschel dazwischen.

Schöner, ex-kommunistischer Garten.

Sonst waren wir eigentlich nicht viel draußen, war ja auch ziemlich kalt. Von unserem Fenster aus konnten wir nach drüben zum Bistro sehen, und rechts davon zum Essenscontainer. Das funktionierte so wie in einer Kantine: Zuerst stellst du dich in einer langen Reihe vor dem Essenscontainer an. Dann bekommst du das Besteck. Hab mal beim Anstellen einem Arschloch mit einer Gabel in den Rücken gestochen. Wenn du das Essen auf deinem Plastiktablett hast, gehst du rüber zum Bistro. Dort gibt es Tische und Bänke, wo man sitzen und essen kann.

Was verziehst du denn dein Gesicht? Oh, weiß schon, wegen dem mit der Gabel vorhin? Das war so: Damals in Mazedonien gab es eine Familie, die immer mit uns stritt. Meistens die Frau, sie war Iranerin, ihr Mann war Afghane. Sie diskutierte dauernd mit meiner Mutter. ich weiß gar nicht, wie das angefangen hat. Beide, die Frau und der Mann, klagten immer, wie viel Leid sie am Weg erfahren hatten, und zwar viel mehr als alle anderen, inklusive uns. Er wurde auch sehr unfreundlich gegenüber meiner Mutter. Dieser Mann und seine Frau kamen eine Woche nach uns im Lager in Belgrad an. Sie waren mit einer anderen Gruppe unterwegs gewesen, die es kurz nach der unseren hierher geschafft hatte. Im Lager wohnten sie in unserer Nähe, und so liefen wir ihnen bei der Essensausgabe über den Weg. Er stand genau hinter uns. Und in dieser Schlange stehst du einige Zeit.

In gewohnter Manier begann der Mann recht schnell, unserer Mutter gegenüber ... unfreundlich zu sein, um es diplomatisch auszudrücken. Die konkreten Schimpfwörter nenne ich jetzt mal weder auf Farsi noch auf Deutsch. Er zog die Ehre meiner Mutter in den Dreck. Mein Vater blieb wie immer still. Ich sagte dann zu dem Mann: »Seid endlich still, du und deine fette Frau, die wie eine Kuh aussieht!« Wie du dir denken kannst, hat das nur wenig zu seiner Beruhigung beigetragen. Schließlich eskalierte die Situation, und ich verpasste ihm einen Hieb mitten ins Gesicht. Blut tropfte aus seiner Nase, vielleicht habe ich sie ihm gebrochen. Aber er war einen Kopf größer als ich und stärker, deshalb gewann er schnell die Oberhand und packte mit seinen Händen meinen Hals. Er begann, mich zu würgen. Die anderen Leute in der Schlange versuchten uns schnell auseinander zu drängen. Wenn du Flüchtling bist, willst du eigentlich keine Aufmerksamkeit erregen, oder neben jemandem stehen, der das tut. Ein falscher Mucks, und du sitzt im Gefängnis.

Als sie uns getrennt hatten, war ich noch immer stinksauer auf ihn. Er wandte mir seinen Rücken zu. Und mein Arm hat das ausgenutzt und ihm mit meiner Gabel in den Rücken gestochen. Er heulte natürlich auf vor Schmerz und Wut, aber die Leute hielten uns beide fest. Er konnte sich nicht mehr revanchieren. Die restliche Zeit im Lager machte er einen weiten Bogen um mich. Auch zu meiner Familie und zu meiner Mutter kein böses Wort mehr. Eigentlich überhaupt kein Wort mehr. Aber war eh besser so. Wollte wahrscheinlich keinen Ärger mehr. Das Personal hat zum Glück nie was davon mitbekommen. Natürlich war es meine Verantwortung, dass ich das getan hab. Aber wenn ich im Lager arbeiten würde, ich würde das Metallbesteck nicht schon am Anfang einer langen, langen Schlange ethnischer und persönlicher Konfliktpotenziale austeilen. Einer langen, langen Schlange von Volksgruppen, die sich am anderen Ende der Welt bis aufs Blut bekämpften und beschimpften, und nun am selben Ort ihren Brei aufs Plastiktablett geschöpft bekamen. Oder einer langen, langen Schlange von Leuten wie mir, die es bis dahin gewohnt waren, Wutprobleme und Ehrverletzungen bloß mit Faustschlägen und Gabelstichen zu lösen.

Du denkst jetzt wahrscheinlich: »Schreckliche Person. Ja klar, starker Mann muss hilflose Frau verteidigen. Und typisch Ausländer, sticht jemandem mit der Gabel wegen Beleidigungen in den Rücken. Das ist überhaupt nicht verhältnismäßig!« Okay, dann lies nicht weiter. Leg das Buch weg. Wirf den ersten Stein. Ich kann mich dafür nicht rechtfertigen. Aber wenn du auch schon mal Scheiße gebaut hast, dann lies weiter. Ich erzähle hier keine »Oh ich bin so arm, hab doch Mitleid«-Geschichte. Ich war nicht nur Opfer, ich war auch böse, ich war auch Täter. So wie jeder Flüchtling, so wie jeder Österreicher, so wie jeder Mensch. Ich erzähle ehrlich mein Leben, meine Prägung, meine Sozialisierung, meine Flucht, Gutes wie Schlechtes. Heute würde ich anders reagieren, ich hätte überhaupt keine Prügelei begonnen. Aber wenn du Flucht und Flüchtlinge verstehen willst, musst du die Kultur kennenlernen: Die Ehre der Eltern zu verletzen ist das Schlimmste, was du diesen Menschen nach allem noch antun kannst. Jemanden zu schlagen oder sogar mit einer Gabel zu stechen ist für sie weniger krass. In Österreich ist es umgekehrt. Jede Kultur hat Gutes wie Schlechtes. Das ist so. Das ist Kultur, das ist Prägung. Das musst du nicht gut finden, das darfst du sogar kritisieren. Aber nutz die andere Perspektive.

Insgesamt blieben wir zwei Wochen in dem Lager. Dann kontaktierte uns der Schlepper für unser nächstes Game. Unser Ziel war, schnellstmöglich durch Ungarn zu kommen, ohne dort unsere Fingerabdrücke abgeben zu müssen. Dafür hatten wir auch bezahlt. Bei dem Game dabei waren auch der freundliche Herr Pigmentfleck und seine Familie. Wir wurden von den Schleppern mit einem Bus abgeholt. Unsere Gruppe bestand aus etwa dreißig Personen, vielleicht etwas weniger. Wir fuhren an die ungarische Grenze. Da war es etwa 23 Uhr. Zu dieser Zeit sind kaum noch Leute unterwegs, und es ist stockdunkel. Es erinnerte mich an unsere Games in der Türkei. Ein Stück vor der Grenze mussten wir nämlich aussteigen, damit die Polizisten uns nicht bemerkten. Dann hieß es warten.

An der ungarischen Grenze funktionierte es so: Es gab drei Schleppergruppen, die zusammengearbeitet haben. Jede hatte eine andere Mission. Klingt wie ein Geheimagenten-Film, oder? Die erste Gruppe waren die Schlepper, die uns geführt haben. Sie waren direkt bei unserer Gruppe und zeigten uns die versteckten Wege durch die Nacht. Die zweite Gruppe waren die Beobachter. Sie hielten sich in der Nähe der Grenzposten auf der ungarischen Seite auf. Ihr Job war es, den anderen zu melden, wo und wie viele Polizisten unterwegs waren. Also wann und wo ein Game möglich sein könnte. Das waren meistens Leute, die die ungarische Staatsbürgerschaft besaßen. Denen konnte die Polizisten nichts anhaben, selbst wenn sie in der Nähe standen und sie permanent beobachteten. Schauen ja nur, tun doch nichts Strafbares, oder? Und die dritte Gruppe waren die Chauffeure. Sie warteten mit den Fahrzeugen ein Stück weit entfernt, um keine Aufmerksamkeit zu erregen. Wenn die Beobachter das »Go« an die Schlepper gaben, machten auch sie sich auf den Weg zum Zielpunkt. Sie versuchten, möglichst gleichzeitig mit den Flüchtlingen einzutreffen, damit alle schnell einsteigen und verschwinden konnten. Weder die erste noch die dritte Gruppe durfte zu früh oder zu spät dran sein, sonst scheiterte das Game.

So warteten wir einige Zeit in der Nacht. Wir übernachteten auf einer Wiese in der Nähe der Straße. Die Schlepper der verschiedenen Gruppen waren permanent am Handy und telefonierten hektisch miteinander. Wir Flüchtlinge mussten stets bereit sein. Die Lage konnte sich schließlich von einem Augenblick auf den anderen ändern. Aber in dieser Nacht ergab sich keine Chance. Die Beobachter rieten unseren Schleppern, es ein andermal zu versuchen. Heute seien zu viele Polizisten unterwegs, meinten sie. So machten wir uns im Morgengrauen wieder auf den Rückweg. Wir fuhren allerdings nicht den ganzen Weg nach Belgrad zurück, sondern blieben in einer nahegelegenen Wohnung, die die Schlepper uns zur Verfügung stellten.

Nach zwei Tagen war dann unser nächstes Game. Wir wanderten einige Stunden durch die Maisfelder, die auf den sanften Hügeln entlang der Straße gepflanzt waren. Der Winterwind war eisig kalt, aber die Luft war klar. Ein wenig unterhalb und weit entfernt konnten wir die vereinzelten Lichtkegel der Autos sehen, die langsam und stetig über die Straße krochen. Einmal mussten wir an einem Dorf vorbei. Vor Kälte zitternd blickte ich durch die Fenster, aus denen wohlig-warmes Licht strahlte. Inmitten der freundlichen Orange- und Gelbtöne entdeckte ich sogar Familien, Frauen und Kinder, die im Inneren zusammensaßen, miteinander sprachen, miteinander lachten. Klingt vielleicht kitschig, aber es war echt so. In diesem Moment sehnte ich mich unglaublich danach, endlich anzukommen. Endlich nicht mehr durch die kalten Weiten Europas schleichen zu müssen, wo sich auch mit fünf Schichten Kleidung die Kälte eisern an deinen Körper klammert. Endlich kein Born-to-flee mehr zu sein.

Wir kamen gut voran. Für uns meldeten die Beobachter keine Probleme. Wir gelangten zu Fuß über die Grenze nach Ungarn in die Nähe des vereinbarten Zielpunktes: ein kleiner Parkplatz. Aber unsere Chauffeure konnten sich dem Zielpunkt nicht nähern. Überall auf der ungarischen Seite wimmelte es von Polizisten. Und kein Schlepper wollte bei der ungarischen Polizei ein Risiko eingehen. Auch wir Flüchtlinge nicht. Wir hatten Geschichten gehört über die ungarischen Polizisten. Sie sind viele. Sie sind bewaffnet. Und sie sind böse. So scheiterte auch das zweite Game, und wir wanderten im Morgengrauen zurück.

Wieder ein paar Tage später: Game Nummer 3. Mittlerweile war unsere Gruppe gewachsen, wir waren vierzig Personen. Die Beobachter empfahlen unseren Schleppern eine andere Route. Wir teilten uns auf zwei Gruppen auf und marschierten sechs Stunden durch die Nacht wieder nach Ungarn hinein. Plötzlich bellten Hunde. Ganz in der Nähe. Wir duckten uns sofort. Unser Schlepper deutete uns, absolut still zu sein. Wir warteten. Wir schwitzten. Wir atmeten. Mein Herz schlug wie verrückt. Ich wollte nicht erwischt werden. Ich wollte nicht, dass meine Eltern erwischt werden. Ich wollte nicht, dass wir in Ungarn gefasst wurden. Hier wartete nichts auf uns. Nur ein Leben in Erniedrigung und Unterdrückung bis hin zur letztendlichen Abschiebung, nachdem durch die Registrierung unserer Fingerabdrücke jede Chance auf Österreich zunichtegemacht worden wäre. Was so ein Abdruck aus Spiralen und Linien, die du in einem Moment auf den Bildschirm presst, alles in deinem Leben anrichten kann.

Endlich: Das Hundegebell wurde leiser. Die Polizisten zogen weiter. Sie hatten uns nicht bemerkt. Schließlich Stille. Sie waren weg. Wir atmeten tief durch. Aber noch hatten wir es nicht geschafft. Wir richteten uns auf und wanderten weiter, immer wachsam, immer vorbereitet. Wenn uns auch nur ein nächtlicher Spaziergänger bemerkte und meldete, wäre es vorbei gewesen. Die Bewohner in den Grenzdörfern in Ungarn, denen kannst du nicht vertrauen. Wenn du Flüchtlinge verrätst, bekommst du von der Polizei Geld. Die Flüchtlinge und Schlepper sprachen jedenfalls davon, als wir unterwegs waren. Sie bekommen pro Flüchtling, den sie melden, zwanzig Euro. Du denkst, das ist wenig? Nicht wirklich. In Ungarn ist ein Euro mehr wert als in Österreich. Und dann stell dir vor, da schleicht eine wandelnde Goldmine von vierzig Flüchtlingen vor dir durch den Wald. Und du musst dir nicht mal eine Spitzhacke schnappen, um an den Reichtum zu gelangen. Du bist nur einen kurzen Anruf weit von 800 Euro entfernt. Leichter kannst du kein Geld für deine Familie verdienen. Verstehst du? Du musst immer wachsam bleiben. Egal ob es ein Polizist, ein Spaziergänger oder ein »Goldsucher« ist, der dich bemerkt: Du bist geliefert.

Endlich waren wir am Zielpunkt angelangt. Wir hatten einen guten Blick auf den kleinen Parkplatz und warteten zwischen den Bäumen und dem Gestrüpp in der Nähe, geschützt durch den Mantel der Dunkelheit. Doch wieder schien niemand zu kommen. Eine Viertelstunde verging, eine halbe Stunde. Wir warteten weiter. Eine Stunde. Lichter näherten sich. Einige Autos fuhren auf den Parkplatz und hielten an. Es waren die Schlepper! Wir konnten unsere Freude kaum unterdrücken. Fast hatten wir es geschafft! Aber wir wussten, dass wir jetzt leise sein mussten. Und vor allem schnell. Jede Sekunde konnten wieder Polizisten auftauchen und uns festnehmen. Meine Eltern und ich hasteten aus dem Wald und auf die Autos zu. Überraschend war für mich, dass es diesmal keine rostigen Kleinbusse ohne Sitzplätze, sondern neue und teure Autos waren. Mercedes und Volkswagen.

Die Zeit war knapp. Die Schlepper schubsten meine Eltern auf die Rückbank eines Mercedes. Aber mich zerrten sie in eine andere Richtung, auf einen roten VW zu. Was soll das?! Ich wehrte mich und versuchte, mich von den Schleppern zu lösen. Nicht schon wieder. Nicht schon wieder von meinen Eltern getrennt werden. Nicht schon wieder die einzigen Menschen verlieren, die mir auf diesem für Flüchtlinge scheinbar gottverlassenen Planeten etwas bedeuten. Einer öffnete den Kofferraum. Ich brach das Tabu. Ich schrie. Egal, wenn sie uns schnappen. Wenn, dann gemeinsam mit meinen Eltern. Aber es half nichts. Schon prallte ich im Kofferraum gegen den Boden, schon schloss sich der Deckel meines metallenen Sargs. Alles Schreien und Rufen und Knöchel-blutig-Prügeln half nichts gegen die Festigkeit des VW-Kofferraums. Es war völlig dunkel, ich hatte kein Fenster und kein Licht. Der Motor startete. Wir rollten los, fuhren einige Minuten gleichmäßig dahin und beschleunigten schnell. Anscheinend waren wir auf der Autobahn.

Ich hatte keine Ahnung, ob und wann ich meine Eltern wiedersehen würde. Jedes dieser Autos konnte geschnappt werden. Was, wenn nur das meiner Eltern geschnappt wurde, und meines nicht? Was, wenn umgekehrt? Und selbst wenn wir es nach Österreich schaffen sollten, wann würden wir uns wiederfinden? Würde es Jahre dauern? Würden wir uns jemals wiederfinden? Schließlich fuhren die Autos nicht alle an denselben Ort in Österreich, sondern an unterschiedliche. Das wäre sonst ein viel zu großes Risiko. Meine einzige Hoffnung war, dass meine Eltern und ich es zur Wohnung meiner Schwester und ihrer Familie schaffen würden. Sie waren, wie erwähnt, durch einen Schlepper schon längere Zeit vor uns nach Wien gelangt.

Ich bekam unglaubliche Angst. Meine Brust presste sich zusammen, und ich konnte nicht atmen. Keine Luft, kein Licht, keine Eltern, und auf der Autobahn bei Höchstgeschwindigkeit. Ich sag's dir, es gibt bessere Orte, um eine kalte Nacht Ende Jänner zu verbringen. Immer wieder schlug ich mit meiner Hand gegen eine Stelle und schaffte es, eine kleine Lücke nach draußen frei zu brechen. Ich hatte wahrscheinlich den Blinker erwischt. Luft strömte herein, und ich sog sie gierig in meine dürstenden Lungen. Ein Blick nach draußen zeigte mir, dass wir tatsächlich auf einer vierspurigen Autobahn unterwegs waren. Es wurde langsam hell. Ich konnte hin und wieder Lichter von anderen Autos sehen. Und dass es geschneit hat. Ich glaubte sogar, in der Ferne die Schatten von größeren Hügeln oder Bergen zu erkennen. Aber keine Ahnung, wo wir genau waren.

Eine recht stille und nachdenkliche Stunde folgte. Wo waren meine Eltern? Ob sie es geschafft hatten oder schaffen würden? Ob sie erwischt werden oder schon erwischt worden waren? Schließlich konnte sich niemand von uns verständigen, und ich hatte unsere drei Rucksäcke dabei. Auch das ganze Geld und unsere Handys. Wie sollten sie so den Weg zur Wohnung meiner Schwester finden? Ich kauerte mit angezogenen Knien in meinem metallenen Hochgeschwindigkeitssarg und malte mir die schlimmsten Dinge für die Zukunft meiner Eltern aus. Schon paradox, wie diese Autofahrt, die für die anderen Flüchtlinge die Erfüllung all ihrer monatelangen Bemühungen und Hoffnungen bedeutete, für mich einen der schlimmsten Momente der ganzen Flucht aus dem Iran darstellte.

Und ja. Dieser eine Moment, ich habe ihn schon am Anfang des Kapitels erwähnt, nun war er gekommen. Und er traf mich wie eine harte Rechte ins Gesicht. Der Moment, auf den der kichernde, kleine Wicht in dir schon seit Anfang des Kapitels gewartet hat. Gib's zu. Der Moment, als ich es plötzlich spürte.

Ich musste. Dringend.

Ich musste wirklich dringend pissen. Also, wirklich, wirklich dringend. Hast du schon mal so einen Moment gehabt, wo dir plötzlich das volle Ausmaß deiner vollen Blase voll und ganz bewusst wurde? Jaja, lach mich nur aus! Ich wünsch dir, dass du mal ähnlich dringend pissen musst. Und dann, dann wünsch ich dir, dass du das in ein Buch schreibst. Dann werde ich es lesen. Und ich werde lachen. Haha! Wobei ich sowieso ein humorvoller Mensch bin. Ich lache oft, und mache Scherze an den unpassendsten Stellen. So wie jetzt gerade ...

Bis heute habe ich von meiner Flucht Albträume. Das ist jetzt wieder ernst. Ich träume nicht, ich albträume. Mittlerweile nicht mehr jede Nacht. Ich kann mich nicht erinnern, wann ich das letzte Mal einen schönen Traum hatte, wahrscheinlich vor der Flucht. Aber weißt du was? Manche Albträume können zu etwas Schönem werden. Manche Albträume können ein wenig später und unter guten Freunden zu einer lustigen Geschichte werden. Manche Albträume, die bringen ein Lächeln oder zwei mehr in diese Welt. Wie das hier jetzt vielleicht.

Also zurück zum Moment meines sich rapide verstärkenden Harndrangs. Das war für mich ein großes Fragezeichen: Was sollte ich tun? Platz hatte ich keinen. Aber durch viele kleine Bewegungen schaffte ich es, mich umzudrehen. Unter mir war ein Reservereifen. Er lag mit der Felge nach unten und war nach oben offen. Gut. Sehr gut. Eine Gelegenheit. Du musst Gelegenheiten im Leben beim Schopf packen.

Der Reifen wurde mein WC.

Ich hab innen reingemacht.

Danach habe ich öfters versucht, mit den Leuten vorne zu reden. Ich hab die Leute auf der Rückbank immer wieder gefragt, wo wir sind, wann wir ankommen, wo meine Eltern sind. Ich hab gefragt, ob sie die Fragen an den Schlepper übersetzen könnten. Es waren nämlich Pigmentfleck und seine Familie im selben Auto. Aber er weigerte sich. Sie wiederholten immer nur: »Sei leise!« Das hat mich enttäuscht. Ich habe ihnen auf der Reise in den vergangenen Wochen immer wieder geholfen. Und nun, im Kofferraum eingesperrt, bekam ich nur Ablehnung von ihnen.

Nach einigen Stunden sind wir langsamer geworden und von der Autobahn abgefahren. Kurz danach hielten wir an. Der Kofferraum wurde geöffnet. Ich kletterte ins Freie und sah mich um. Es war schon hell geworden. Die Straße, an deren Rand wir parkten, war sauber. Kein Müll, keine Risse, keine Schlaglöcher. Und überall schöne, gepflegte und große Häuser, eines nach dem anderen. Häuser, wie ich sie nur aus Hollywoodfilmen kannte. Aber keines hatte ein Flachdach, alle hatten sie spitze Dächer. Das war ungewohnt für mich. Ich hatte nicht mehr lange Zeit, diese ungewohnten Gebäude zu bestaunen, denn der Schlepper rief uns zu: »Run away!« Die Worte waren so undeutlich, dass ich sie nicht sofort verstand. Aber es war deutlich genug, was er meinte. Bevor wir noch irgendetwas fragen konnten, saß der Schlepper schon wieder im Auto und versuchte, möglichst schnell möglichst viel Abstand zu uns Menschenmaterial zu gewinnen. Wie eine scharfe Bombe, die jemand platziert, den Countdown aktiviert und dann wegsprintet. Toll. Da fühlt man sich wieder mal als Mensch wertgeschätzt.

Wir zogen uns mitten auf der Straße um. In unserer dreckigen, zerrissenen Fluchtkleidung würden wir zu sehr auffallen. So kramte ich wieder mal meine Flüchtlingsausstattung hervor und zog sie an. Das alte Gewand schmissen wir in den nächsten Mistkübel. Da flammte meine Sorge um die Eltern auf: Ich hatte all unser Gepäck und auch unsere schöne Kleidung. Meine Eltern hatten nichts. In ihrer alten, zerrissenen Kleidung würden sie sofort auffallen und festgenommen werden. Falls ihr Auto nicht schon irgendwo aufgehalten worden war. Wie es ihnen wohl gerade ging? Wo sie wohl gerade waren? Die letzte Frage konnte ich aber nicht einmal für mich selbst beantworten. Alles, was ich wusste, war, dass ich in Ungarn in einen Kofferraum gepackt wurde, stundenlang im Dunkeln gelegen habe und jetzt in einer Wohnsiedlung mit lauter reichen Leuten stand. So fragte ich Pigmentfleck: »Wo sind wir? Ist das Ungarn oder Österreich oder ein anderes Land?« Er antwortete: »Ich weiß es auch nicht.«

Mein altes Nokia-Handy funktionierte nicht. Keine gültige SIM-Karte. Ich konnte nichts nachsehen und niemanden anrufen. Also war mein erster Schritt, mich nach einem Geschäft umzusehen, bei dem ich eine SIM-Karte kaufen konnte. Dort würde ich hoffentlich auch herausfinden können, in welchem Land ich mich gerade befand. Ich ging die Straße hinunter. Die andere Familie folgte mir. Ich staunte mehr und mehr: überall teure Autos. Neue Mercedes oder BMW. Sogar Porsche standen da. Einfach so entlang der Straße. Haben die keine Angst, dass das jemand kaputtmacht oder stiehlt? Das ist ja reiner Wahnsinn!

Nach einigen Minuten sah ich ein orange umrahmtes, blaues Schild mit ein paar Buchstaben auf einem hohen Stahlpfosten. Da waren ein Parkplatz und ein Gebäude, das wahrscheinlich ein Geschäft war. Gegenüber von dem Geschäft, auf der anderen Straßenseite, war eine Telefonzelle. Vielleicht könnte ich dort meine Schwester in Österreich anrufen und sie um Hilfe bitten? Ich lief dorthin und stellte fest: nur Bezahlung mit Münzen möglich. Ich hatte aber nur einen Fünf-Euro-Schein eingesteckt. Also ging ich wieder zu dem Geschäft hinüber und stellte mich vor den Ausgang. Ich wollte meine ganzen Englischkenntnisse zusammenkratzen und jemanden bitten, mir meinen Schein in Münzen zu wechseln.

Zuerst kam eine ältere Frau aus dem Geschäft. Als ich einen Schritt auf sie zuging, warf sie mir nur einen nervösen Blick zu und stiefelte schnell in die entgegengesetzte Richtung davon. Auch eine andere Frau ging heraus und mit Abstand an mir vorbei. Die hab ich gar nicht angesprochen, ich dachte mir schon, dass sie wahrscheinlich auch Angst vor mir hatte. Danach kam endlich ein Mann aus dem Geschäft. Er war groß und muskulös und hatte kaum Haare. Ihm schleuderte ich nun mit dem dicksten Akzent meine geballten Sprachkünste entgegen: »Ekskjus mi, kän ju hälp mi? Ju kän tschäintsch mei mani, jes?« Den Satz hab ich mal irgendwo gehört.

Er lächelte und antwortete mir auf Englisch, was ich aber nicht verstand. Dann deutete er mir, dass ich hier warten sollte. Das verstand ich. Er ging zurück ins Geschäft. Ich wartete, bis er wieder herauskam. Der freundliche Mann hatte sehr viele Euromünzen geholt, mehr als meine fünf Euro. Dann gingen wir gemeinsam zu der Telefonzelle hinüber, weil er mir helfen wollte. Er warf sein Geld ein und sagte: »Gib mir die Nummer, die du anrufen willst.« Er deutete auf die Zahlen. Ich tippte die Nummer meiner Schwester in Wien ein.

Es läutete.

Ich wartete.

Und schließlich: die erlösende Stimme meiner Schwester, die aus dem Hörer schallte. Sie fragte mich, wo ich war. Ich wusste es nicht, nicht einmal das Land. Vielleicht Österreich. Vielleicht Ungarn. Vielleicht woanders. Da hatte ich eine gescheite Idee. Ja, sogar ich hab die manchmal, von Zeit zu Zeit, musst gar nicht so ungläubig aufs Buch starren! Ich hab nämlich meine Schwester gebeten, ihre Tochter ans Telefon zu holen. Die konnte Deutsch. Dann hab ich ihr gesagt, sie soll den Einheimischen neben mir fragen, wo ich sei, und gab dem Mann den Hörer. Er antwortete meiner Nichte, ich nahm den Hörer zurück, und sie übersetzte für mich auf Dari. Die erlösende Botschaft: Ich war in Wien. Also doch Österreich! Ich hatte es geschafft!

Auf diese Weise wollte ich noch einige andere Fragen an den Mann stellen. Aber ich hörte meine Schwester im Hintergrund etwas sagen, und dann eine Frage meiner Nichte. »Onkel, wo sind Oma und Opa? Sind sie nicht bei dir?« Die Frage zerquetschte mein Herz. Ich antwortete nur: »Gebt dem freundlichen Mann einfach eure Adresse, damit er sie aufschreiben kann. Und wir nehmen dann ein Taxi und kommen zu euch.« Wieder Getuschel auf der anderen Seite. Meine Schwester nahm den Hörer. Sie wirkte von einem auf den anderen Moment nervös. Sie traute sich nicht, mir die Adresse zu geben. Das war komisch für mich. Aber sie hatte Angst vor der Polizei. Angst, dass die Polizei sie als Schlepper bezeichnen würden, oder als was auch immer. Weil sie nicht-registrierte Flüchtlinge in ihre Wohnung aufnimmt.

Ich diskutierte mit ihr und versuchte, sie zu beruhigen. Schließlich gab sie den Hörer wieder ihrer Tochter, und ich den meinen dem freundlichen Mann. Er schrieb für mich die Adresse der Familie meiner Schwester auf und gab mir den Zettel. Danach legten wir auf. Der Mann nahm mich daraufhin zu sich nach Hause mit. Pigmentfleck und seine Familie waren währenddessen ein wenig abseits gestanden. Mein Helfer in der Not lud auch sie ein, mit ihm mitzukommen. Und als wir bei ihm zu Hause waren (er hat nicht weit weg gewohnt), rief er für die Familie und mich ein Taxi. Und als das Taxi da war, gab der Mann dem Fahrer im Voraus viel Geld und sagte: »Bring sie an den Ort, den sie dir sagen.« Falls es doch mehr kosten sollte, meinte der Mann, würde er es später bezahlen. Und falls Probleme auftreten würden oder der Taxifahrer uns nicht verstehen würde, sollte der Fahrer uns einfach wieder zu ihm zurückbringen. Ich konnte damals kaum etwas verstehen. Aber weißt du: Manches muss man nicht sprachlich verstehen, sondern fühlen.

Dieser Mann damals bei der Telefonzelle vor dem Hofer, der war ein Engel für mich. Als ich meinem Freund Andi die Geschichte zum ersten Mal erzählt habe, war er erstaunt. Er meinte: »Ich kenne die Geschichte.« Was mir passiert ist, war anscheinend einer der bekanntesten Geschichten überhaupt sehr ähnlich. Sie heißt »Der barmherzige Samariter«, steht sogar in der Bibel. Hat der Jesus vor langer Zeit erzählt. So viel zum Thema Nächstenliebe. Ich kannte die Geschichte bis dahin nicht. Aber ich hatte sie offenbar selbst durchlebt.

SEIT 6 KAPITELN
DAS MITTELMEER ÜBERLEBT

Der Taxifahrer brachte uns zur Adresse meiner Schwester. Pigmentfleck und seine Familie waren auch mitgekommen, da sie niemand sonst kannten. Nach dreißig Minuten Fahrt durch Wien blieb der Taxifahrer am Straßenrand stehen und ließ uns aussteigen. Wir waren da. Als wir uns umblickten, waren weit und breit keine schönen Spitzdächer und teuren Autos zu sehen. Die Häuser, die Straße, das ganze Viertel war heruntergekommen. Erinnerte mich ein bisschen an Teheran. Reiche und Arme gibt's offenbar auch in Europa. Wir standen vor der Tür des Miethauses, in dem meine Schwester mit ihrer Familie wohnte. Das Gebäude war von außen sehr dreckig und dunkel.

Wir klingelten.

Wir öffneten die Tür.

Wir betraten das Haus.

Das Gebäude war auch von innen sehr dreckig und dunkel. Im Erdgeschoss war ein kleiner, türkischer Kindergarten. Wir kletterten eine Wendeltreppe hinauf in den ersten Stock, die erste Tür war die Wohnung meiner Schwester. Als sie die fremde Familie im Schlepptau bemerkte, war sie verständlicherweise nicht sehr erfreut. Aber Pigmentfleck versprach, dass sie nur kurz bleiben und dann gleich weiterziehen würden.

Sie blieben wirklich nicht lange. Meine Schwester Asina war natürlich höflich zu ihnen, aber man spürte, dass sie unter der

Oberfläche zum Zerreißen angespannt war, seit ich ohne unsere Eltern vor ihrer Tür gestanden war. Ich erzählte Asina in der Zwischenzeit ein bisschen von unseren letzten Monaten. Ihr Kopf nickte immer mal wieder höflich, sie selbst schien mit den Gedanken woanders zu sein. Pigmentfleck und Anhang ruhten sich von den letzten 24 Stunden aus und verließen tatsächlich nach einigen Stunden die Wohnung. Sie wollten zur nächsten Polizeistation gehen und sich dort registrieren lassen. Ich hab sie nie wieder gesehen.

In gewisser Weise verließ mit Pigmentfleck & Co KG meine Lebensversicherung die Wohnung. Denn als sie weg waren, erlebte ich den zweitstärksten Sturm meines Lebens. Der stärkste war der Tofan Khordad 93, als ich damals in Askarabad saß. Etwa acht Monate und einen Kontinent später brach nämlich der Tofan Asina los. Er traf mich nicht ganz unvorhergesehen. Aber er traf mich ungerechterweise.

»WOSINDUNSEREELTERN?!«

»WARUMBISTDUNICHTBEIIHNENGEBLIEBEN?!«

»WOWARSTDUALSSIEINEINANDERESAUTOGESTECKTWURDEN?!«

Sie hat so getan, als hätte sie die Situationen nie erlebt.

Sie hat so getan, als hätte sie diesen Weg nicht gekannt.

Sie hat so getan, als wüsste sie nichts davon.

Von der Urangst eines Flüchtlings.

Vom Ausgeliefertsein.

Von Machtlosigkeit.

Dass du letztlich nur Menschenmaterial bist, das geliefert werden muss. Und dass du als Stück Menschenmaterial nicht entscheiden kannst, wie ein Game läuft:

Es passiert.

Das ist alles.

Das Telefon klingelte. Einige Male. All unsere Verwandten, Brüder und Schwestern riefen bei Asina an. Wollten mit mir sprechen. Und ich mag Quizshows, möchte ich dir an dieser Stelle gerne mitteilen. Spielen wir mal eine nach. Also, werte Leserin, werter Leser, here we go:

Quizfrage (50 000 Euro):

Wie haben mich meine Verwandten am Telefon begrüßt?

a) »herzallerliebst«   b) »ziemlich höflich«

c) »eher unfreundlich«   d) »WAS-HAST-DU-GETAN-mäßig«

Okay, schwere Frage. Ich helf dir. Kannst b) und c) ausschließen. Also, was ist wohl richtig, wenn du gerade über ein halbes Jahr auf einer lebensgefährlichen Reise um die halbe Welt warst, untot bei deiner Schwester ankommst und dich freust, nun in Sicherheit zu sein? Ja, genau, eh logisch: d)

Kein: »Gut, dass du angekommen bist!«

Kein: »Schön, dass du es geschafft hast!«

Sondern nur: »WO WARST DU?! WARUM SIND UNSERE ELTERN VERLORENGEGANGEN?!«

Alle waren wütend auf mich. Und ich war von allen enttäuscht.

Schrie in den Hörer: »WENN IHR DAS BESSER GEMACHT HÄTTET, WARUM HABT IHR SIE DANN NICHT MITGENOMMEN, ALS IHR NACH EUROPA GEFLÜCHTET SEID?«

Und dann habe ich aufgelegt. War also nicht nur aus dem Iran, sondern auch aus den Gesprächen geflüchtet. Ich wollte nicht mehr weiter mit ihnen sprechen. Weißt du, wie verletzend das für mich war? Ich war verzweifelt. Ach, falls du zufällig ein Verwandter von mir bist:

1) Dorut, chetori?

2) Freut mich, dass du das Buch liest!

3) War zwar enttäuscht, aber hab dich heute trotzdem gern!

In diesem Moment jedenfalls hatte ich überlegt, was ich tun sollte. Zurück nach Ungarn gehen, solange ich mich noch frei bewegen kann, und nach meinen Eltern suchen? Oder darauf vertrauen, dass meine Eltern es auch geschafft hatten, und mich bei der Polizei registrieren lassen? Ich rief unseren Schlepper an. Fragte ihn, wo meine Eltern sind. Von diesem Game sei kein Auto erwischt worden, versicherte er mir. Aber wo meine Eltern sind, das wisse auch er nicht, er kenne die genauen Zielorte der kleinen Schlepper nicht.

Meine Eltern dürften es also nach Österreich geschafft haben. Aber wirklich erleichternd war das für mich noch nicht. Sie hatten kein Gepäck, kein Handy und kannten niemanden. Ich vereinbarte mit meiner Schwester, dass ich noch zwei Tage bei ihr warten würde. Ich hoffte, dass meine Eltern es in dieser Zeit auch hierher schaffen würden. Dann müssten wir uns nicht getrennt voneinander bei der Polizei melden. Sonst würden sie uns wohl auch getrennt voneinander irgendwo unterbringen.

Aber die zwei Tage vergingen. Weder konnten unsere Eltern mich oder meine Schwester kontaktieren, noch waren sie bei uns angekommen. Am dritten Tag beschloss ich also, mich in Traiskirchen registrieren zu lassen. Ich packte meine Sachen, verabschiedete mich und ging zur Tür raus. Ehrlich gesagt war ich an diesem Tag froh, als ich endlich von meiner Schwester weg war. Ich war ihr natürlich dankbar, dass sie mich aufgenommen hatte. Sie brachte sich selbst und ihre Familie in Gefahr, indem sie einen nicht registrierten Flüchtling beherbergte. Aber immer nur Beschuldigungen und Vorhaltungen wegen meiner Eltern, die ganze Zeit. Das hätte ich keine Sekunde länger ausgehalten.

Mein Schwager und sein Sohn begleiteten mich. Wir kauften ein Öffi-Ticket und fuhren Richtung Traiskirchen. Frag mich nicht, warum, aber von dieser Fahrt kann ich mich noch gut an die Durchsagen der Stationen erinnern. Nicht an die Namen der Stationen selbst, sondern an den Klang in dieser fremden Sprache. Das war ziemlich merkwürdig. Und cool. Als ich dann schlussendlich vor dem Flüchtlingsheim in Traiskirchen stand, war ich überwältigt. Es bestand aus verschiedenen Teilen. Das Hauptgebäude war außen weiß, sehr groß und fünf Stockwerke hoch, daneben vier kleinere Gebäude. Rundherum ein riesiger Garten mit einigen Bäumen und weiten, grünen Grasflächen. Das würde also mein neues Zuhause werden. Für wie lange? Keine Ahnung.

Am Eingang kontrollierten die Securityleute gleich meine Taschen. Dann nahmen sie meinen Fingerabdruck. Das war es also. Mit diesen auf den Bildschirm gepressten Fettspuren war mein Schicksal besiegelt. Ich hatte mein neues Leben nun in die Hände gottgleicher Behörden wie dem österreichischen Bundesamt für Fremdenwesen und Asyl gelegt. Die können mit bloßen Papierstücken von ihren Schreibtischen aus über große Distanzen hinweg die Leben von Tausenden und Abertausenden über Jahre und Jahrzehnte lenken. Episch, oder? Man nennt sie auch einfach »die Allmächtigen«.

Danach führten sie mich in ein Büro. Dort warteten ein Herr Polizist und ein persischer Übersetzer. Der Polizist tippte unentwegt auf der Plastiktastatur seines Laptops herum. Am Tisch lagen unzählige Dokumente verstreut. Der Bauch des Übersetzers schien sich in einem angespannten Befreiungskampf gegen sein weißes Hemd zu befinden. Die Schweißtropfen auf seiner fettigen Stirn hingegen hatten diesen Kampf schon gewonnen und sprinteten frei aus seinen Poren. Also wenn wir schon von Flucht sprechen: Essen hatte es offenbar noch nie geschafft, vor ihm zu flüchten.

Der Herr Polizist kam gleich zur Sache.

Woher ich komme? Schwierig. Meine Eltern sind Afghanen. Dann geflüchtet. Ich bin im Iran geboren. Dann wieder geflüchtet. Ich bin Afghane, sagte ich. Der Iran hat mir nie etwas gegeben, warum soll ich mich ihm zugehörig fühlen?

Wann ich geboren wurde? Auch schwierig. Ich hatte ja keine Geburtsurkunde. Meine Mutter hat immer gesagt, dass es während meiner Geburt geschneit hat. Weil dieser Umstand für den Beamten aber nicht so hilfreich gewesen wäre, nannte ich einen ungefähr richtigen Tag in der muslimischen Zeitrechnung, und der Übersetzer gab den 11. November westlicher Zeitrechnung zu Protokoll. Kannst du dir das vorstellen? Einen Menschen, den du fragst: »Wann hast du Geburtstag?«, und er kann dir nicht auf Tag, Stunde und Minute genau antworten, so wie es jedem Österreicher und jeder Österreicherin möglich wäre. Überhaupt sind Geburtstage in der afghanischen Kultur völlig unwichtig. Das feierst du nicht. Deswegen wissen viele Afghanen nicht, wann sie geboren wurden.

Ist auch nicht wichtig, Hauptsache, irgendwann.

Den Österreichern schon, Hauptsache, wann genau.

Der Herr Polizist hat mir nach wenigen Minuten Gespräch eine weiße Karte gegeben, auf der mein Name und die angegebenen Daten drauf standen. Ich fragte noch, ob er etwas von meinen Eltern wisse. Und er antwortete: »Keine Angst. Wir kümmern uns um deine Eltern.«

Das war alles. Ich wurde weggeführt, aus dem Büro, auf den Gang hinaus, hin zur Treppe, über die Stufen, ein Stockwerk höher, zu meinem Zimmer. Als ich die Tür öffnete, sah ich vier andere Jugendliche auf ihren Betten lümmeln. Es waren junge Afghanen, die ohne Familie in dieses Heim gekommen waren. Einer der vier Jungen, Omid, sah mich von der Matraze aus an und stellte mir die wichtigste Frage, die ein Flüchtling in seinem Asylleben gestellt bekommen kann. Nein, nicht mein Name. Wer fragt denn nach sowas Unwichtigem, wenn man jemanden neu kennenlernt? Auch nicht Alter oder so. Das ist sowieso bei den meisten Flüchtlingen falsch angegeben, entweder bewusst oder unbewusst. Manche wissen ihren Geburtstag einfach nicht, so wie ich. Und manche Behörden können kein muslimisches Datum umrechnen. Deshalb ist der 1. Jänner der Tag, an dem gefühlt neunzig Prozent der Flüchtlinge in Österreich Geburtstag haben. So weit geht die Allmacht des heiligen BFA tatsächlich. Die haben sogar die Kontrolle über deine Vergangenheit, bis zurück zum Tag deiner Geburt.

Nein, Omid stellte mir keine dieser nebensächlichen Fragen. Nur die wirklich wichtige Frage. Er öffnete seinen afghanischen Mund und fragte: »Welche Farbe?«

Ich war verwirrt.

»Was meinst du, welche Farbe?«

»Na, deine Karte! Was sonst?«, gab er barsch zurück.

»Gar keine Farbe. Also weiß. Wie soll sie denn sonst aussehen?«, meinte ich unsicher.

Omid setzte sich ruckhaft auf. Den Jungs stand die Überraschung in ihren geflüchteten Gesichtern geschrieben.

»Er hat dir einfach so eine weiße Karte gegeben? Beim ersten Gespräch?«, fragte Omid ungläubig.

Und ich so: »Ja, hat er. Einfach auf den Tisch gelegt. Ist das ... schlecht?«

»Damet garm! Junge, was hast du denen denn für eine krasse Geschichte erzählt?! Die muss Gold wert sein!«

Einer der anderen Jungs verzog das Gesicht zu einer Grimasse und murmelte: »Verdammt, ich bin schon seit sechs Monaten hier und hab noch immer eine grüne Karte.«

Ich ahnte aus den Reaktionen, dass ich offenbar den Jackpot geknackt hatte. Ohne auf Omids Frage zu antworten, fragte ich: »Welche anderen Karten gibt's denn noch?«

Daraufhin setzte Omid mit ernstem Gesicht zu einer feierlichen Erklärung an, wie wenn es um ein religiöses Dogma oder ein physikalisches Grundprinzip des Universums ginge.

Es gibt grundsätzlich drei verschiedenfarbige Karten, erklärte er. Und welche Farbe dieses folierte Stück Papier in deinen Händen hat, beeinflusst den Verlauf deines weiteren Lebens:

a) Grüne Karte. Die kriegst du, wenn du schon in einem anderen EU-Land deine Fettspuren auf den Bildschirm gepresst hast. Dann musst du im Flüchtlingsheim bleiben und wirst in den nächsten Tagen oder Wochen dorthin abgeschoben.

b) Weiße Karte. Das heißt, dass alles noch offen ist. »Die Allmächtigen vom BFA haben sich noch nicht entschieden, ob sie dir vorerst ein Bleiberecht verleihen oder dich irgendwohin abschieben.«

c) Und schließlich der Hauptgewinn, die vorübergehende Heilsgewissheit: graue Karte. Die bekommt man sowieso erst irgendwann später. Du darfst vorerst in Österreich bleiben. Dann musst du warten, bis du einen Interviewtermin mit den Allmächtigen bekommst und ihnen die Geschichte herunterbeten kannst, warum du nach Österreich gepilgert bist.

Diese weiße Karte war die erste gute Nachricht, die ich erhalten hatte. Gott sei Dank. Ich blieb tatsächlich nicht lange in Traiskirchen. Also war ich ein Elyas, der weiterhin zwei Hände besaß und drei Tage in dem Zimmer mit den vier Jungs schlief. Sie waren tagsüber in Traiskirchen unterwegs. Immer wieder schlugen sie vor, dass ich mitkomme. »Es ist echt cool dort draußen. Hier ist jeder reich! Und überall schöne Frauen!« Aber ich lehnte ab. Mich zog es nicht nach draußen. Mich zog es in Gedanken zu meinen Eltern. Ich wollte wissen, wo sie waren. Ob sie in Sicherheit waren. Ob sie am Leben waren. Ob es ihnen gut ging. Ob sie etwas zu essen hatten. Ob sie irgendwo untergekommen waren, hier mitten im kalten, europäischen Winter. Ob sie auch in einem Flüchtlingsheim waren. Ob sie irgendwo im Wald waren. Ob sie es wirklich nach Österreich geschafft hatten.

Außerdem hatte ich einen anderen Plan gefasst. Ich wollte, dass unser Leben als Familie nicht wieder so verläuft wie nach unserer ersten Flucht. Wie in diesen letzten zwanzig Jahren, nachdem wir vor den Taliban aus Afghanistan in den Iran geflohen waren. In ein Land, in dem wir keine Rechte hatten. Keine Chancen. Keine Gerechtigkeit. Ich würde alles daransetzen, diese neue Möglichkeit, dieses neue Leben zu nutzen. Damit niemand mehr einfach mit uns machen kann, was er will. Und der erste und wichtigste Schritt war, diese fremde Sprache zu lernen. Wenn ich andere verstehen und selbst sprechen kann, wäre es mir möglich, mich zu verteidigen. Als mich mein Bruder Edris aus der Schweiz anrief, nutzte ich deshalb gleich die Gelegenheit: »Hey, bin grade im Asylheim angekommen. Kannst du mir Deutsch beibringen? Jetzt gleich übers Telefon?« Während Omid und die Jungs also durch die Gegend zogen, setzte ich mich mit einem Block aufs Fensterbrett und übte bis zum Abend immer und immer wieder das fremde, westliche Alphabet und meine ersten Sätze auf Deutsch.

Als Omid und die anderen am Abend ins Zimmer polterten und sahen, dass ich die neu gelernten Buchstaben tausendmal auf ein Blatt Papier kritzelte, lachten sie nur über mich. »Was bist du bloß für ein braver Junge mit deiner weißen Karte«, höhnten sie. »Warum sitzt du hier? Später wirst du sowieso immer lernen müssen!« Aber in Gedanken war ich es, der über sie lachte. In meinen Augen waren die bloß Teenager, die cool sein wollten. Aber das hatte ich schon längst hinter mir. Echt hinter mir. Ich würde die Chance ergreifen, die mir gegeben wurde. Ich würde aus meinem Leben etwas Gutes machen. Ich würde nicht aufgeben.

Am zweiten Tag betrat ich das Büro meiner Rechtsberaterin.

»Salam aleikum! Chetor hastid?«

Ich traute meinen Ohren kaum, als mich die junge Österreicherin auf Persisch fragte, wie es mir gehe!

»S...salam aleikum!! Man khub hastem, tashakor!«

Das hat mich überrascht und ermutigt, dass jemand aus Österreich meine Muttersprache sprechen kann. In diesem Moment fühlte ich eine solche Wärme, trotz aller Probleme und Ungewissheiten. Ich war sehr dankbar für hilfsbereite Menschen wie diese junge Frau. Einfach nur, weil sie freundlich blieb und mir Worte aus der Heimat schenkte. Eigentlich nicht viel, aber für mich bedeutete es die Welt. Dankbar für den Mann, der mit mir zu dieser Telefonzelle gegangen war und das Taxi gerufen hatte. Vielleicht klingt das für dich nicht nach etwas Weltbewegendem. Hat der sich halt einen Vormittag Zeit und etwas Geld genommen, um mir zu helfen. Sicher, war eben freundlich. Aber für mich war das etwas, das ich so noch nie erlebt hatte. Und nach den Monaten auf der Flucht durch einen fremden Kontinent, der deine Familie auseinanderreißen oder dich in dunkle Gefängnishöhlen sperren möchte, sind solche Freundlichkeiten einfach unglaublich. Mit doppeltem Eifer machte ich mich nach dem Gespräch daran, das weiterzukritzeln, was ich am ersten Tag gelernt hatte. Stundenlang und immer wieder:

A B C D E F G H I J K L M N O P Q R S T U V W X Y Z.

A B C D E F G H I J K L M N O P Q R S T U V W X Y Z.

A B C D E F G H I J K L M N O P Q R S T U V W X Y Z.

A B C D E F G H I J K L M N O P Q R S T U V W X Y Z.

A B C D E F G H I J K L M N O P Q R S T U V W X Y Z.

A B C D E F G H I J K L M N O P Q R S T U V W X Y Z.

Das war die Hauptbeschäftigung in Traiskirchen. Und:

A B C D E F G H I J K L M N O P Q R S T U V W X Y Z.

A B C D E F G H I J K L M N O P Q R S T U V W X Y Z.

A B C D E F G H I J K L M N O P Q R S T U V W X Y Z.

A B C D E F G H I J K L M N O P Q R S T U V W X Y Z.

A B C D E F G H I J K L M N O P Q R S T U V W X Y Z.

Nein, du suchst jetzt nicht, ob sich in einer Zeile

A B C D E F G H I J K L M N O P Q R S T U V W X Y Z.

A B C D E F G H I J K L M N O P Q R S T U V W X Y Z.

A B C D E F G H I J K L M N O P Q R S T U V W X Y Z.

A B C D E F G H I J K L M N O P Q R S T U V W X Y Z.

A B C D E F G H I J K L M N O P Q R S T U V W X Y Z.

vielleicht doch Fehler eingeschlichen haben könnten.

A B C D E F G H I J K L M N O P Q R S T U V W X Y Z.

A B C D E F G H I J K L M N O P Q R S T U V W X Y Z.

A B C D E F G H I J K L M N O P Q R S T U V W X Y Z.

A B C D E F G H I J K L M N O P Q R S T U V W X Y Z.

Und am dritten Tag in Traiskirchen erhielt ich die Nachricht, dass ich am nächsten Tag in der Früh transferiert werden würde. Traiskirchen ist ja eigentlich nur das Erstaufnahmezentrum, in das du kommst, wenn du ohne Dokumente nach Österreich einreist. Von dort wirst du dann nach einigen Monaten entweder abgeschoben oder in ein anderes Flüchtlingsheim überstellt, wo du länger bleiben kannst. Dieser Transfer stand mir bevor, und das schon am dritten Tag.

Aber das Beste kommt noch: Die Polizisten meinten, sie hätten meine Eltern gefunden und würden mich zu ihnen schicken!

Weißt du, wie unglaublich froh ich war, als ich das hörte? Sie waren in einem anderen Teil von Österreich angekommen und dort in ein Flüchtlingsheim gebracht worden. Ich war überglücklich! Endlich Gewissheit. Meinen Eltern ging es gut, und sie waren in Sicherheit. Den Jungs stand wieder die Überraschung in ihre geflüchteten Gesichter geschrieben. Sie hatten mich zwar verarscht. Aber irgendwie mochte ich sie trotzdem. So ging ich am Morgen meiner Überstellung zum nächsten Zigarettenautomaten, kaufte von meinem verbliebenen Geld eine Packung und brachte sie zurück aufs Zimmer. Dann drückte ich zum Abschied jedem drei Stück aus der Packung in die Hand und schenkte Omid den Rest. Ihn mochte ich von den vieren am meisten. Ich fand ihn lustiger als die anderen.

Unten vor dem Eingang wartete ein großer, moderner Reisebus auf das Flüchtlingsmaterial, das in einer langen Schlange hineingepumpt wurde. Nein, so kann ich dir das ehrlich gesagt nicht mehr beschreiben. Ich war so dankbar für alles, was mir in den letzten Tagen geschenkt wurde. Der Reisebus wurde nicht mehr bloß mit Flüchtlingsmaterial vollgepumpt. Er wartete nun auf echte Menschen, wertvolle Frauen und Männer, lebendige Kinder und weise Greise, die die Stufen durch die Tür hinaufstiegen und sich einen angenehmen, gepolsterten Sitzplatz aussuchen durften. Einfach so. Ohne dass jemand deine Schwester entführt, weil sie die Schule besucht. Ohne dass jemand dein Haus mit einer Bombe in die Luft sprengt. Ohne dass deine finanzielle Existenz als Gegenleistung für eine Grenzüberquerung gestohlen wird. Ohne dass du durch einen Bach schleichen musst, während in der Dunkelheit vor und hinter dir verirrte Gewehrkugeln einschlagen. Ohne dass du Angst haben musst, so wie die auf den anderen Booten zu ertrinken. Ohne dass du jederzeit entdeckt werden und im Gefängnis landen kannst. Ohne dass du von einer Eisenbahnbrücke in ein Dornengebüsch springen musst, weil dich einen Augenblick später ein Güterzug erfasst hätte. Ohne dass du auf der Fahrt ersticken wirst, weil alles überfüllt ist. Ohne dass du Angst vor Bewohnern oder der Polizei haben musst. Ohne dass du wie ein Sack toter Fische in den Kofferraum geschmissen wirst. Ohne dass ... Okay, du weißt, was ich meine, oder?

Ich war einer der Letzten, die einstiegen. Vorne waren noch ein paar Plätze frei. Eh gut so, dort sieht man viel besser durch die Vorderscheibe, was es draußen so alles in diesem Land gibt. Ich setzte mich neben einen Iraker in der ersten Reihe:

»Salam!«

»Sal'aleikum.«

Als ich mich umsah, bemerkte ich neben den beiden Busfahrern keine Soldaten oder Polizisten im Bus. Nur Flüchtlinge. Die schienen uns echt zu vertrauen. Einige Minuten später startete unser Fahrer den Motor, und wir rollten los. Insgesamt waren wir etwa zwölf Stunden unterwegs. Ich kann dir nicht mehr sagen, wo wir der Reihe nach überall waren, weil ich die Orte und Städte nicht kannte. Wir blieben bei vielen Flüchtlingsheimen stehen, kleineren und größeren. Manchmal stiegen bloß ein oder zwei Leute aus, manchmal ganze Gruppen. Mehrmals während der Fahrt wechselten sich die beiden Busfahrer ab, damit keiner der beiden müde wurde.

Nach einiger Zeit hatte ich ziemlichen Durst und nichts zu trinken dabei. Auf der anderen Seite des Gangs, auch in der ersten Reihe, saß der zweite Busfahrer, der gerade Pause hatte. So lehnte ich mich zu ihm und fragte in meinem altbekannten, akzentfreien English: »Sorry? ... Wata!« Der zweite Busfahrer öffnete eine Kiste, in der viele Wasserflaschen waren, und drückte mir eine in die Hand. Einige andere hinter mir nutzten die Chance, um den Mann auch um Wasser zu bitten. So schlurfte er mit einigen Flaschen den Gang entlang nach hinten, um sie zu verteilen. Ich, unschuldig wie ich war, öffnete währenddessen die Flasche, um daraus zu trinken. Das leise Zischen hatte ich wahrscheinlich beim schnellen Öffnen überhört. Gierig setzte ich die Öffnung an meinen Mund und trank. Oder versuchte es. Denn als das Wasser über meine Zunge floss, fühlte es sich komisch an.

Sogar ... gefährlich?!

Was ist das?!

Erschrocken riss ich die Augen auf und spuckte eine kleine Wasserfontäne aus. Muss richtig elegant ausgesehen haben für die überraschten Leute um mich herum. Besonders für den Mann hinterm Steuer, der zum Glück sein Lenkrad nicht verriss und somit der Grund dafür ist, warum ich heute noch lebe und dieses Buch schreiben kann.

Aber mein einziger Gedanke war: Wollen die mich vergiften?! Was war das? Und nach einigen Sekunden realisierte ich: Das Wasser war wie Cola, nur durchsichtig. Ich hatte noch nie Wasser mit Kohlensäure gesehen oder getrunken, das gab's bei uns im Iran nicht. Sicher, ich kannte Cola. Aber warum will man Wasser trinken, in dem Kohlensäure drin ist? Dann kann man es ja kaum noch trinken! Ich verstand das nicht. Nein, ich konnte das nicht verstehen. Das ergab doch keinen Sinn! Sag du's mir, hat das einen Sinn? Also wirklich jetzt ... Und auch, wenn ich nun wusste, dass mich niemand damit hatte vergiften wollen, wollte und konnte ich davon kaum mehr etwas trinken. Nur wenn der Durst zu groß wurde, nippte ich ein wenig daran, lächelte und schüttelte innerlich den Kopf über dieses freundliche, aber merkwürdige Land, in dem sie freiwillig Wasser wie Cola tranken.

NOCH 3 KAPITEL
BIS ZUR NÄCHSTEN FLUCHT

Der Letzte im Bus war ich.

Auch mein Sitznachbar, der Iraker, war schon ausgestiegen. So wie alle anderen Flüchtlinge. Tja, das Beste kommt zum Schluss, oder? In den frühen Abendstunden, als es schon dunkel wurde, rollten wir auf der Autobahn an tiefverschneiten Gebirgsspitzen vorbei. Ich konnte mich gar nicht sattsehen an all den Schneebergen, den Bäumen und Wäldern, den steilen Steinhängen und den vereisten Bächen, Flüssen und Strömen. Ungeduldig wartete ich den nächsten der Abermillionen von Tunneln ab, bis ich wieder einige Sekunden oder Minuten dieser traumhaften Umgebung erhaschen durfte. Das war das reinste Paradies! In Teheran siehst du im Winter nur Staub und Asphalt, Gebäude und Verkäufer, Autos und laut. Wobei du das in Teheran auch im Frühling, im Sommer und im Herbst siehst. Aber hier, inmitten dieses verschneiten Winterwunderlandes, durch das wir im gemütlich warmen Reisebus über ruhige Straßen glitten, war es einfach atemberaubend schön.

Auch der Ort, an dem wir schließlich hielten, war wie das Paradies, nur ohne die 72 Jungfrauen. Na ja, eigentlich hab ich keine Ahnung, ob dort damals so viele Jungfrauen gelebt haben, aber na ja. Es war eine kleine Stadt zwischen hohen und dunklen Bergen, die sich im schwachen Mondschein kaum noch vom klaren Himmel abhoben. Einer der Busfahrer, derjenige, der

vorhin nicht das Lenkrad verrissen hatte, stieg mit mir gemeinsam aus. Nach der behaglichen Busheizung streichelte uns die
abendliche Frühfebruarkälte mit sanften minus 9000 Grad ums
Gesicht. Der Busfahrer ließ sich davon nicht beirren, und ich
wollte natürlich stark wirken. Also standen wir einige Momente so nebeneinander, atmeten Rauchwolken aus und ließen die
verschneite Szenerie auf uns wirken. Dann sagte er etwas, das so
weise war, wie ich es von einem Menschen, der Wasser wie Cola
trinkt, nie erwartet hätte. Er nickte mir zu, hob den rechten Daumen, lächelte und meinte bloß: »Wow!« Ein wahres Wort, Herr
Busfahrer, ein wahres Wort!

Danach stapfte er mit mir über den Parkplatz zum Eingang
eines Gebäudes, von dem ich vermutete, dass es mein neues Zuhause werden würde. Gleich hinter der Tür begrüßte uns Frau
Birgit. Frau Birgit war die Betreuerin. Die Betreuerin des Heims,
die Betreuerin von der Volkshilfe, die Betreuerin der Flüchtlinge,
die Birgit betreute auch die Kleidung im Heim, das ganze Essen,
sie betreute alles, das sag ich dir, die Ausgangszeiten und die
Eingangszeiten und die Zeiten dazwischen und davor und danach, und die Birgit betreut deine Vergangenheit und deine Gegenwart, und, das sag ich dir, die betreut schon deine Zukunft, da
bist du noch in der Gegenwart, und vor Maria Theresia, vor Maria Magdalena und vor allen anderen Marias hat die schon betreut, die betreut über Raum und Zeit hinweg, so betreut die,
überall und jederzeit, also die ist eigentlich die Betreuerin von
allem, praktisch – ja, kann man ohne Übertreibung sagen! – die
Betreuerin von ganz Österreich, das war sie schon vor Van der
Bellen, ganz Österreich, so betreut die Frau Birgit.

Der Busfahrer jedenfalls drückte ihr ein Formular in die
Hand und wechselte einige Worte mit ihr. Ich sah mich um. Wo
waren meine Eltern? Waren sie wirklich hier? Nach ein paar

Momenten stapfte der Fahrer wieder so langsam zur Tür hinaus, wie er gekommen war. Frau Birgit bedachte mich kurz mit einem prüfenden Blick, lächelte aber dann. Die allbetreuende Betreuerin schien sogleich erraten zu haben, wonach ich mich gerade am meisten sehnte. Als Frau Birgit die Tür des Zimmers im Erdgeschoss öffnete, sah ich sie endlich wieder!

»Madar-jan!«

»Padar-jan!!«

Mein Vater und meine Mutter, beide unversehrt! Wir waren so unglaublich erleichtert, einander wiederzusehen, und umarmten uns gegenseitig. Es fühlte sich an wie eine Ewigkeit, obwohl seit unserer Trennung in Ungarn gerade mal eine Woche vergangen war. Ich war so froh! Die beiden waren frisch geduscht, ordentlich gekleidet und wirkten gepflegter als jemals in den letzten Monaten. Sie hatten ein eigenes, großes Zimmer bekommen und waren offenbar gut behandelt worden. Mir fiel ein Stein vom Herzen. Ich hatte es tatsächlich geschafft, meine Eltern über tausende Kilometer vom Iran nach Österreich zu bringen! Es war, als würde jemand eine große Last von meinen Schultern heben. Wir tauschten uns aus, wie es uns seit Serbien und diesem ungarischen Schlepperparkplatz in den letzten Tagen ergangen war, bis tief in die Nacht. Schließlich legte ich mich, da sie noch ein drittes Bett im Zimmer stehen hatten, dort schlafen.

Am nächsten Tag suchten meine Eltern in der Früh nach Kleidung für mich. In den Tagen zuvor hatten die Einwohner aus der Gegend ihre alten Jacken, Schals, Handschuhe, Hauben, Pullover, T-Shirts, Hosen, Schuhe und Stiefel vorbeigebracht. Das Flüchtlingsheim war nämlich gerade erst eröffnet worden. Früher war es mal ein Altersheim der evangelischen Kirche gewesen. Diese hat es der Volkshilfe auf drei Jahre für die Flüchtlingshilfe überlassen, sodass es nun eine neue Heimat für derzeit 35 Flüchtlinge bot. Deshalb waren wir die erfreuten Opfer von Mitleidslieferungen, aus denen allerlei Brauchbares herauszukramen war. Ich wurde gemäß mütterlicher Fürsorge in mehrere Schichten Skijacken verpackt. Dann sind wir zur Tür raus in den Schnee. Im Iran hatte ich vorher noch nie Schnee gesehen. Sicher gibt's in den Bergen was von dem weißen Zeug, aber ich hatte Teheran bis zur Flucht in meinem Leben nie verlassen. Im Staub geboren, im Staub gearbeitet, vor dem Staub geflüchtet. Und plötzlich liegen hier meterhohe Schneeberge in der Gegend herum! So tat ich das einzig Vernünftige und warf mich mitten in das kühle, flauschige Weiß hinein. Dann haben wir ein Foto als Familie gemacht. Wart mal, ich schau, ob ich das noch finde. Vielleicht war das aber noch auf meinem alten Handy, das ich kurz darauf verloren hab.

Später am Vormittag ist Frau Birgit zu mir gekommen. Und der Übersetzer, also einer der persischen Flüchtlinge, der schon ein bisschen Deutsch konnte, den hatte sie immer mit im Schlepptau. Schließlich konnte sie kaum Englisch, und wir konnten kaum Englisch, und wir konnten kaum Deutsch, und sie konnte kein Dari, und kein Arabisch, und kein Paschtu, und kein Albanisch, und sowieso sprach niemand von uns Kalaallisut oder Katalanisch oder Kantonesisch oder was halt sonst noch für Sprachen beim babylonischen Turmbau entstanden waren.

»Hallo Elyas!«

»سلام الیاس«
»سلام خانم بیرگیت«

»Er sagen: Hallo Frau Birgit!«

»Sag ihm: Wir haben noch freie Zimmer. Du musst nicht mit deinen Eltern in einem Zimmer schlafen, du kannst ein anderes im Erdgeschoss beziehen, das noch frei ist.«

بهش بگو: »ماهنوز یک اتاق خالی داریم. تو مجبور نیستی با پدر
و مادرت در یک اتاق بخوابی، تو می توانی یک اتاق دیگر در طبقه
ی هم کف داشته باشی، که هنوز خالی است.«
»آیا می توانم اتاقی انتخاب کنم؟«
»بله ، او گفت«
»او تشکری کرد!«

»Er sich bedankt.«

So lief das immer. Klar, dass bei einem Haufen Menschen, die
sich nur über dritte Personen und ein paar gebrochene Sprach-
fetzen austauschen konnten, permanent Missverständnisse und
Konflikte entstehen. Das ist wie »Stille Post – extreme mode«.
Aber dazu später mehr.

Das ehemalige Altersheim jedenfalls, in dem wir nun wohnten, hatte zwei Stockwerke, das Erdgeschoss und den ersten
Stock. Frau Birgit hatte im Jänner versucht, die ankommenden
Flüchtlinge in Familien und Alleinstehende zu teilen. So waren
bis dahin im Erdgeschoss die Familien untergebracht, und im
ersten Stock die Jugendlichen, die alleine gekommen waren.
Neben unserer Familie waren im Erdgeschoss noch eine Familie
aus dem Irak, eine aus Albanien und eine aus dem Kosovo untergebracht. Die aus dem Kosovo hab ich nie so richtig kennengelernt, die sind bald abgeschoben worden. Ihr Sohn konnte gut
kicken.

In den Zimmern über uns lebten einige Iraker, Syrer und andere Afghanen, die ohne Familie geflüchtet waren. Außerdem
haben sie versucht, die Nationalitäten so gut es ging zu trennen.
Sonst streiten sich die Afghanen und die Iraner. Oder die Afghanen und die Syrer. Oder die Afghanen und die Iraker. Oder die
Afghanen und die Afghanen. Afghanen halt, was willst du? Echt,
was willst du, ey, willst du Stress?! Haa?! Nein, ich mach nur Spaß,

haha. Die ethnische Trennung ist also Standard, egal in welchem Land oder Heim dein Flüchtlingskörper strandet. Würdest du ja auch nicht tun, zum Beispiel Messer und Gabeln in deiner Bestecklade mischen. Was, wenn jemand das Falsche herausnimmt und wem in den Rücken sticht? Unabsichtlich natürlich.

Auf jeden Fall darf ich dir noch kurz meine neue Luxussuite beschreiben, die Frau Birgit mir zugeteilt hat. Ich bekam ein eigenes Zimmer! Das hat mich überrascht und sehr gefreut. Ich hätte mir keine so gute und wertschätzende Behandlung erwartet. In diesen ersten Tagen in Österreich war ich von so viel Freundlichkeit und guten Nachrichten wie wahrscheinlich nie zuvor in meinem Leben überhäuft worden. In dem Zimmer waren zwei Betten, von denen eines nun mir gehören sollte. Das andere war leer. Der Raum hatte ein Fenster zur Straßenseite hin. Dort konnte man den Bad Goiserern beim täglichen Leben zusehen. Unser Heim war nämlich mitten im Ort, und oft kamen Leute aus der Nachbarschaft, um uns zu helfen, uns etwas zu schenken oder einfach Zeit mit uns zu verbringen. Und noch etwas: Ich hatte in meinem Zimmer sogar einen eigenen, kleinen Kühlschrank. Ich fühlte mich wie ein König, haha.

Ich war so fröhlich und dankbar, dass ich gleich am Nachmittag nach draußen gegangen bin zum Hofer. Der war zu Fuß nur ein paar Minuten entfernt, auf der anderen Seite der Bundesstraße. Dort kaufte ich um ein paar Euro eine Handvoll Kerzen und ein AXE-Deo. Dann ging ich gleich zurück in meine Luxussuite. Ich stellte die Kerzen im Zimmer auf und zündete sie an und versprühte das AXE in der Luft, damit es gut riecht. Nachdem ich meinem kleinen Dekogasmus freien Lauf gelassen hatte, beschloss ich, dass es nun an der Zeit war, Frau Birgit an meiner Freude teilhaben zu lassen. Ich lief den Gang hinunter, zupfte Frau Birgit am Ärmel und deutete ihr, dass sie mitkommen soll. Ich wollte ihr zeigen, wie sauber alles ist und wie schön und ordentlich ich das Zimmer hergerichtet hatte. Sie war so nett zu mir gewesen, und ich wollte ihr beweisen, dass ihre Bemühungen für mich nicht umsonst sein würden.

Aber als sie mein Werk sah, wurde sie wütend. Sie rief irgendwas, löschte sofort alle Kerzen und nahm sie mir weg. Im Heim war es nämlich nicht erlaubt, Kerzen anzuzünden wegen der Feuermelder. Aber das hatte ich nicht gewusst, das hatte mir niemand gesagt. Trotzdem war das ein schlechter Einstand für sie. Ich wollte ihr erklären, dass es mir leidtut. Ich wollte ihr erklären, warum ich die Kerzen aufgestellt hatte. Doch was willst du tun, wenn du weder Englisch noch Deutsch kannst? So schritt sie aufgebracht davon, und ich blieb traurig zurück. Wieder wurde ich in meinem Entschluss bestärkt, möglichst schnell dieses neue Alphabet und diese fremde Sprache zu lernen. Erst dann würde ich solche Missverständnisse vermeiden können. Erst dann würde ich meine Eltern und mich verteidigen können. Erst dann, erst durch die deutsche Sprache, würden wir in Sicherheit sein.

Doch an diesem Abend feierten wir und ließen uns die Laune nicht verderben. Meine Mutter war so glücklich, dass wir nun wiedervereint und in Österreich waren. Deshalb versuchte sie, aus den Nahrungsmitteln in der Küche ein Festessen für unsere Familie zu zaubern. Sie bereitete ein traditionelles Gericht mit gebratenem Reis als Abendessen zu. Schließlich essen wir ja traditionell kein Frühstück, nicht viel zu Mittag, und dafür ein großes, ausgiebiges Mahl so um 21 oder 22 Uhr. Als wir dann spät am Abend die ersten Bissen in uns stopften, hielten wir inne. Das schmeckt ja irgendwie ... süß?

»Madar-jan, was hast du da hineingegeben?«, fragte ich.

»Nichts Spezielles. Merkwürdig. Aber jetzt, wo du fragst ... Das Öl für die Pfanne war ein bisschen anders als sonst.«

Das klang verdächtig. Mein innerer Detektiv erwachte, detektivte rüber in die Küche und nahm das »Öl« näher unter die Lupe. Das Ergebnis: Meine Mutter hatte süßen Weißwein statt Öl verwendet! Sie hat die Flaschen verwechselt, weil sie die Beschriftung nicht lesen konnte. Wir sind einfach in Gelächter ausgebrochen: meine Mutter zuerst, dann ich und dann sogar mein Vater. Ja, die deutsche Sprache würde uns nicht nur beschützen, sondern auch gutes Essen ermöglichen. Das war ein lustiger Abend!

Tags darauf informierte uns Frau Birgit, dass wir nun in ein anderes Zimmer umsiedeln mussten. Wahrscheinlich wegen der Sache mit den Kerzen. Sie nahm mir mein eigenes Zimmer weg und brachte mich gemeinsam mit meinen Eltern in einem kleinen Zimmerchen im ersten Stock unter. Neben den drei Betten, einem Schrank und einem kleinen Tischlein gab es kaum einen Quadratmeter Freiraum. Und von diesem Tag an war Frau Birgit auch nicht mehr dieselbe. Ich meine, ich hatte sie vorher gerade erst 24 Stunden gekannt, aber na ja. Sie lächelte mir gegenüber kaum noch und war in ihren Anweisungen und ihrem Tonfall recht streng. Immer schien sie mir zu misstrauen. Vielleicht dachte sie, ich hatte die Regel mit den Kerzen absichtlich gebrochen. Vielleicht dachte sie auch nur, ich wäre zu dumm oder unvorsichtig und würde in Zukunft wieder fahrlässig handeln. Sie betreute mich nun wirklich immer und überall. Auf jeden Fall war sie von diesem Tag an wie die Polizei für mich und meine Eltern, aber meistens ohne das nette Sprüchlein »dein Freund und Helfer« hintendran.

Trotzdem war sie sehr engagiert. Sie hat viele Veranstaltungen organisiert, damit wir die Österreicher und die Österreicher uns kennenlernen können. Zum Beispiel haben wir im Heim gelegentlich für die Österreicher Gerichte aus unserer Heimat gekocht. Da waren dann alle möglichen Speisen dabei, von typisch Irakischem über traditionelle afghanische Küche, sogar afrikanische Leckerbissen bis hin zu syrischen Spezialitäten. Und manchmal haben die Österreicher dann auch für uns gekocht, und wir haben getauscht. Das waren schöne Aktionen für Herz und Bauch. Und da, so schien es, huschte auch ihr, der Frau Birgit, immer wieder ein Lächeln über die Lippen. Das verstand ich auch ohne ihren afghanischen Übersetzer, der kaum besser Deutsch sprach als ich und somit nicht gerade zur Aufklärung der Missverständnisse beitrug.

Mit den anderen Bewohnern im Heim verstand ich mich gut. In den ersten Tagen lernte ich viele von ihnen ein wenig kennen. Jeder Stock hatte eine Gemeinschaftsküche. Und wenn man unser Stockwerk als eine Art multikulturell zusammengewürfeltes Dorf betrachtete, dann war die Küche unser Marktplatz, unser Bazar. Das Zentrum von allem. Dort spielte sich alles ab. Dort traf man immer irgendjemand.

Bazar ist Heimat.

Bazar ist Herkunft.

Bazar ist, wo alles ist.

Bazar war, wenn manche sich durch die Nahrungsmittel wühlten, die die Bewohner aus Goisern *en masse* vorbeibrachten. Bazar war, wenn manche kochten, andere Karten spielten und wieder andere einander Witze erzählten. Und Bazar war auch das Wetteifern, wer die ach-so-schwerste Fluchtgeschichte oder die ach-so-schlimmsten Schlepper hinter sich hatte. Das typische Gesprächsthema halt, wenn du ein Bündel fremder Asylanten auf einen Haufen wirfst und ihnen sagst, sie sollen miteinander reden beziehungsweise ausländern.

»Mein Schlepper war so schlimm, der hat uns nicht mal eine Nacht schlafen lassen!«

»Aber mein Schlepper war noch schlimmer, der hat uns ständig geschlagen und angeschrien!«

»Jungs, tut mir leid für euch, aber es ist halt so, ich gewinne. Mein Schlepper, der war echt der schlimmste. Der hat mich im Wald zurückgelassen eines Nachts, und mein Geld, mein Essen und mein Handy waren weg! Von meiner kranken Mutter hat der sich sogar die Diabetes-Medikamente gekrallt, der Geizhals!«

»Na und? Mein Schlepper war so gierig, wenn der ins Armenhaus zum Spenden gegangen wäre, würde er mit doppelt so viel Geld zurückkommen!«

»Mein Schlepper war so geizig, der hat uns nicht mal genug Benzin gegeben, dass wir aufs Meer in den Sturm rausfahren konnten.«

»Ey, mein Schlepper war so dumm, wenn der über die Grenze wandert, fällt der nationale IQ um zehn Punkte!«

»Mein Schlepper war so fett, die Polizisten konnten den nicht mal in ihr Auto stopfen!«

»Das ist noch gar nichts! Mein Schlepper war so fett, der war noch teilweise in Mazedonien, als wir schon seit Stunden über die Grenze nach Serbien waren!«

»Hey, kennt ihr den eigentlich: Was haben Schlepperkleidung und ein Staubsauger gemeinsam? In beiden befindet sich ein Drecksack. Haha!«

Okay, die letzten paar hab ich grad frei erfunden. Neues Genre: »Mein Schlepper«-Witze.

Eigentlich sollte es doch zu dem einen oder anderen saftigen Konflikt kommen, wenn Sunniten, Schiiten und Christen, wenn Syrer, Iraner und Afghanen, wenn Konservative, Gemäßigte und Liberale aufeinandertreffen. Doch es blieb in der Küche und im ganzen Heim recht friedlich. Das lag sicher an der einheitsstiftenden Kraft der »Mein Schlepper«-Witze. Unruhe entstand höchstens, wenn Frau Birgit etwas zu bemängeln hatte. Da hielten wir zusammen. Vielleicht war es das: Der Respekt vor Frau Birgit einte Völker und Religionen, die einander über Jahrhunderte und Jahrtausende aufs Blut bekämpft hatten. Wenn die UN einfach Frau Birgit in den Nahen Osten geschickt hätte! Dann wären alle Probleme dort gelöst. Kein Krieg mehr, kein Konflikt. Nix da. Frau Birgit hätte denen dort schon mal ordentlich eine betreut.

In unserer Gemeinschaftsküche im ersten Stock lernte ich zum Beispiel Ali kennen. Er war in Somalia Englischlehrer gewesen, aber nach irgendeinem Zwischenfall nach Österreich geflohen. Er sprach nicht gern darüber, warum er geflohen war. Das traf auf die meisten zu. Er half mir in den ersten Tagen mit der Alphabetisierung und einigen deutschen Wörtern. Aber das war recht schnell vorbei. Ich kannte schon bald mehr deutsche Vokabeln als Ali, der ja auch gerade erst gekommen war. Ich sog nämlich alles Deutschsprachige wie ein großer, übermäßig behaarter Schwamm in mich auf. Und obwohl ich erst ein paar Satzfetzen auf Deutsch sprechen konnte: Du kannst dir sicher sein, dass ich mit Hilfe dieser Satzfetzen mit jedem Bewohner und Besucher im Heim versucht habe, ein Gespräch zu führen. Notfalls benutzte ich eben Hände und Füße, wenn die Wörter nicht reichten. Doch die nahm ich im Verlauf des Frühjahrs schon immer weniger zu Hilfe.

Kopfschmerzen. Wieder weg.

Manchmal lehnten auch am Gang vor der Küche ein paar junge Männer lässig an der Wand und quatschten miteinander. Wir haben heute noch eine WhatsApp-Gruppe namens »Dost ha samimi«. Von ihnen habe ich als Erstes Youssef kennengelernt. Redest halt mit wer-auch-immer-da-ist. Das ist Bazar. Und das ist Youssef. Youssef war auch ein Afghane, aber sehr hellhäutig, mit glatten braunen Haaren und einer dünnen Messingbrille. Er war zwölf Jahre älter als ich. Irgendwie fand ich ihn am Anfang unsympathisch. Vielleicht, weil er sich in Griechenland in einer Kirche taufen lassen hatte. Aber das hab ich erst ein bisschen später erfahren. Denkt dann nicht jeder, dass du das sowieso nur fürs Asyl gemacht hast?

Dann war da noch Ali. Ein anderer Ali als vorhin. Er war auch einige Jahre älter als ich, aus Afghanistan geflohen. Kam aus einer Bauernfamilie. Konnte in keiner Sprache lesen oder schreiben. War aber der begnadetste Kartenspieler, dem ich je begegnet bin. Und Ali, das glaubst du nicht, hat Michael Scofield aus »Prison Break« alt aussehen lassen. Aus dem Typ könntest du auch eine Serie machen. Der hatte zum Beispiel einen Ausbruch aus einem türkischen Gefängnis geschafft mit nichts als einem Stück Faden aus seiner Matratze! Du willst mehr wissen? Tja. Vielleicht schreib ich über ihn mal ein eigenes Buch.

Jedenfalls waren Ali und Youssef jeweils viel länger unterwegs gewesen als unsere Familie. Ali zum Beispiel war mehrmals beim Überqueren der Grenze nach Mazedonien zurückgebracht worden, ähnlich wie wir. Er hatte aber weniger Glück: Die Polizei hielt ihn für ein Jahr in einem Gefängnis in Athen fest, weil seine Aufenthaltsberechtigung abgelaufen gewesen war. War keine schöne Zeit. Kannst ihn gern mal fragen. Und Youssef war tatsächlich durch ganz Serbien zu Fuß unterwegs gewesen, super Schlepper. Er wurde sogar einige Tage lang auf seiner endlosen Fußreise von einem französischen Team begleitet. Die haben mit ihm als Hauptfigur eine Internet-Dokumentation zur Flüchtlingskrise erstellt.

Ein wenig später hab ich dann noch den vierten Afghanen in unserem Bunde kennengelernt: Hamid. Er war etwa gleich alt wie ich. Mit ihm hab ich mich am besten verstanden, und er war am lustigsten. Er kam auch aus Teheran, so wie ich, und war dort ebenfalls illegal am Leben gewesen, aber noch in Afghanistan geboren. Als Pick-ups mit Fremden ins Dorf ratterten, sagten seine Eltern dem kleinen Hamid bloß: »Pack deine Sachen. Wir fahren auf Urlaub.« Ihren Pool, ihre Existenz und die Kalaschnikowschüsse ließen sie keine Stunde später hinter sich im Staub zurück.

Als »Dost ha samimi« waren wir in den ersten Monaten im Heim nicht wirklich befreundet. Obwohl das auf Farsi »beste Freunde« heißt. Wir haben halt viel Zeit miteinander verbracht, weil wir eben zusammenwohnten, und haben uns gegenseitig Geschichten von unserer Flucht erzählt. Aber ein paar lustige Sachen sind schon passiert. Zum Beispiel die Kartoffelgeschichte. Über die lachen wir heute noch. Die Österreicher haben uns ja öfter Lebensmittel ins Heim gebracht. Ganz am Anfang hat jemand Ali in der Küche eine große Kiste voller Kartoffeln in die Hand gedrückt. Er hat sich so gefreut, dass er sie gleich wie einen Piratenschatz in sein Zimmer getragen hat, anstatt sie in die Küche zu stellen. Der Arme. Er wusste ja noch nicht, dass sich am Horizont deshalb schon der Tofan Birgit zusammenbraute. Irgendwie hatte sie nämlich von den Kartoffeln Wind bekommen, wusste aber nicht, bei wem sie Asyl gefunden hatten. Sie rauschte durch den Gang, riss ohne Vorwarnung die Zimmertüren auf und durchpflügte unsere Habseligkeiten, ob sich nicht irgendwo Kartoffeln ohne Aufenthaltsgenehmigung finden ließen. Die waren nämlich illegal in eines der Zimmer migriert, so viel hatte sie gehört. Jegliche Nahrung muss nämlich von ihr registriert und in die Gemeinschaftsküche im jeweiligen Stock gebracht werden. Auch in unserem Zimmer durchwühlte sie alles, wobei unser »alles« nicht recht umfangreich war. Meine wortgewandte Verteidigungsrede, mit der ich ihren österreichischen Wortschwall zu beschwichtigen versuchte, lautete bloß: »Keine Kartoffel, keine Kartoffel! Bitte! Keine Kartoffel!!«

Als Ali vom Tofan Birgit hörte, bekam er eine Riesenangst. Er schmiss die Kartoffelkiste schnell ins hinterste Eck seines Kleiderschrankes, und sein Gewand gleich darüber. Als der Tofan Birgit sein Zimmer erreicht hatte, blieb sein kartoffeliges Geheimnis aber nicht lange geheim. Er versuchte, sich zu erklären: »Das nicht von dir sein. Das ist nicht von Küche. Das jemand mir hat schenken!« Aber er konnte seine Motive kaum darlegen, weil er noch kaum Deutsch sprach. So erging über ihn der Zusammenschiss des Jahrhunderts. Als sie schlussendlich mit ihm fertig war, ließ Frau Birgit ihn ein Dokument unterzeichnen, um zu bestätigen, dass er Kartoffeln im unglaublichen Wert von etwa zwei Euro gestohlen hatte. »Und wenn du nochmal stiehlst«, wütete sie, »dann bekommst du Probleme mit der Polizei!« Natürlich, damals war das dramatisch für ihn und für uns alle. Probleme mit der Polizei können bedeuten, dass du in ein anderes Heim transferiert oder sogar abgeschoben wirst. Aber heute lachen wir vier bei »Dost ha samimi«-Treffen nur mehr darüber. Jaja, der Ali und seine Kartoffeln.

Auch meine Eltern bekamen schließlich Probleme mit Frau Birgit. Zuerst meine Mutter. Das war so: Es gab ja zwei Küchen, eine fürs Erdgeschoss und eine für den ersten Stock. Niemand aus dem Erdgeschoss durfte einfach die Küche oder Küchengeräte aus dem ersten Stock benutzen und umgekehrt. Aber meine Mutter hat sich eines Abends eine Pfanne vom Herd im Erdgeschoss für unser Essen ausgeborgt, weil oben gerade keine da war. Als sie gerade beim Kochen war, stampfte schon Frau Birgit heran. Was meiner Mutter denn einfiele, einfach so eine Pfanne von unten zu nehmen? Frau Birgit hat so ein Chaos gemacht, und meine Mutter konnte sich nicht auf Deutsch rechtfertigen, sodass sie einfach zu weinen begonnen und das gekochte Essen aus Frustration weggeschmissen hat. Okay, da hat vielleicht auch meine Mutter ein klitzekleines bisschen überreagiert.

Sogar mein stiller und friedlicher Vater erlebte nach einigen Monaten einen Zusammenstoß mit Frau Birgit. Mülltrennung war ihr äußerst wichtig. Sie hatte uns das österreichische Mülltrennsystem von Tag eins an eingebläut. Aber einmal hat mein Vater irgendwas in den Restmüll geschmissen, das eigentlich in den Biomüll gehört hätte. Vielleicht eine Bananenschale, ich weiß es nicht mehr. Frau Birgit war in der Nähe und bekam das mit. Sie schnellte hinüber zum Restmüll, schrie meinen Vater an, fischte das Weggeworfene heraus und schleuderte es ihm mitten ins Gesicht. Mein Vater blieb, wie immer, ruhig. Ich weiß nicht, wie man ihn zum Ausrasten bringen kann. Vielleicht, indem man sein Sohn ist und in einer iranischen Moschee einen respektierten Imam auslacht, der sich selbst mit einem Zweig in die Eier schlägt? Jedenfalls stand Majnon, ein Flüchtling mit psychischen Problemen, neben meinem Vater. Er begann auf Farsi zu toben, was Frau Birgit eigentlich einfiele, einem ehrwürdigen alten Mann einfach Müll ins Gesicht zu schmeißen. Mein Vater konnte ihn schließlich beruhigen, bevor die Situation eskalierte. Majnon erzählte mir später: »Ich wollte sie echt schlagen. War mir egal, ob ich ins Gefängnis komme oder abgeschoben werde.« Zum Glück ist damals nichts Ernsteres passiert. Gewalt hilft in der Lage echt niemandem weiter.

Starke Kopfschmerzen. Wieder weg.

Langweilig wurde es also nie. Irgendwas war immer los bei unserer Heimflüchtlingstruppe in Goisern. Oft waren wir Afghanen auch mit den anderen Jungs wie Taher-jan, Sharmaka und Waris draußen und haben mit ein paar Jugendlichen von der evangelischen Jugendgruppe nebenan Fußball gespielt. Vor allem mit Matze und Johannes. Die kamen oft zu Besuch und verbrachten Zeit mit uns. Von »Dost ha samimi« war Youssef am öftesten drüben bei denen, weil er schon in Griechenland zum christlichen Glauben konvertiert war. Hamid wollte das damals nie. Sein höfliches Lächeln war Jahre später der Gruppe zuliebe selten einmal in einem Gottesdienst anwesend, mehr nicht. Mich haben die Gemeinschaftsaktivitäten, abgesehen von Fußball und Deutschlernen, in der Anfangszeit kaum interessiert. Ich war meistens im Zimmer und hab versucht, Wörter und Sätze zu lernen. Oder ich bin durch Bad Goisern spaziert und hab die schöne Winterlandschaft bestaunt.

Aber eines Freitagabends war ich dann doch mit Matze und Johannes und den anderen bei einem Spieleabend ihrer Jugendgruppe gegenüber vom Heim dabei. Das war Ende Februar, glaub ich. Ali und Youssef waren auch dort. Ich hab mich trotzdem erst spät am Abend überwunden, da tatsächlich aufzukreuzen. Hab bis dahin in meinem Zimmer deutsche Vokabeln gelernt. War also mit Abstand der Letzte. Aber du weißt ja, wie man sagt: Das Beste kommt zum Schluss, haha.

Und wenn ich Late-Night-Show-Moderator wäre, dann würde ich die besondere Person, die im nächste Kapitel zu Wort kommt, folgendermaßen ankündigen:

(Ich, Bühne, weit ausgebreitete Arme, ein überzeugtes Grinsen und dem Millionenpublikum zugewandt, welches von meinem glitzernden Anzug an den Pupillen gekitzelt wird.)

»Läidis änd Tschäntelmän! Es ist mir eine besondere Ehre,

heute hier stehen zu dürfen. Denn nun folgt der Moment, auf den Millionen von Zusehern um den gesamten Erdball gewartet haben: Sie ist es – die Einzige! Die Unvergleichliche! Die Frau, die schneller als ihr Schatten spricht! Und vor allem unser heutiger Gast: Einen ohrenbetäubenden Applaus für die Frau meines Lebens: Tabeaaaa Laimeeeeer!«

NOCH 2 KAPITEL
BIS ZUR NÄCHSTEN FLUCHT

Na gut, also, ja ... Februar 2015. Ich war im letzten Jahr meines Linguistik-Bachelors in Salzburg. An den Wochenenden fuhr ich hin und wieder nach Bad Goisern zu meiner Mutter und meiner Schwester nach Hause. Der evangelische Jugendkreis am Freitagabend war schon immer ein Fixpunkt im Ort und auch bei meinen Goisern-Besuchen. Dort traf ich viele Freunde wieder. Damals war ich auch noch im freiwilligen Mitarbeiterteam. Als wir zu Jahresbeginn hörten, dass gegenüber Flüchtlinge einziehen würden, war unser erster Gedanke: Wie können wir sie unterstützen und ihnen zeigen, dass sie willkommen sind? Ihnen zeigen, dass wir ihnen behilflich sein möchten beim Ankommen und Einleben in dieser neuen Welt?

Matze, unser Jugendleiter, pflegte von Anfang an Kontakt mit den Neuankömmlingen und spielte regelmäßig mit den Jungs vor dem Heim gemeinsam Fußball. Meistens waren auch ein paar andere von uns dabei. Viele im Ort packten die Gelegenheit beim Schopf, anscheinend Hilfsbedürftigen etwas Gutes zu tun, und beteiligten sich eifrig. Wir Goiserer brachten ihnen Essen und Kleidung, einige Frauen erklärten sich dazu bereit, mit ihnen Deutsch zu lernen. Als wir nachfragten, wie wir den Jugendlichen darüber hinaus helfen könnten, bemerkten wir schnell: Die Flüchtlinge brauchen Kontakt zur Kultur, zu Österreichern. Deswegen haben wir einen Spieleabend organisiert. Einige von uns betreuten jeweils eine Spielstation. Ich leitete ein Spiel, bei dem man wenig oder nichts lesen oder reden muss – schließlich würden die meisten kein Deutsch sprechen. Wir amüsierten uns köstlich.

Die meisten Jungs vom Heim gegenüber waren gekommen. Sie waren zwischen sechzehn und dreißig Jahre alt. Mädels waren keine dabei. Es gab auch kaum geflüchtete Frauen, im Heim waren nur zwei Mütter von Familien. Jedenfalls schritt der Abend fort, und irgendwann so gegen zehn Uhr tauchte dann noch ein Neuer auf. Wie die anderen hatte er einen braunen Hautton und kurze, schwarze Haare, den Bart abrasiert. Er sah irgendwie modisch gekleidet aus. Er hatte einen langen Damen-Pelzkragenmantel an, der ihm viel zu groß war. Mit seinen abgemagerten Beinen und der kleinen Statur wirkte das ziemlich witzig. Aber er war innerhalb weniger Augenblicke von neugierigen Jugendlichen umringt. Offensichtlich war er der Einzige, mit dem man schon Gespräche auf Deutsch führen konnte. Eine kleine Sensation also. Meine jüngere Schwester Martha und ich sprachen an diesem Abend nicht mit ihm. Ich erfuhr erst später, dass der Nachzügler Elyas hieß und in die Deutschgruppe von Angelika gekommen war.

Die nächsten Wochen verbrachte ich wieder in Salzburg. Mein Bachelorabschluss rückte näher, und ich hatte mich für den kommenden Herbst entschieden, den Master im Fach Literacy in England zu beginnen. Im Laufe des Studiums wollte ich für ein zweijähriges Praktikum nach Tansania fliegen und für einige der dort gesprochenen Sprachen Lesematerial erstellen. Die Trägerorganisation Wycliff empfahl mir, einen Kreis von monatlichen Spendern aufzubauen, die mich bei der Finanzierung der Arbeit in Tansania unterstützen würden. Deshalb fuhr ich im März wieder für ein Wochenende nach Goisern, um für das

Projekt im Kreis von Bekannten und der Pfarrgemeinde Spenden zu sammeln.

Martha hatte in den letzten Wochen oft die Flüchtlinge im Heim und auch Elyas besucht. Sie stellte gemeinsam mit den anderen Gruppentanzabende, gemeinsames Kochen und andere Aktivitäten auf die Beine. An diesem Wochenende wollten Martha, Chrissi und ich einen kleinen Ausflug machen. Und wir luden auch drei Flüchtlinge dazu ein, nämlich die beiden Somalis Ali und Sharmaka und Elyas. Der war während der ganzen Wanderung mit seinem Heft unterwegs, eine Art Vokabelheft. Immer, wenn wir ein für ihn unbekanntes deutsches Wort verwendeten, schrieb Elyas es mit Bleistift sofort in sein Heft und wiederholte es später zeilenlang. Das hat mich echt beeindruckt. Ein Jugendlicher, der immer schreibt und fleißig ist ... Und ja, er war in der Zwischenzeit schon besser gekleidet. Wir haben uns angefreundet, auf Facebook und wenn ich gerade in Goisern war.

Einmal im Jugendkreis, als Elyas mit mir und einigen anderen auf der Couch plauderte, fragte er nach unseren Handynummern. Der Reihe nach speicherte er uns ein, auch mich und eine andere Freundin. Sie lehnte sich zu ihm und spickte auf seinen Bildschirm. Voller Entrüstung rief sie: »Waaaaas?! Warum hast du sie als ›Megasüß-Tabea-jan‹ <3‹ eingespeichert und mich bloß als ›Frau Susanne‹?« Da haben wir vor Lachen losgeprustet. Wie hast du das damals eigentlich gerechtfertigt, Elyas? Gar nicht? Na ja, war jedenfalls ein bisschen peinlich für mich.

Über WhatsApp erzählte mir Elyas dann irgendwann von seinen Problemen mit der Heimbetreuerin. Weil die sehr stark mit der Sprache zusammenzuhängen schienen, wollte ich ihn mit einem afghanischen Übersetzer bekanntmachen, den ich über eine Nachhilfeschülerin kennengelernt hatte. Der Übersetzer hatte außerdem in einem Heim als Betreuer für minderjährige Flüchtlinge gearbeitet und könnte sicherlich vermitteln. Er wohnte in Salzburg, und so lud ich Elyas und Martha ein, mit mir gemeinsam einen Tag in der Stadt zu verbringen und den Übersetzer kennenzulernen. Das war Elyas' erster Ausflug in ein anderes Bundesland. In Salzburg machten wir typisches Touristenprogramm: Mönchsberg, Ritterhöhe, Altstadt. Das Fotomachen mit Elyas war am Anfang extrem lustig. Wenn er eine Kameralinse sah, machte er sofort ein finsteres Gesicht, mit zusammengezogenen Augenbrauen und sehr ernst. So richtig auf Security oder Türsteher. Als wir ihn gefragt haben, warum er so böse dreinschaut, meinte er nur: »Ich darf nicht lachen. Ich bin ein Tschen-tel-män.« Ein Scherzkeks, wie immer. Aber in seiner Kultur ist es wirklich üblich, auf Fotos ernst zu schauen, um Seriosität auszudrücken.

Am Ende haben wir den Übersetzer gar nicht kontaktiert. Elyas wollte seine Hilfe nicht annehmen. Aber es war trotzdem ein schöner Tag für uns.

Bis zu meiner Abreise nach England Ende Juli haben wir uns noch öfter getroffen und etwas unternommen. Schließlich war der Tag da. Zum Flughafen haben mich meine Mutter und Martha gebracht, Elyas war auch dabei. Was ich nicht wusste: Sie hatten eine Überraschung für mich dabei. Eine kleine Kiste voller Abschiedsbriefe von Freunden und Verwandten für mich! Am Flughafen haben sie mir diese regelrechte Schatztruhe übergeben. In dem Moment habe ich mich unglaublich gefreut und war gleichzeitig unglaublich traurig, diese wertvollen Menschen hier zurückzulassen. Ein völliges Gefühlschaos. Ich bin »stark« geblieben und hab nicht geweint. Martha und Mama auch nicht. Aber Elyas ist in Tränen ausgebrochen. Als würde ich für immer weggehen. Mir wurde immer klarer, dass er in mich verliebt war. In den Wochen davor hat er mir das einmal bei einem Spaziergang auch zu sagen versucht. Aber ich habe ihm klargemacht, dass ich ihn nicht auf diese Weise sehe. Schließlich musste ich vernünftig denken: Ich war 22, stand mitten im Leben, ging für längere Zeit ins Ausland. Sollte ich mit einem jüngeren Flüchtling aus einer völlig anderen Kultur zusammenkommen, der gerade erst beginnt, sich ein neues Leben aufzubauen?

Beim Durchsehen der Abschiedsbriefe im Flugzeug kamen mir dann wirklich die Tränen, still und heimlich. Ich dachte: »Warum fliege ich weg? Was mach ich eigentlich?« Und dann las ich den Abschiedsbrief von Elyas. Aber das war gar kein Brief. Überhaupt nicht. Er hatte mir gleich ein ganzes Heft vollgeschrieben! Es bestand aus einer Mischung aus seinem ehrlichen A1/2-Deutsch, Social-Media-Liebessprüchen und vielen, vielen Herzchenstickern. Um den Brief mit seinen Worten zusammenzufassen: Elyas wollte, dass »unsere Liebe Karriere macht«. Die Karriere-machen-Phrase hatte er irgendwo aufgeschnappt und liebgewonnen. Ich musste lächeln, über meine stillen Tränen hinweg. Eine nette Formulierung, inmitten vieler berührender und lieber Worte über seine Gefühle. Und ich bin mir nicht mehr ganz sicher. Aber ich glaube, in diesem Moment, auf diesem Flug, haben auch meine Gefühle begonnen, Karriere zu machen ...

NOCH 1 KAPITEL
BIS ZUR NÄCHSTEN FLUCHT

Hallo Leute, euer Lieblingsausländer übernimmt wieder.

Das war noch Ende Februar 2015 irgendwann. Ich war gerade alleine im Zimmer und hab wieder neue deutsche Wörter aufgeschrieben und trainiert. Da hörte ich am Gang draußen viele Stimmen, die ich nicht kannte. Ich ging raus und schaute mich um. Einige ältere Leute sprachen und scherzten am Gang laut miteinander. Österreicher. Einige Flüchtlinge standen daneben. Ich ging rüber zu ihnen und fragte:»Was ist los? Wer sind diese Leute?« Youssef meinte:»Es wird Deutschkurse geben. Die sind gekommen, weil sie uns Deutsch beibringen wollen.« Ich war überglücklich. Endlich jemand, der sich für uns Zeit nahm, um uns die Sprache beizubringen! Frau Helga von der evangelischen Kirche gegenüber organisierte alles. Sie teilte uns rasch in zwei Gruppen. Eine Gruppe bestand aus denjenigen, die bereits das Alphabet beherrschten. Die andere Gruppe bestand aus denjenigen, die noch Analphabeten waren.

Ich kam in die erste Gruppe. Wir wurden von Frau Angelika unterrichtet. Eine sehr nette Frau und sehr groß, also körperlich, mit von grauen Strähnen durchzogenem, hellbraunem Haar. Sie hat von Anfang an versucht, so langsam und deutlich wie möglich mit uns zu sprechen, damit wir die Wörter und Laute verstehen konnten. Frau Angelika traf sich dreimal in der Woche mit einigen von uns in einem leeren Raum im Flüchtlingsheim.

Sie war sehr engagiert und gut vorbereitet. Sie hatte für uns immer alle Zettel kopiert, damit wir alles selbstständig wiederholen konnten. Nach einigen Wochen bemerkte sie, dass ich schon viel fließender Deutsch sprechen konnte als die anderen in der Gruppe. Deshalb bot Frau Angelika mir an, dass wir uns zusätzlich zweimal pro Woche zur Einzelnachhilfe treffen könnten. Natürlich nahm ich voller Freude an. Während also die anderen Jungs draußen auf Lederbälle eintraten oder im Garten saßen, durfte ich weiterlernen.

Bei Events im Heim, wenn die Österreicher da waren, da war ich schon immer dabei. Also »Events« waren es nicht immer, manchmal nahmen sich halt ein paar von ihnen einen Abend lang Zeit. Dann kamen sie in die Gemeinschaftsküche, auf unseren improvisierten Bazar, und tranken mit uns Kaffee und Tee oder spielten mit uns. So konnte ich viele Kontakte knüpfen und das Deutsch üben, das ich tagein, tagaus in mein Heft kritzelte. Zum Beispiel lernte ich dort Frau Brigitte kennen. Sie war freundlich und kam immer in einer Tracht zu uns. Ihr Anliegen war es nämlich, uns nicht nur Deutsch beizubringen, sondern auch die österreichische Kultur und Tradition. Und ein Wert, den Frau Brigitte uns ganz besonders näherbringen wollte, war Pünktlichkeit. Sie vereinbarte immer wieder Termine mit mir. Dann kam sie ins Heim und wiederholte mit mir, was Frau Angelika mir vorher beigebracht hatte. Ich war natürlich immer da, immer pünktlich, immer brav. Außer einmal. Da hatte ich den Termin vollkommen vergessen. Der Salzburg-Ausflug, von dem Tabea vorhin erzählt hat ...

Bei diesen Kaffeekränzchen am Bazar kam ich auch mit Frau Barbara ins Gespräch. Frau Barbara war Lehrerin an der Polytechnischen Schule in Bad Goisern. Sie gab einigen anderen Flüchtlingen Deutsch-Nachhilfe und war deshalb öfters im

Heim. Und weil sie gehört hatte, wie große Fortschritte ich beim Lernen machte, hatte sie einen Vorschlag. »Möchtest du versuchen, die Polytechnische Schule als außerordentlicher Schüler zu besuchen?« Ich staunte. Was war das für eine Frage? »Natürlich, sehr gerne, Frau Barbara!« Sie sprach mit dem Direktor der Schule, der kein Problem sah. So hatte ich gleich Ende März einen Schnuppertag, an dem mir alle Räumlichkeiten gezeigt wurden. Und in der Woche darauf begann ich, in die Schule zu gehen. Einfach so. Das war für mich etwas Unbekanntes. Ich musste nichts zahlen, das übernahm der Staat für mich. Ich musste keine Angst haben, dass die Polizei jeden Tag die Schule schließen könnte, weil die Schule legal war. Ich hatte keine Schwierigkeiten. Ich konnte einfach wie ein normaler Jugendlicher in der Früh ins Klassenzimmer gehen, mit den anderen scherzen und etwas lernen.

Also, wirklich scherzen konnte ich noch nicht. Die anderen haben in der Pause immer goiserischen Dialekt miteinander gesprochen. Meine Wenigkeit war nämlich der einzige Ausländer in der ganzen Schule. Alle anderen Schülerinnen und Schüler waren in der Gegend aufgewachsen. Ich denke, du kannst dir vorstellen, dass ich kein Wort verstanden habe. Wie denn auch, wenn ich doch gerade erst stockend Hochdeutsch sprach? Aber als Sprachschwamm, der ich eben bin, saugte ich in dieser Zeit rasch mehrere häufige Mundart-Phrasen auf. Auch wenn ich am Anfang nicht mal wusste, was das heißt. Recht bald konnte ich so meiner Entrüstung über eine Aussage angemessen Ausdruck verleihen durch: »Oida, wosch di a wengal!« Oder den gemeinsamen Gang zum nahegelegenen Geschäft mit »Oida, gemma Hofer!« vorschlagen. Und neben dem Scherzen war's auch mit dem Lernen schwer, weil ich mitten im Jahr eingestiegen war. Deshalb hatte ich erstens keinen Schimmer vom Stoff und zweitens keinen Schimmer von den Worten, die die Lehrer vorne von sich gaben.

Doch ich lag unserem Klassenvorstand Frau Schodterer am Herzen. Sie kümmerte sich immer um mich. Sie ist einer der besten Menschen, die ich jemals kennenlernen durfte. Am Anfang hat sie einmal mich und drei andere Klassenkollegen gerufen: Max, Wolfgang und Matthias. Als wir draußen am Gang standen, fragte sie uns: »Hat jemand von euch eine alte Schultasche und Schulsachen, die ihr Elyas schenken könntet?« Sofort meldete sich Max: »Ich bring ihm meine alten Schulsachen gleich morgen mit!« Und am nächsten Tag hat er mir tatsächlich seine große, schöne Schultasche, die er nicht mehr brauchte, geschenkt. Das berührte mich echt. Ich verstand nicht, warum die so freundlich zu mir waren. Ich war doch bloß ein Fremder in der Fremde, so wie im Iran. Warum wollten die mir helfen? Warum lag ich ihnen am Herzen? Ich begann dort am Gang zu weinen. Die anderen waren zuerst überrascht, aber sie wussten, dass es Tränen der Dankbarkeit waren, schätze ich. Mir kommen jetzt noch die Tränen, wenn ich es dir erzähle. Oh Mann. Nein, lieber schnell weitererzählen. Frau Schodterer beruhigte mich und machte ein Foto von uns für das Cover unserer Schulzeitung. Darunter stand so etwas wie »Maximilian schenkt Elyas seine Schultasche, und Elyas bedankt sich bei ihm«.

Da war auch eine nette Nachhilfelehrerin, Frau Sams. Sie war immer schick und modern angezogen und sehr freundlich. In einigen Fächern wie Geschichte, Mathe oder Englisch holte sie mich und zwei Mitschüler mit Lernschwächen aus der Klasse. Dann gingen wir in einen Nebenraum. Den anderen beiden gab sie einfache Übungen zum Ausfüllen oder Geschichten zum Lesen, und mit mir lernte sie Deutsch. Das hat mir sehr geholfen. Ich war Frau Sams deshalb sehr dankbar. Und noch eine lustige

Geschichte. Soll ich sie dir erzählen? Einmal in dieser Nachhilfezeit hat Frau Sams zu mir gesagt: »Elyas, ich finde es toll, wie du dich bei allem bemühst, obwohl du die Sprache nicht kannst. Manche Schüler können die Sprache, haben ein Zuhause und viel mehr Geld, als sie überhaupt sinnvoll ausgeben können. Sie könnten alles lernen, aber sie haben keine Lust darauf.« Dann hab ich sie aus Interesse gefragt: »Wie viel Taschengeld bekommt eigentlich ein Jugendlicher in Österreich normal?«

Sie hat mir dann von einem Jungen aus der Schule erzählt, der jeden Freitag hundert Euro von seinen Eltern bekam. Damit er am Wochenende Party machen und Alkohol trinken konnte. Und diese hundert Euro gab er auch wirklich aus. Das schockierte mich damals richtig. Ich bekam vom Staat im ganzen Monat ungefähr hundert Euro, um damit alles fürs Leben zu kaufen. Zum Glück hatten wir viele Lebensmittelspenden, und ich kaufte alles gemeinsam mit meinen Eltern, was wir sonst noch brauchten. Natürlich war ich sehr dankbar, dass wir von Österreich Geld zum Leben bekamen. Der Iran hat nichts hergegeben. Denen war's egal, ob du stirbst oder lebst. Aber das, was ich im Monat zum Leben bekam, konnte der Typ in zwei Tagen jede Woche nur fürs Saufen ausgeben! Du musst dir vorstellen, wie lange eine Familie in einem anderen Land wie zum Beispiel dem Iran von dem Geld leben könnte, das dieser eine Jugendliche jede Woche zum Feiern ausgibt.

So verging der April wie im Flug. Drei Monate war ich nun schon in Österreich. Ich freute mich, dass sich die anderen Schüler immer mehr für mich interessierten und in den Pausen viel mit mir redeten. Zwar kein Goiserisch, aber das meiste ging schon auf Hochdeutsch. Das war der Grund, diese Leute. Die netten Leute, die mir fast überall in Österreich begegneten, waren der Grund, warum ich immer dankbarer wurde. Ehrlich. Und es spornte mich an, ihre Erwartungen zu erfüllen. Mich noch besser zu integrieren. Noch mehr Freunde zu finden. Noch besser die Sprache und die neuen Schulfächer zu lernen. Zum ersten Mal in meinem Leben begann ich ernsthaft, mich auf die Zukunft zu freuen.

Anfang Mai.

Eine Ankündigung.

Projektwoche! Die Klasse sollte nach Riegersburg fahren, ein Dorf nahe Graz. Dort stand alles Mögliche auf dem Programm, Besichtigungen und Sport und Schwimmen. Mir war natürlich klar, dass ich nicht dabei sein konnte. Erstens kostete die Projektwoche ungefähr 300 Euro – so viel Geld konnten wir uns als Familie nicht leisten – und zweitens: Ich konnte nicht schwimmen und hatte ziemliche Angst davor. Deshalb sagte ich Frau Schodterer, dass ich nicht mitkommen werde: »Aber ich wünsche euch alles Gute und viel Spaß.« Frau Schodterer versuchte noch, mit Frau Birgit im Flüchtlingsheim zu sprechen. Vielleicht könnte die Volkshilfe die Kosten übernehmen, oder zumindest einen Teil. Aber ohne Erfolg. So musste Frau Schodterer der Direktion Bescheid geben, dass ich nicht mitfahren konnte. Als sie das in unserer Klasse bekanntgab, gab es einen großen Tumult. »Was?! Das geht nicht! Dann komme ich auch nicht mit!«, riefen mehrere Jungs entrüstet. Dem pflichtete die ganze Klasse bei. Sie verkündeten, sie würden geschlossen als Klasse daheimbleiben und etwas anderes machen, wenn ich nicht fahren könnte. Alle begannen darüber zu beraten, was nun zu tun wäre. Ich war überwältigt. Ich war doch nur ein Klassenkollege. Nicht mal das wirklich. Ich war ein außerordentlicher Schüler, der mitten im Semester in die Klasse geworfen worden war. Warum gingen sie so weit für mich? Warum waren sie so freundlich zu mir? Ich habe mich noch nie so als Mensch wertgeschätzt gefühlt. Und wenn ich es jetzt erzähle, kommen mir schon wieder die Tränen. Oh Mann.

Das vereinigte Konzil unserer polytechnischen Schülergemeinschaft entschloss sich, zunächst eine Gesandtschaft zum Direktor zu schicken. So stürmten Wolfgang und Matthias und Max los, dann auch Daniel und Leopold und Hannah und Nadina ... okay ... die ganze Klasse klopfte an die Bürotür und verlangte, den Direktor zu sprechen. Sie erklärten ihm:»Wenn Elyas nicht mitkommen kann, werden wir nicht fahren.« Der Direktor war von ihrer Solidarität beeindruckt. Aber auch ihm waren die Hände gebunden. Anscheinend konnte die Schule für mich als außerordentlichen Schüler kein Geld bekommen. Deshalb meinten meine Freunde einfach:»Dann legen wir halt zusammen!« Und wirklich: Meine Mitschüler warfen jeweils etwas von ihrem Ersparten in einen Topf, und die Eltern von Leo bezahlten den Rest. So konnte Frau Schodterer unserem Direktor melden, dass ich doch mitfahren würde. Was für ein Zusammenhalt!

Trotzdem machte ich mir Sorgen: Wie würde es mir wohl gehen, wenn die anderen im See oder im Schwimmbad schwimmen? Ich konnte ja nicht schwimmen, hatte ich nie gelernt. Und die Angst vor dem Wasser, vor dieser Tiefe unter mir wie im Mittelmeer, die ist mir bis heute geblieben. Frau Schodterer machte sich offenbar dieselben Sorgen. Später kam sie auf mich zu und sagte:»Elyas, wenn wir schwimmen gehen, werde ich immer bei dir sein und auf dich aufpassen.« Das war so schön für mich in diesem Moment. Einfach unvorstellbar. Alle meine Sorgen waren wie weggeblasen, und ich konnte die Projektwoche kaum erwarten.

Als es schließlich so weit war, ließen mich die anderen nie allein. Während der Busfahrt versuchten alle, mit mir zu sprechen, damit ich nicht einsam war, und teilten ihre Jause mit mir.

Das taten sie die ganze Woche lang. Es war besonders lustig, mit ihnen gemeinsam in Riegersburg shoppen zu gehen. Auch wenn ich nicht viel gekauft hab. Wir waren dann auch schwimmen, und entweder Frau Schodterer oder Frau Sams blieben wirklich immer bei mir. Ich fühlte klebrig gelbe Österreicherblicke auf meiner Haut brennen, weil ich als junger Mann mit Schwimmweste und Begleitlehrerin herumwatschelte. Ein bisschen schämte ich mich schon. Aber ich war trotzdem glücklich. Wer von denen wusste denn schon von meinem bisherigen Leben oder hatte erfahren und durchlebt, was ich erfahren und erlebt hatte?

Noch was, was ich in Österreich noch nie getan hatte, passierte in dieser Woche: Ich habe Spaghetti gegessen. Wir waren im Schwimmbad essen. Frau Sams fragte mich, was ich gerne bestellen würde. »Ich weiß nicht, ich will nichts Teures, und ich kenne die Gerichte nicht«, meinte ich. »Kein Problem, ich lade dich ein«, antwortete Frau Sams in ihrer freundlichen und zuvorkommenden Art. Dann erklärte mir Frau Schodterer einige Gerichte und empfahl mir dann, einfach Spaghetti zu bestellen. Ist etwas Normales in Österreich. Also, ich kannte Spaghetti schon. Aber bei uns in der Familie haben wir die Nudeln immer nur in kleine Stückchen gebrochen gegessen. So stand ich vor der unmöglichen Aufgabe, diese merkwürdigen fremden Nudeln vom Teller in meinen Mund migrieren zu lassen. Funktionierte natürlich nicht, die sind mir permanent von der Gabel geflüchtet. Ich beobachtete die anderen und versuchte irgendwie mit den Gabelspitzen, die Nudeln zu drehen. Aber ich hatte kaum Erfolg. Es war mir so peinlich. Frau Schodterer gab mir dann den Tipp: »Du musst die Nudeln gegen den Löffel drehen, dann geht's einfacher!« Und tatsächlich: Es funktionierte. Ich glaube, ich hatte noch nie zuvor bei einer Mahlzeit so lange gebraucht, bis ich fertig war. Trotzdem gab ich nicht auf, haha.

Aber voll unlogisch, kurze Nudeln wären doch viel leichter zu essen? Warum isst man so lange Spaghetti in Österreich? So schüttelte ich innerlich den Kopf über dieses Land, wo man Wasser wie Cola trank und Spaghetti nicht in Stückchen aß.

Nach dieser Woche war das Schuljahr fast zu Ende. Die Sommerhitze klopfte sogar im kühlen Goisern an die Klassenfenster und lockte die Schüler in Gedanken schon weit weg von den letzten Schulstunden. Mich beschäftigte stattdessen immer mehr meine Zukunft. Was würde aus mir im Herbst werden? Die letzten Monate hatte ich ja nur wegen der Entscheidungen einiger freundlicher Menschen als außerordentlicher Schüler ohne Noten dabeisitzen dürfen. So trat dieser außerordentliche Schüler mit einer außerordentlichen Bitte auf seinen Klassenvorstand zu: »Frau Schodterer, wäre es möglich, dass ich ab Herbst als normaler Schüler das Poly besuchen darf? Mit Noten?« Sie wusste natürlich, dass ich hier war, weil ich wirklich hier sein wollte, und dass ich dankbar war. Das hatte sie in den letzten Monaten über mich gelernt. So antwortete sie: »Ich kann dir nichts versprechen. Aber ich werde mich bemühen. Schauma mal.«

Über den Sommer hat sie für mich viele Briefe an viele wichtige Leute geschrieben. Und eines Tages wurde ich vom Direktor der Polytechnischen Schule in Goisern zu einem Gespräch eingeladen. Frau Schodterer war auch dabei. Ich war ein wenig nervös. Was sie mir wohl sagen würden? Vielleicht: »Elyas, wir freuen uns, dass du so engagiert bist. Aber du bist ein Flüchtling. Du kannst halt nicht einfach wie ein Österreicher in die Schule gehen, tut uns leid.« Sowas in der Richtung. Schließlich war es im Iran so gewesen, und es würde auch in Österreich wieder so sein:

a) Im Iran war ich sogar geboren worden und durfte nicht zur Schule gehen. Wieso sollte es in Österreich anders sein?

b) Im Iran sprach ich sogar dieselbe Sprache und durfte nicht zur Schule gehen. Wieso sollte es in Österreich anders sein?

c) Im Iran hatte ich sogar den gleichen Gott, denselben Propheten und den Koran, und durfte die Schule nicht besuchen. Wieso sollte es dann in Österreich anders sein?

Der Direktor sah mich an. Wahrscheinlich hatte er noch die Gesandtschaft des vereinigten Konzils unserer polytechnischen Schülergemeinschaft im Kopf, als er zu sprechen begann. »Elyas«, sagte er, »ein Schuljahr kostet für dich 5000 Euro.« Er pausierte. Ich schluckte. Wie erwartet. Keine Überraschung. Das wäre unmöglich. Stell dir das mal vor: Ich bekomme hundert Euro im Monat. Selbst wenn ich nichts davon für mein Leben ausgeben müsste, würde ich fünfzig Monate oder vier Jahre lang alles sparen müssen, um das zu zahlen. Und ich würde nie im Leben jeden Monat alles sparen können. Aber der Direktor fuhr fort. »Der Staat wird diese Kosten übernehmen.«

Als er das sagte, blieb mir der Mund offen stehen. Es kostet so unglaublich viel. Und Österreich zahlt das einfach so für mich? Wo war der Haken? »Aber wenn wir das machen, musst du uns eines versprechen: Du darfst nicht einfach so sagen, ›Ich komme nicht mehr‹. Eigentlich dürftest du mit deinem Alter das Poly nicht mehr machen. Aber sie haben für dich eine Ausnahme gemacht.« Das ist alles? Kein Haken? Natürlich würde ich nicht aufhören, die Schule zu besuchen! Das sagte ich dann auch, und es war mein voller Ernst: »Ich werde die Schule nicht aufhören. Ich werde euch nicht enttäuschen. Ich werde nicht aufgeben.« Ich würde die Chancen ergreifen, die sich mir boten. Und so durfte ich im September wieder das Poly in Goisern besuchen. Diesmal als regulärer Schüler mit normaler Benotung, obwohl ich erst ein halbes Jahr hier war! Wieder Freunde finden und wieder lernen dürfen. Wieder umgeben sein von einigen der unglaublichsten und besten Menschen, die ich jemals kennenlernen durfte: Frau Schodterer als Klassenvorstand, Frau Sams und auch Frau Barbara als Unterstützungslehrerinnen.

Leute, lernt zu schätzen, was ihr in diesem Land alles habt!

WIEDER FLÜCHTEN

Ende August.

Ein Anruf.

Von Hesam.

»Elyas, ich bin jetzt in Österreich. Die Stadt hier heißt Linz. Komm her und hilf mir!«

Überrascht?

Ja. Genau.

Ich auch.

Tolle Begrüßung übrigens, wenn man ein Jahr lang kaum von ihm gehört hat.

»Was?! Egal, erzähl's mir später. Als Erstes gehst du zur Polizei und meldest dich!«, mahnte ich ihn.

»Geht nicht, die nehmen mich nicht«, gab er zurück.

»Was meinst du mit ›die nehmen mich nicht‹? Sicher tun die das!«

»Nein«, antwortete Hesam, »sie haben uns in Traiskirchen weggeschickt und gesagt, wir sollen nach Deutschland gehen. Jetzt hab ich's in Linz nochmal probiert, aber dort wollen sie auch keine Flüchtlinge mehr aufnehmen. Komm jetzt zu mir nach Linz!«

Begeistert war ich nicht, und die Ausgangsregeln im Heim waren vor kurzem strenger geworden. Aber Familie ist alles. Natürlich fährst du nach Linz. Egal ob du von deinem Bruder seit Ewigkeiten nichts mehr gehört hast, egal ob du fahren kannst oder willst oder nicht. Die Familie braucht dich, also hilfst du. Das ist unsere Kultur. Aber mein Problem war: Ich bin noch nie alleine mit dem Zug gefahren in Österreich. Also hab ich Frau Edith angerufen, ob sie mir bei der Zugroute und dem Ticketkauf helfen könnte.

Wer Frau Edith ist? Na Maria na, da hab ich ja was vergessen! Hab ich dir noch nichts von ihr erzählt?! Frau Edith war diejenige, die meine Eltern immer ins Krankenhaus begleitet hat, wenn sie wieder krank waren. Frau Edith war diejenige, die uns von Anfang an mit allen Dokumenten geholfen hat. Frau Edith war diejenige, die angegeben hat, meine Betreuungsperson zu sein. Frau Edith, sie war einfach da. Und übrigens: Frau Edith war die Mutter von Tabea, der megasüßen Erzählerin von vorhin. Sie machte sich jedenfalls gleich Sorgen, als sie vom Projekt »Rettet Hesam« hörte: »Du bist doch noch nie mit dem Zug gefahren! Und die Heimbetreuerin wird auch nicht glücklich sein, wenn du alleine wegfährst!« Ich verstand ihre Argumente, und trotzdem: »Mein Bruder ist in Linz.« Ein paar Sekunden Stille am anderen Ende der Leitung. »Okay. Ich werde dich nach Linz bringen, Elyas. Wir fahren mit dem Auto. Bin gleich da.« Ja, Frau Edith war diejenige, die wie keine andere war.

Wir sind also mit ihrem Auto nach Linz gefahren und haben Hesam beim Bahnhof aufgegabelt. Als Erstes haben wir mit ihm das getan, was jeder echte Ausländer in Österreich tut: Kebab essen. Wir gingen ins Bistro beim Wissensturm gegenüber vom Linzer Hauptbahnhof und tauschten uns dort mampfend aus, erzählten uns, was in den letzten Monaten passiert war. Ach ja: Frau Edith hatte ich davor noch stolz erzählt, dass Hesam sehr gut Englisch sprechen kann. Keine Ahnung, wie ich früher glaubte, dies beurteilen zu können. Natürlich versuchte sie, mit ihm eine Konversation auf Englisch zu führen. Und auf die ersten Fragen gab er auch die richtigen Antworten: »My name is Hesam. I am from Afghanistan. I am twenty-seven years old.« Das Problem war nur seine Antwort auf ihre nächste Frage, wie er nach Österreich gekommen war: »My name is Hesam. I am from Afghanistan. I am twenty-seven years old.« Oder seine Antwort auf ihre Frage, ob ihm der Kebab schmecke: »My name is Hesam. I am from Afghanistan. I am twenty-seven years old.« Um seine Englischkenntnisse also zusammenzufassen: »My name is Hesam. I am from Afghanistan. I am twenty-seven years old.« Tja, zu seiner Verteidigung: Recht viel mehr englische Sprachkunst konnte ich auch noch nicht vorweisen.

Danach sind wir mit ihm gemeinsam zur Polizeistation rüberspaziert und haben abermals versucht, Hesam zu registrieren. Diesmal mit Erfolg. Die Beamten registrierten ihn und teilten ihm mit, dass er ins Aufnahmezentrum nach Bad Kreuzen fahren soll. Frau Edith, diese treue Seele, brachte uns dorthin und blieb während der ganzen Anmeldung bei uns. Spät am Abend fuhren wir zu zweit ohne Hesam zurück nach Goisern. Er wurde einige Tage später auch zu uns nach Goisern gebracht. Meine Eltern freuten sich natürlich sehr, ein weiteres Familienmitglied wieder bei sich zu haben. Langsam schien der Traum meiner Mutter, als vereinte Familie ein neues und sicheres Leben beginnen zu können, näherzurücken.

Bis zu dem Novembertag, als mich Polizeibeamte aus dem Unterricht rissen. Ich weiß es noch genau. Wir hatten gerade Informatik und waren im Computerraum. Plötzlich standen sie vor mir und baten mich mitzukommen. Frau Schodterer war gleich an meiner Seite. Sie postierte sich vor mir und sagte zu den beiden Polizisten: »Wir haben Unterricht. Warum sollte Elyas diesen verlassen müssen?« Das war tapfer. Ich saß in der Zwischenzeit einfach da. Mir wurde nur ein wenig schwindlig, sonst fühlte ich gar nichts. Hatte keine Ahnung, warum nun schon wieder Beamte nach mir suchten. Aber es hieß sicher nichts Gutes. Ob sie mich jetzt abschieben wollen? Ob meine Eltern schon im Gefängnis sitzen und auf mich warten? Es erinnerte mich an diesen Tag vor unendlich langer Zeit oder knapp über einem Jahr, als ich am Bazar in Teheran Pickelgesicht begegnet war. Und dann nach Askarabad geschleppt wurde. Für einen Kaffeeplausch oder einen »Paye Dosti«-Filmabend werden die Beamten jedenfalls nicht hier sein.

Sie nahmen mich mit und brachten mich zum Flüchtlingsheim. Frau Birgit tobte natürlich, warum wegen unserer Familie nun die Polizei hier war. Nicht hilfreich. Im Zimmer warteten meine Eltern und Hesam. Und noch zwei Beamte von Interpol, der internationalen Polizei. Mein Bruder hatte jegliche Farbe im Gesicht verloren und lehnte am Schrank. Und meine Mutter hatte unglaubliche Angst, sie zitterte. Sogar meinem Vater stand die Nervosität deutlich ins Gesicht geschrieben. Einer der beiden Interpol-Beamten wandte sich mir zu und begann, mir die Lage mit folgenden Worten zu erklären: »Der Bruder der Freundin Ihres Bruders Edris ist vor kurzem in Deutschland untergetaucht und hat geschworen, Ihre Familie zu töten.«

Na sowas.

Es fängt wieder an.

Toll.

Hierzu eine kurze Vorgeschichte: Mein Bruder Edris, der einige Zeit vor uns in die Schweiz geflüchtet war, war mit einem Mädchen zusammen. Sie hieß Somaye, war ebenfalls Afghanin und lebte mit ihrem Vater und ihrem Bruder in Deutschland. Sie führten eine geheime Fernbeziehung. Edris hatte mir einige Wochen davor von Somaye erzählt. Mein Bruder war Hals über Kopf in sie verliebt und hoffte, sie könnte seine zukünftige Frau werden. Er hatte ihr meine Nummer gegeben und wollte, dass Somaye mich anruft und wir reden, damit ich sie ein bisschen kennenlernen konnte. Warum nicht? Also haben wir miteinander telefoniert und ein bisschen über dies und das gesprochen. Smalltalk halt. Nach einer halben Stunde war das Telefonat wieder vorbei. Später, ein paar Tage vor dem Interpol-Vorfall, hatten wir erfahren, dass Somayes Vater und Bruder nicht mit der Beziehung zu Edris einverstanden waren und von ihr verlangt hatten, den Kontakt abzubrechen. Was wir noch nicht wussten: Sie war danach von zu Hause weggelaufen und hatte sich Richtung Schweden aufgemacht. Sie weigerte sich, zu ihrer Familie zurückzukehren.

Ihre Familie war daraufhin zur Polizei gegangen. Sie gaben an, dass Edris Somaye entführt und sie bei unserer Familie in Bad Goisern versteckt hatte. Sie wollten uns Probleme machen. Aber ihrem Bruder war dies noch zu wenig erschienen. Für ihn war es sicher, dass wir als Familie Somaye dazu angestachelt hatten. Er schimpfte und verfluchte unsere Familie und schwor, uns zur Rechenschaft zu ziehen. Dann ist er spurlos verschwunden. In der afghanischen Kultur ist es nämlich eine unvergleichliche Schande, wenn ein unverheiratetes Mädchen von zu Hause wegläuft. Deshalb hatten sogar meine Eltern, obwohl sie moderner sind, damals bei der Entführung meiner Schwester Mahbobeh zuerst noch einen Tag gewartet, bevor sie ihr Verschwinden doch öffentlich machten. Warum wird es als eine Schande angesehen? Ein gutes Mädchen läuft halt nicht einfach weg. Ein Mädchen ... ein Mädchen wird dann als Schlampe und Hure angesehen, weil sie irgendwo und anzunehmenderweise mit irgendwem schläft. Das ist eines der schlimmsten Dinge, was eine Frau in dieser Kultur tun kann. Das wird verhindert, notfalls mit Gewalt. Ja, wie gesagt: afghanische Ehrkultur, anders als Österreich, kannst und darfst du gerne kritisieren, ist aber leider so.

Da eine unmittelbare Gefahr für unser Leben vorlag, hatten die deutschen Beamten Interpol eingeschaltet. Aber sie mussten in diesem Zusammenhang auch der Behauptung nachgehen, dass wir Somaye versteckt hätten. Deshalb durchsuchten sie unser Zimmer und das Flüchtlingsheim nach ihr. Aber als sie uns und mich diesbezüglich befragten, hatte ich ein merkwürdiges Gefühl. Genauer genommen fehlte ein Gefühl, und das war das Merkwürdige daran. Ich hatte keine Angst. Ich stand von Angesicht zu Angesicht einem Polizeibeamten gegenüber und hatte keine Angst vor ihm. Denn ich wusste, dass diese Polizei mit uns nicht willkürlich verfahren, sondern uns beschützen würde. Ich sprach ehrlich und normal mit den Beamten. Okay, als sie uns zum x-ten Mal mit verschiedenem Wortlaut fragten, ob oder wo wir Somaye versteckt hatten, war in meiner Antwort vielleeeeeicht schon ein etwas zynischer Unterton: »Ihr seht, dass wir ein kleines Zimmer in einem kleinen Flüchtlingsheim haben. Vielleicht ist sie in unserem Schrank? Unter der Matratze? Im Bad? Nein? Wenn sie dort nicht ist, dann wisst ihr die Antwort auf die Frage. Und außerdem: Wie sollten wir mit unserer weißen Asylanten-Karte so schnell in ein anderes Land hin und zurück gelangen und jemanden entführen?« Die Interpol-Beamten warfen einander einen zweifelnden Blick zu. Also frech war ich ja schon, das darf man so sagen. Sie schlossen die Befragung nach diesen Worten endlich ab und stellten fest, wir hätten allem Anschein nach nichts mit der Entführung zu tun. Die Situation hinsichtlich des untergetauchten Bruders bleibe allerdings hochgefährlich, sie würden morgen in der Früh wiederkommen. Viel schlafen konnte in dieser Nacht keiner von uns.

Der nächste Tag, die nächste Hiobsbotschaft.

Die war für mich der Weltuntergang. Wir erfuhren von den beiden Interpol-Beamten, dass wir alles, was wir uns hier aufgebaut hatten, zurücklassen mussten. Wir erhielten noch Zeit, um das Notwendigste zu packen, bevor wir tags darauf zu unserem Schutz an einen anderen Ort gebracht werden würden. Wieder flüchten.

WIEDER FLÜCHTEN, VERDAMMT NOCHMAL.
WIEDER FLÜCHTEN, VERDAMMT NOCHMAL.
WIEDER FLÜCHTEN, VERDAMMT NOCHMAL.
WIEDER FLÜCHTEN, VERDAMMT NOCHMAL.
WIEDER FLÜCHTEN, VERDAMMT NOCHMAL.
WIEDER FLÜCHTEN, VERDAMMT NOCHMAL.
WIEDER FLÜCHTEN, VERDAMMT NOCHMAL.
WIEDER FLÜCHTEN, VERDAMMT NOCHMAL.
WIEDER FLÜCHTEN, VERDAMMT NOCHMAL.
WIEDER FLÜCHTEN, VERDAMMT NOCHMAL.
WIEDER FLÜCHTEN, VERDAMMT NOCHMAL.
WIEDER FLÜCHTEN, VERDAMMT NOCHMAL.
WIEDER FLÜCHTEN, VERDAMMT NOCHMAL.
WIEDER FLÜCHTEN, VERDAMMT NOCHMAL.
WIEDER FLÜCHTEN, VERDAMMT NOCHMAL.
WIEDER FLÜCHTEN, VERDAMMT NOCHMAL.
WIEDER FLÜCHTEN, VERDAMMT NOCHMAL.
WIEDER FLÜCHTEN, VERDAMMT NOCHMAL.
WIEDER FLÜCHTEN, VERDAMMT NOCHMAL.
WIEDER FLÜCHTEN, VERDAMMT NOCHMAL.
WIEDER FLÜCHTEN, VERDAMMT NOCHMAL.
WIEDER FLÜCHTEN, VERDAMMT NOCHMAL.
WIEDER FLÜCHTEN, VERDAMMT NOCHMAL.
WIEDER FLÜCHTEN, VERDAMMT NOCHMAL.

WIEDER FLÜCHTEN, VERDAMMT NOCHMAL.
WIEDER FLÜCHTEN, VERDAMMT NOCHMAL.
WIEDER FLÜCHTEN, VERDAMMT NOCHMAL.
WIEDER FLÜCHTEN, VERDAMMT NOCHMAL.

Als ich das erfuhr, brach für mich innerlich alles auseinander. Unser Zuhause Bad Goisern. Unsere neu gewonnenen Freunde. Die Schule und alle Kontakte. Wir mussten sofort alles zurücklassen und umziehen. Wohin? Wurde uns nicht gesagt. Sogar unsere Facebook-Accounts und unsere Fotos im Internet mussten wir, soweit möglich, löschen. Niemand sollte einen Hinweis darauf finden können, wo wir gewohnt hatten oder wo wir wohnen würden. Wie damals. Wie im Iran. Wieder flüchten, verdammt nochmal. Wieder alle Kontakte verlieren. Besonders der Bruder oder seine Familie sollten nichts in Erfahrung bringen können, damit sie uns nicht finden und töten. Würde das immer so weitergehen, mein ganzes Leben lang? Würde ich immer dieses Flüchtlingskind bleiben? Born to flee? Und das alles, weil hunderte Kilometer entfernt irgendeine Afghanin, die wir noch nie gesehen hatten, vor ihrer Familie weggelaufen war. Weil irgendein Arschloch uns wieder mal töten wollte. Well, sorry for being alive!

Das war einer der schlimmsten Momente in meinem Leben. Schlimmer als viele Gefahren auf der Flucht. Du denkst, ich übertreibe? Ich kann dir sagen, warum. Ich war noch nie so dankbar für alles in meinem Leben gewesen wie in diesen ersten Monaten in Österreich, in Goisern. Manchmal weiß man gar nicht, was man hat, wenn man in so einer Kultur aufwächst, wenn man sie als selbstverständlich betrachtet und keine andere von innen kennt. Ich war noch nie so dankbar für die Menschen in meinem Umfeld, für treue Bekannte, für neue Freunde. Ich war noch nie so dankbar für meine Ausbildung, für mein Leben, für alles gewesen. Und ich hatte noch nie, niemals einen Menschen, an dem mein Herz so sehr hing wie an Tabea, deren Heimatort und deren Familie ich nun hinter mir lassen musste laut Polizei. Wegen dieser Psychos. Schon damals war es so, schon damals dachte ich das Folgende. Aber wenn ich jetzt auf diese Situation zurückblicke, kann ich es kaum noch nachvollziehen: Deine Schwester läuft von zu Hause, läuft vor dir weg. Was ist der logische erste Schritt? Natürlich! Zu schwören, die Familie ihres Fernbeziehungs-Freundes zu töten. Was denn sonst bitte?! Waahh! Diese extremistischen Traditionen, diese afghanische Ehrkultur, immer mehr erkannte ich, wie sehr diese Dinge bloß Fesseln der Unterdrückung für uns darin lebende Menschen sind.

Am nächsten Tag gleich in der Früh stiegen wir ins Auto.

Meine Scheißlaune: 0/10.

Mein Scheißleben: 0/10.

Absolut alles: 0/10.

Frau Edith startete den Motor. Wir fuhren los. Raus aus Goisern, raus aus dem Salzkammergut. Raus aus Freundschaften, raus aus der Schule, raus aus dem Leben. Und wohin? Zu irgendeiner Adresse, die die Polizisten Frau Edith erst bei der Abfahrt gegeben hatten. Eigentlich auch egal, wo das nun genau war. Wir fuhren etwa drei Stunden über Landstraßen, Autobahn, wieder Landstraßen. Wir fuhren vorbei an Bergen, Hügeln, Feldern, dann wieder Hügel. Wir fuhren weg, weg, weg. Ein Stück außerhalb einer kleinen Stadt hielten wir vor einer Art Haus an. Es stand neben einem Bauernhof. Sah aus, als würde es gleich zusammenbrechen. Als ich die Autotür öffnete, stank es nach Kuhscheiße. Stank es nach meiner Laune. Wahrscheinlich war das direkt neben uns ein Kuhstall. Leppersdorf, so sagte man uns, hieß die kleine Ortschaft, in der wir ab jetzt unser Dasein fristen sollten.

Im Haus war es ähnlich dreckig wie draußen. Müll lag herum, und es war allgemein unordentlich. Dieses Heim hättest du sehen müssen. Mittlerweile ist es schon geschlossen worden. Der Leiter des Heims war das Gegenteil von Frau Birgit. Er scherte sich um gar nichts. Mülltrennung? Kein Problem. Gab's nämlich keine. Streit mit dem Heimleiter? Gab's wenig. Wenn du ihn was gefragt hast, hat er immer gesagt: »Passt, machen wir«, aber es ist nie etwas gemacht worden. Auch die allgemeine Stimmung in diesem Heim war anders als in Goisern. Das konnte man vom ersten Tag an spüren. Jedenfalls wurde uns unser Zimmer zugewiesen. Danach war unser Betreuer schnell wieder in sein Büro geflüchtet.

In Goisern war immer was los gewesen. Hier kamen selten Österreicher zu Besuch. Vielleicht jede halbe Ewigkeit mal eine Gruppe, die uns als unfreiwilliges Prestigeziel missbrauchte. Die kamen dann bei Schönwetter, machten ein paar sonnig-lächelnde Pressefotos, fuhren wieder. Aber niemand, der öfter vorbeischaute und mit uns Fußball spielte. Niemand, der uns fragte, ob wir Deutsch lernen möchten. Niemand, der zu uns auf den improvisierten Bazar kam und mit uns Karten spielte oder Tee trank oder quatschte. Wir hatten nicht mal einen improvisierten Bazar in Leppersdorf. Und niemand, der uns als Freunde statt als Flüchtlingsmaterial betrachtete. Da merkte ich erst, was Frau Birgit mit ihrem Engagement für einen Unterschied gemacht hatte in unseren Leben. Auch wenn wir permanent mit ihr gestritten haben.

Die Heimbewohner selbst schotteten sich viel mehr in kleine, segregierte Gruppierungen ab, als ich es von Goisern gewohnt war. Die größte Gruppe waren die Afghanen. Aber auch diese Gruppe war in sich kaum aktiv. Hesam versuchte, dort Freunde zu finden, und war öfter bei ihnen. Aber ich hatte da kein Interesse daran. In fleischgewordener Hoffnungslosigkeit gammelten sie durch den fortschreitenden Herbst. Meistens trafen sie sich in einem der Zimmer. Dort lagen sie dann herum, spielten gelegentlich Kartenspiele und rauchten Shisha. Das war ihr Leben. Das war alles. Sonst geschah einfach nichts.

Einmal gab es einen Konflikt zwischen zwei Iranern und einem Afghanen. Das kam dort öfter vor. Die Langeweile wirkte wie Benzin für ethnische Konflikte. Jeder war permanent gereizt. Schon wegen Kleinigkeiten konnte eine Meinungsverschiedenheit zu einer Schlägerei eskalieren. Und das war auch hier der Fall. Die Iraner haben den Afghanen zusammengeschlagen und ihm die Nase gebrochen. Wie immer hat der Leiter die Parteien einfach geschimpft und auseinandergetrieben. Es gab keine wirklichen Konsequenzen, weder für die Gesamtsituation im Heim noch für die Prügelnden, wobei Letztere nur ein Symptom von Ersterem waren. Scherte den Heimleiter halt nicht. Scherte niemanden.

Meine beiden Hoffnungsschimmer in diesen Tagen hießen Tabea und Frau Edith. Entgegen der Interpol-Anordnungen hatte ich den Kontakt mit ihnen nicht abgebrochen. Sonst wäre ich echt kaputtgegangen. Frau Edith telefonierte jeden Tag mit mir. Sie brachte mir weiter Deutsch bei, alles übers Handy. Sie war so unglaublich freundlich und geduldig und nahm sich viel Zeit für mich, damit ich alles wirklich verstehen konnte. Ich war ihr so dankbar. Und mit Tabea habe ich auch öfters telefoniert, stundenlang, spätabends. Sie war weiterhin in England, aber über WhatsApp und Internetanrufe hatten wir im Sommer engen Kontakt gehalten. Ich hatte solche Angst, und mein letzter Anker in dieser Zeit war sie. Ich hatte solche Angst und fürchtete mich unglaublich. Ich fürchtete mich davor, auf ewig ein Flüchtlingskind bleiben zu müssen. Mein ganzes Leben lang dieses Flüchtlingskind zu sein. Ich fühlte mich klein, hilflos, verloren. Aufgegeben. Würde es so weitergehen? Immer umsiedeln müssen? Entweder weil dich jemand wegen einer vermeintlichen Ehrverletzung töten möchte? Oder weil dein Heim geschlossen wird? Oder weil sich die Regierung ändert und du plötzlich abgeschoben wirst? Würde das mein Leben sein? Würde es für meine Eltern und mich immer so weitergehen? Würde mir meine mühsam zusammengezimmerte Existenz gestohlen werden, immer und immer wieder, wie Sand zwischen den Fingern zerrinnen? War es schließlich doch einerlei, ob ich im Iran oder in Österreich lebte? War es schließlich doch dasselbe, ob ich nun im Iran oder in Österreich elendig verreckte? Schert halt niemanden.

Die Christen hier sprachen immer davon, dass Gott uns Menschen liebe. Das hatten sie jedenfalls in ihren Gottesdiensten gesagt, egal ob im evangelischen, im katholischen oder im freikirchlichen. Auch Tabea sagte das beim Telefonieren. Dass Gott wie ein Vater für uns sei. Dass Gott immer bei uns sei. Dass Gott, dass er sich um uns schere. Religiös war ich nie gewesen. Wir waren schließlich eine moderne, muslimische Familie. Meinen Glauben hätte man gut mit dem Wörtchen »halt« charakterisieren können. Bin halt in die Koranschule gegangen, weil sich das so gehört. Bin halt den Traditionen gefolgt, weil die Kultur das gebot. Hab halt am Mittelmeer die Sure mitgebetet, weil mein Leben zu enden schien. Ich hatte diesen »halt«-Glauben, diese »ist eben so«-Religion. Ich glaubte halt, was ich glaubte, wegen dieses ersten Zufalls meines Lebens, weil ich halt in diesem Hinterzimmer in Teheran geboren worden war. Kennst du das? Vielleicht ist dir nicht der Islam, sondern halt Atheismus oder Christentum oder irgendwas dazwischen in die Wiege gelegt worden.

Aber dieser »halt«-Glaube war bisher kein Halt für mich

gewesen. War Gott denn ein Halt, als Mahbobeh verschleppt wurde? War er auch da ein Vater? War Gott denn ein Halt, als ich in Askarabad in den Keller gepfercht wurde? War er auch da immer bei mir? War Gott ein Halt, hatte er Einhalt geboten, als uns die geldgierigen Schlepper aufs Mittelmeer hinausschickten? Hat er sich auch da um uns geschert? Und wo war Gott denn ein Halt für Mariam, wo war er für sie ein Halt? Für ein fünfjähriges Mädchen, das sich als Straßenverkäuferin um ihre Eltern kümmern musste? Für ein fünfjähriges Mädchen mit einem so kaputten Leben, dass sie einfach nur mehr mit ihren Luftballons wegfliegen wollte, weg, weg, weg? Schert das Gott nicht? Schert halt verdammt nochmal niemanden. Schert's dich? Ach, passt schon. Musst du nicht beantworten. Ist halt zu persönlich.

Aber ich wollte Halt. Brauchte Halt. Musste Halt finden. Zweifel. War das möglich? War es wahr? Könnte es sein, dass er sich um mich schert? Hoffnung. Ich wollte Gott als Halt erleben. Brauchte es. Musste Gott als Halt erleben. Mein Leben war zu schwer für mich allein. Das Leben meiner Eltern war zu schwer für mich allein. Eine tonnenschwere Verantwortung schien mir die letzte Luft aus den Lungen zu pressen.

Und so tat ich es, und zwar nicht nur »halt«. Ich betete zum ersten Mal in meinem Leben bewusst zu diesem Halt, zu diesem Gott. Zu diesem Jesus. Ohne nur immer wieder dieselben vorgefertigten Texte nachzuplappern. Ohne auf die exakt richtige Aussprache achten zu müssen. Ohne dass ich für ein falsches Wort geschlagen wurde. Ich betete aus meiner eigenen, freien Entscheidung heraus.

Sprach ehrlich,
ließ Frust und Sehnsüchten freien Lauf,
legte alles vor ihn hin.

Bat ihn um Vergebung,
bat um Heilung, um Freiheit.
Ich bat ihn um Frieden.
Und es geschah.
Frieden zog in mein Herz ein.

NOCH 6 KAPITEL
BIS »BORN TO BE«

4. Dezember: Megasüß-Tabea-jan <3 war wieder daaa!
Ich war so glücklich. Ich war so glücklich.
Ich war so glücklich. Ich war überglücklich.
Ich war so glücklich. Ich war so glücklich.
Ich war so glücklich. Ich war so glücklich.
Ich war sehr glücklich. Ich war so glücklich.
Ich war so glücklich. Ich war so glücklich.
Ich war so glücklich. Ich war so glücklich.
Ich war so glücklich. Ich war echt glücklich.
Wette, du hast grad gesucht, ob alle Zeilen gleich glücklich
sind. Hah, ich kenne meinen Lieblingsleser doch! Ja, genau dich!
Wir verbringen ja schon fast 200 Seiten zusammen, kennen uns
schon eine Zeit lang. Dabei rede ich die ganze Zeit, und du bist
immer still. Sag mal was! Hey: Wie heißt du eigentlich?

Also, jedenfalls hab ich Tabea nach Linz eingeladen. Ich
konnte ja nicht zu ihr fahren. Seit Interpol war Goisern potenzielle »Bei Allah, ich stech dich ab, du Hurensohn!«-Zone für mich.
Wär ungefähr so, wie mit einem Schlauchboot bei Nacht und
Sturm aufs Mittelmeer rauszubenzinmotoren. Nicht gesund-
heitsfördernd. Tabea würde jedenfalls bis 15. Jänner in Österreich sein, um dann für zwei Jahre unser gelobtes Land Richtung
Tansania für ihr Master-Projekt zu verlassen. Da sie seit Ewigkeiten nicht mit dem Auto gefahren war, kam ihre Mutter mit

nach Linz. Okay, erstmal dazu: Du denkst, eine Mutter sei doch der klassische Date-Sprenger? Keineswegs. Mann muss Gelegenheiten nutzen. Alles zu seinem Vorteil wenden. Checkst du? Frau Edith war somit ohne ihr Wissen der Top-Wingman 2015. Oder Wingwoman. Gendern ist wichtig.

Sie parkten nahe der Donaulände, und Frau Edith lockte Tabea weg vom Auto hin zu unserem Treffpunkt, wo ich sie erwarten würde. Was Tabea nicht wusste: Der Kofferraum des Autos war voll mit Geschenken und aufgeblasenen Luftballons. So als »Willkommen in Österreich« für Tabea. Die Planung war von mir, die Ausführung hatte Frau Edith übernommen. Ich durfte ja nicht nach Goisern. Die Geschenke hatte ich mit Volkshilfe-Gutscheinen gekauft. Weil die hundert Euro im Monat zu wenig für alles Zeugs zum Leben waren, bekamen wir hin und wieder Kleidungscoupons. Deichmann, NKD, sowas. Aber mir war es wichtiger, damit etwas für Tabea zu besorgen. Als der dunkelhäutige, potenzielle Dschihadist Elyas J. und seine Komplizin das Bombengeschenk im Zielobjekt platziert hatten, lockten sie das Zielsubjekt zur Donaulände.

Dort begann sich mein diabolisch-kalkulierter Plan in seiner ganzen Pracht zu entfalten. »Ach, oje«, rief Top-Wingwoman 2015 unauffällig, »jetzt hab ich tatsächlich, äh, meine Handtasche im Auto vergessen! Äh, könntet ihr noch schnell gehen und, äh, sie holen?« Frau Edith war unglaublich nervös. Sie war noch nie gut darin gewesen, Überraschungen für sich zu behalten. Die Vorfreude in Frau Edith wächst wie ein sich schnell aufblasender Luftballon, der eher früher als später platzen wird. Tabea ahnte natürlich schon, dass etwas im Busch war. Aber sie folgte der Bitte ihrer Mutter. So ging die brave Tochter ein paar Meter mit mir zurück zum Auto. Wie ein Lamm zur Schlachtbank. Ein Zahnrad griff ins andere. Und mein geniales Vorhaben begann sich zu verwirklichen. Muhahaha(mmed). Wie halt dunkelhäutige, potenzielle Dschihadisten lachen. Ich hatte eine grüne Jacke an. Romantische Regentropfen tropften. Und im Hinterland von Herat fiel gerade ein Sack Safran um. Alles wie geplant. Elyas J. kicherte hämisch in sich hinein, während sein unschuldiges Opfer nichtsahnend auf das Fahrzeug zusteuerte. Sie kam am Auto an. Sie umrundete es. Sie bewegte die Hand zum Kofferraum. Sie bewegte sie etwas näher zum Kofferraum. Noch etwas näher, näher – warte, ich baue Spannung auf! –, ihre Hand erreichte den Kofferraumgriff. Sie wartete für den Bruchteil einer Sekunde. Sie zog den Griff hoch. Klick.

»Maaah, sooo viele Ballons!«, rief Tabeas wunderschöner Mund, der sich angesichts der luftgefüllten Latexkugeln staunend verformte. Sie kullerten aus dem Kofferraum, gegen ihre langen Jeans, runter auf ihre Converse, wieder in die Luft, gegen die Stoßstange und auf den Asphalt. Rot, grün, blau, gelb, orange, pink. Sie kullerten über den Gehsteig und den Radfahrstreifen. Glücklicherweise musste an diesem Tag kein Radler sein Leben bei einem diesbezüglichen Unfall lassen. Stelle ich mir jedenfalls als einen schönen Todesgrund vor. Alle stehen dann an deinem Grab, weinend, schluchzend. Obwohl im dunkelgrauen Basaltstein »Durch einen Luftballon unversehens aus dem Leben gepustet« eingeritzt ist. Wer kann denn bei so einem Todesgrund depressiv sein? Wie es wohl Mariam gerade ging? Ob sie mit ihren Ballons schon weg, weg, weggeflogen war? Mein Tattoo von ihr auf der rechten Wade pochte.

Tabeas Augen leuchteten. Sie umarmte mich und rief: »Das ist die tollste Überraschung, danke dir, Elyas!«

Sie freute sich. Ich freute mich. Frau Edith freute sich. Das kleine, fremde Mädchenbaby im Kinderwagen am Gehsteig neben uns freute sich. Sie lächelte herzzersetzend. Ich drückte ihr einen orangen Luftballon in die Hand. Das Lächeln des kleinen Mädchens verschwand, wurde feierlich ernst, sie nickte mir zu. Ich zögerte nicht, beeilte mich natürlich, zurückzunicken. Hatten wir gerade einen Deal abgeschlossen? Die Chance wollte ich jedenfalls prompt nutzen. Nur der Vertragsinhalt war mir noch nicht klar. Stellte mir jedenfalls vor, dass sie Mariam hieß. Ob sie noch am Leben war? Oder nach Afghanistan abgeschoben worden war? Ich konnte die Vergangenheit nicht hinter mir lassen, kann ich auch heute nicht, werde ich wahrscheinlich nie. Meine junge Vertragspartnerin und ihre mütterliche Anschubsperson setzten sich wieder in Bewegung. Sie rollten weg, weg, weg. Die würde sicher mal Juristin werden. Oder Mafiaboss.

Wir gingen zurück zur Donaulände. Schlenderten ein bisschen den Weg nordostwärts, am Brucknerhaus vorbei, dann zurück. Redeten nur wenig miteinander. Hätte ich sie an dem Tag geküsst, wäre mir das zu sehr wie ein Kamelhandel vorgekommen. So nach dem Motto: Überraschung und Geschenke gegen Kuss. Das wollte ich keinesfalls. Verstehst du? Top-Wingwoman 2015 ließ uns jedenfalls zu zweit weiterspazieren, um nicht zum Date-Sprenger zu werden. Eigentlich weiß ich bis heute nicht, ob Frau Edith damals schon etwas ahnte. Musste sie ja fast, oder? Schätze mal, nachdem das Buch veröffentlicht worden ist, wird sie mir die Frage beim nächsten Besuch in Goisern beantworten. Frau Edith, du bist die Besteee! Wenn du dreißig Jahre jünger wärst, hätte ich dich geheirateeet! Oh, hätt' ich das jetzt besser nicht laut schreiben sollen, oder? Themenwechsel.

Neue Woche. Neues Glück. Neuer Spaziergang.

Tabea besuchte mich kurz vor Weihnachten in Leppersdorf. Na ja, ihr wisst ja, wie es heißt: Die Liebe ist wie der Tau, sie fällt auf Rosen und Kuhfladen. Oder vielleicht wisst ihr das nicht. Egal. Ich hab den Spruch auch nur bei Google gefunden. War passend. Außer die Rosen, die hatten wir in Leppersdorf nicht. Dafür war Tabeas Jacke herzchenfarbig. Wir romantischten uns den Waldpfad entlang und sprachen über alles Mögliche. Ihre Zeit in England, meine Zeit in Österreich. Ihre Lippen bewegten sich rot, formten attraktive Worte. Da hielt ich den richtigen Moment für gekommen. Im Nachhinein kann ich nicht genau sagen, warum. Aber es fühlte sich einfach richtig an.

Wenn du mich um Rat fragen würdest, dann würde ich es dir als ein Knistern beschreiben, elektrisch. Vielleicht so, wie du plötzlich die Starkstromleitungen über den Schienen in Mazedonien knistern hörst, mitten auf der Brücke. Da muss man halt schnell reagieren, egal ob bei Güterzügen oder in der Liebe. Also fragte ich sie: »Können wir uns küssen?«

Sie war natürlich ganz und gar von der romantischen Stimmung an diesem Tag dahingeschmolzen, als sie antwortete: »Nein.«

Autsch. Das war der Güterzug. Na ja, die Luft lesen konnte ich halt schon immer.

Wir gingen den Weg entlang und redeten über uns. Dass sie mich weiterhin als guten Freund sehe, aber nicht mehr. Und dass sich gute Freunde doch nicht einfach so küssen würden, dürften. So sprachen wir noch eine Zeit lang. Eigentlich sprach Tabea, ich ausländerte bloß, die deutschen Vokabeln flüchteten reihenweise aus meinem Kopf. Vielleicht waren wir so weit nach Osten spaziert, dass von hier schon alle Vokabeln in den Westen migrieren wollten? Blöde Migrantenwörter. Ich sollte dagegen besser mal einen Zaun mit Stacheldraht bauen, dass die nicht flüchten können. Ja, löst das Problem bestimmt, hat es schon immer, wird es auch immer. Ich probierte jedenfalls das einzig Vernünftige, was du tun kannst, wenn dir ein Mädchen sagt, dass du sie nicht küssen sollst. Genau: Ich versuchte, sie zu küssen. Ich setzte dazu an, mich in ihre Richtung zu lehnen, und spitzte meine Lippen. Sie war einen Moment verwirrt, zögerte und wich zurück. Aber nur ein bisschen. Und ein bisschen zu spät, als dass sie das »Nein« von vorhin vollends ernst gemeint haben könnte. Nun war ich einen Moment lang verwirrt. Sie war auch noch verwirrt. Wir schauten uns gegenseitig verwirrt an.

Ich lehnte mich wieder zurück, entschuldigte mich mit Verzögerung. Beteuerte, ich würde nie im Leben etwas tun, was sie nicht will. Tabea schien nicht verärgert. Wir spazierten zurück Richtung Heim und verbrachten noch einen entspannten Nachmittag. Später hat mir Tabea dann geschrieben, dass sie sich über meine Entschuldigung gefreut hat. Und dass sie nun weiß, dass sie mir vertrauen kann. Tja, liebe Herren der Schöpfung, ein paar Plätze in meinem Ausländer-Flirtkurs wären noch frei.

Am 23. Dezember feierten wir Weihnachten. Frau Edith, Martha und Tabea fuhren von Goisern rauf zu uns Jamalzadehs nach Leppersdorf. Mit einfachen Mitteln haben wir unser wunderschönes und erstes Weihnachtsfest erlebt: mit Kerzenanzünden und Liedern und so. War schon ganz respektabel. Wir gaben einander auch Geschenke. Die Weihnachtsdeko hatte unsere Familie übernommen. Genauer gesagt meine Wenigkeit. Ich liebe Deko und Dekorieren und Dekoration. Wenn's ums Farbenabstimmen und die Atmosphäre und Design geht, bin ich ganz Feuer und Flamme. Letztes Weihnachten, 2014, hatte ich nur meine halbverpackte Stacheldrahtrolle und altes Heu zur Verfügung. Letztes Weihnachten, das klang schon wie eine andere Welt. Letztes Weihnachten, da hatte ich nicht mal gewusst, wann Weihnachten ist. Damals, in dieser Scheune im Norden Griechenlands. Baby ist dort zwar keines geboren worden. Zum Ausgleich dafür waren mehr als drei Statisten aus dem Morgenland angereist, alle hinter Landwirtschaftsgeräten versteckt. Weise oder Könige waren keine dabei, denke ich. Die flüchten ja nicht. Gold, Weihrauch und Myrrhe hatten wir auch nicht in großen Mengen dabei. Aber sonst war's eine perfekte, moderne Migrantenkrippe.

Wirklich Karriere gemacht hat unsere Liebe dann am 30. Dezember. Ich war ein paar Tage bei meiner Schwester Asina in Wien zu Besuch. Tabea schrieb mir in der Früh spontan, dass sie im Zug nach Wien sitze und sich mit mir treffen möchte. Es war arschkalt. Wieder minus 9000 Grad. Und wir konnten nicht zu meiner Schwester. Wie hätte ich ihr das fremde Mädchen erklären sollen, das ich spontan zu einem Familienbesuch einlade? So haben Tabea und ich den Tag draußen verbracht, punschschlürfend und mit Sightseeing. Bis es uns nach Schönbrunn verschlagen hat. Wir sind zusammen im Park spaziert, wo man auf die Gloriette sieht. Langsam wurde es dunkel, die Temperatur war sicher schon auf minus 9005 Grad gesunken. Ich setzte mich auf eine metallene Bank. Rechts, unter einen der Bäume. Tabea nicht. Sie musste sich bewegen, weil ihr eiskalt war.

Wir kamen wieder auf uns zu sprechen. Wie das mit Afrika wäre. Wie das mit einer Fernbeziehung funktionieren würde, könnte. Wie das wäre mit uns, ob das überhaupt einen Sinn hätte. Sie stammelte. Ich horchte auf. Diesmal war sie es, der die Worte zu flüchten schienen. Ah, Schienen. Hörst du es? Da. Ich hatte es gehört. Dieses Starkstromleitungsknistern. Also ich geb dir noch einen Rat, gratis. Was machst du, wenn du ein Mädchen fragst, ob du sie küssen darfst, und sie »Nein« sagt? Genau. Du fragst nochmal. Ja, ja genau. Das ist das Beste. Das ist ein guter Tipp. Tu es einfach! Steig auf diese Schienen und stell dich dem

Güterzug, Mann! Stell dich dem Güterzug! ... Also, dem symbolischen, meine ich. Verstehst du? Nicht dem echten. Da haust du besser ab.

Ich stand von meiner Bank auf. Perfekter Zeitpunkt. Mein Arsch war auf dem Metallgitter sowieso schon fast festgefroren gewesen. Auch um Abrahams Wurstkessel hatte ich Angst gehabt, waren schon ins Körperinnere geflüchtet. Ein Mann hat eben viel zu beschützen. Die Temperatur war mittlerweile auf minus 9006 Grad gefallen. Und die wieder mal eindeutig romantische Stimmung nutzend ergriff ich die Chance. Ich trat einen Schritt auf Tabea zu. Ich hob meinen Fuß für den zweiten Schritt. Ich senkte den Fuß für den zweiten Schritt. Tiefer, noch tiefer. Gleich da. Warte, ich baue Spannung auf. Jetzt. Der Fuß trifft am Boden auf. Der zweite Schritt war fertig. In derselben Weise folgte auch der dritte Schritt: Fuß heben, nach vorne bewegen, wieder senken. Ganz einfach. So geht man eine Beziehung ein, Schritt für Schritt.

Nach endlosen drei Schritten und zwei Sekunden stand ich vor meinem Traum. Ihre Attraktivität raubte mir den Atem.

Und die Kälte, die auch.

Minus 9007 Grad.

Ich wiederholte meine Frage, die ich etwa eine Woche davor geausländert hatte: »Können wir uns küssen?«

Tabea blickte zur Seite, kurz mich an, schnell wieder hoch zur Gloriette. Zögerte. Heißer Atem, wie ein weißer Luftballon.

Hatte sie Lippenstift aufgetragen?

»Hier? Jetzt?«

Errötete.

Ja, rot. Wow. Megasüß.

Blinzelte mich nervös an, wieder weg, kurz zu mir. Ich lächelte. Ließ meinen Körper langsam dem ihren entgegengleiten.

Fühlte ihr erregtes Atmen, hörte ihr atemberaubendes Parfüm, schmeckte ihr parfümiertes Knistern. Konnte mir keinen schöneren Mund zum Küssen vorstellen. Hatte ich noch nie, werde ich auch nie.

Lippe an Lippe,

Kultur an Kultur,

Leben an Leben.

Der erste von vielen, der zweite, vierte.

NOCH 5 KAPITEL
BIS »BORN TO BE«

»Frau Edith, ich hab deine Tochter geküsst.«

Sie ging.

Sie blieb stehen.

Sie stand.

Ihr Kopf begann sich zu drehen.

Ihr Kopf drehte sich.

Ihr Kopf blickte mich an.

Ihre Augen blickten mich an.

Ihre Augen weiteten sich.

Ihre Augen waren geweitet.

Ihr Mund begann, sich zu weiten.

Ihr Mund öffnete sich weiter.

Ihr Mund hatte sich geöffnet.

Ihre Fäuste begannen, sich zu öffnen.

Öffneten sich weiter, die Einkaufstaschen fielen.

Die Einkaufstaschen landeten.

Ein Kinderwagen rollte auf uns zu.

Ein Kinderwagen rollte neben uns.

Ein Kinderwagen rollte an uns vorbei.

Und der Sack Safran, der im Hinterland von Herat umgefallen war, wurde wieder aufgestellt.

Dort im Europark, wo ich Anfang Jänner 2016 mit Frau Edith einkaufen war, erzählte ich ihr von Tabea und mir. Ich wollte es ihr sagen, weil sie ein wichtiger Mensch für mich und natürlich auch für Tabea war. Ich denke, ich hab's ihr auch erzählt, um eine Art Bestätigung von ihr zu bekommen. Dass das, was zwischen mir und Tabea war, wirklich gut war, über alle Zweifel wegen Kultur, Alter oder bald auch Distanz hinweg. Und Frau Edith freute sich natürlich, trotz der Überraschung. Also sie hatte schon von Tabea davon erfahren, dass da irgendwas im Busch war. Die starke Drei-Frauen-Familie von Frau Edith, Tabea und Martha war schon durch alle Höhen und Tiefen unzertrennlich gewesen, und speziell Frau Edith war die engste Vertraute von Tabea. Aber sie war überrascht, dass ich ihr das einfach so aus heiterem Himmel beim Einkaufen erzählte.

Am 10. Jänner sah ich Tabea zum letzten Mal vor Tansania. Wir gingen mit Martha und Tabeas bester Freundin Chrissi zu einer interkulturellen Veranstaltung für Flüchtlinge in Salzburg. Waren nur lauter dunkelhäutige, schwarzhaarige Männer da. Die Interkulturalität hatte zwar die Interkulturellen erreicht, aber die Österreicher offenbar kaum. Abgesehen von den drei Blondinen, die mit mir hereinspazierten. Chrissi scherzte: »Wow, Elyas ist so cool, dass er mit drei Mädels reinkommt!« Warum nicht umgekehrt? Die drei Mädels sind so cool, dass sogar ich mit ihnen mitkomme? Haha. Christina und Martha haben übrigens erst von Tabea und mir erfahren, als sie schon in Afrika war. Hey, und weißt du, wen ich dort zufällig wiedergetroffen habe? Omid! Weißt du noch, der Lustigste in Traiskirchen? Wohnte jetzt in Salzburg. Quatschten ein bisschen. Er zeichnete uns vier mit Wasserfarbe Herzchen auf die Wangen. Was Flüchtlinge halt so machen, wenn sie jemanden zufällig nach fast einem Jahr wiedersehen. Ich ließ ihn machen, auch wenn's merkwürdig aussah. War sicher ein uraltes, interkulturelles Ritual oder sowas.

Tabea und ich spazierten später mit Herzchen auf der Wange

an der Salzach unter der Baumallee entlang. Omid hatte zwar unsere Wangen beherzeln können, nicht aber unsere Stimmung. Die war ernst. Ernster. Am ernstesten. So ernst, wie wenn du einem Mädchenbaby einen orangen Luftballon in die Hand drücken und durch beidseitiges Kopfnicken einen Vertrag mit ungewissem Inhalt beschließen würdest. Die volle Wucht von geballten 730 Tagen Fernbeziehung schien die mickrigen elf Tage seit unserem ersten Kuss zu erdrücken. Sie piepsten zwar noch in unseren Herzen. Aber würden sie der monate- und jahrelangen Realität standhalten? Wäre es nicht besser, vernünftig zu sein und das, was auch immer zwischen uns war, gleich zu beenden?

Tabea hatte von verschiedensten Leuten gehört, wie wichtig es war, sich im Praktikumsland gut zu integrieren und den Kontakt zur Heimat minimal zu halten, wenn man diese Dauer überstehen wollte. Dieser Ratschlag kam ihr da in Bezug auf mich recht ungelegen. Und auch ich wusste: Meine Familie und meine Eltern würden nicht begeistert sein. Zwar kannten meine Eltern Tabea und ihre Familie gut. Aber eine Nicht-Afghanin als Frau? Und noch dazu eine Christin? Was anderes als sieben Generationen Unglück könnte da doch gar nicht herauskommen. Und die Verwandtschaft würde sicher nicht grad vor Freude auf und ab hüpfen. Ich überlegte kurz. War da nicht irgendwer gewesen, der uns schon wegen einer ihm entlaufenen Schwester töten wollte und auf die leiseste Ahnung einer christlichen Freundin hin seinen persönlichen Kreuzzug ausrufen könnte? Hm. Denke nicht, wahrscheinlich.

»Aber weißt du was«, sagte ich zu Tabea über das Rauschen der Salzach hinweg, »wenn wir uns echt dafür entscheiden, dann werde ich darum kämpfen. Ich will diese Beziehung. Ich werde nicht aufgeben.«

Das war unsere Verabschiedung. Ja, weniger romantisch als

beim Flug nach England. Am 15. Jänner flog sie mit etwas weg, das sie gleichzeitig bei mir zurückgelassen hatte: Unsicherheit. Diese Unsicherheit würde ab jetzt an zwei Orten zur selben Zeit leben: in Tansania, Lesematerial erstellend, und in Eferding, das Polytechnikum besuchend. Neuer Absatz.

Frau Edith hatte im November mit vielen Leuten gesprochen, vor allem mit Frau Schodterer, meinem ehemaligen Klassenvorstand. Natürlich hatte die Schodterer mitbekommen, dass mich die Polizisten wegen irgendetwas abgeholt hatten. Sie fiel aus allen Wolken, als sie die ganze Geschichte mit Interpol und der Umsiedlung hörte. Frau Schodterer stellte mir dann einige Dokumente aus und nahm mit dem Poly in Eferding Kontakt auf, damit ich dort in die Schule einsteigen durfte. So konnte ich meine Schulausbildung als regulärer Schüler fortsetzen. Der große Unterschied: In Goisern war ich der einzige gewesen – aber hier im Eferdinger Poly war fast jeder ein potenzieller Dschihadist. Also, Ausländer. Gibt ja von denen auch solche, die nicht aus muslimischen Ländern kommen. Und sogar von Letzteren wieder welche, die sich nicht in die Luft sprengen wollen. Hast du das gewusst?

Na ja, ich fühlte mich kaum noch als Ausländer. Schließlich war ich durch die A1-Deutschprüfung gestürmt und hatte mich gleich für die A2-Prüfung angemeldet. Mich schon seien eine Elite-Österreicher. Haben Karriere gemacht deutsches Sprache. Dass meine Deutschkenntnisse solche Sprünge machten, hatte ich nur den netten Freiwilligen in Goisern zu verdanken, und besonders Frau Edith, die weiter mit mir übers Handy lernte. Kannst ja gar nicht anders, als dich gut zu integrieren, wenn du so geniale Menschen kennst.

Von der Schule aus sollten meine Klassenkollegen und ich bald schnuppern gehen, um unter den hunderten Berufen in Österreich eine passende Lehrstelle zu finden. Für mich als Ausländer war das ein bisschen komplizierter. Oder simpler, je nachdem. Da gab's diese Mangelberufe, wo sie dringend Leute brauchten, und nur zwischen denen durfte ich auswählen. Waren, glaub ich, damals sieben oder acht. Weil ich gerne Neues ausprobiere, wollte ich unbedingt einen Beruf lernen, den ich noch nie ausgeübt hatte. Das grenzte die Möglichkeiten weiter ein.

Quizfrage (1 000 000 Euro):

Welchen der folgenden Berufe hat Elyas noch nie ausgeübt?

a) Koch   b) Friseur

c) Bauarbeiter   d) Kellner

Du bekommst von mir dreißig Sekunden Zeit. Telefonjoker hast du keinen. Stell dir vor, du sitzt in Askarabad fest, und dein Akku ist leer. Soll ja manch einem schon passiert sein. Und dann fetzt ein fetter Sandsturm Fenster ein, verdunkelt die Sonne und kühlt die Luft um fünfzehn Grad ab. Aber gut, das ist jetzt nicht relevant, hast schon recht, das sag ich nur, um 1) für dich Überlegzeit rauszuschinden und 2) für mich das Buch zu verlängern. Also Win-win für uns beide, wenn ich hier noch weiter sinnlos palavere. Ich glaub nämlich, man kann pro von Lesern gekaufter E-Book-Seite Geld verdienen.

Also? Was sagst du? Ich lerne zwar gern Neues, aber bin nicht so geduldig. Ich verrat's dir einfach: Ich war noch nie b) Friseur gewesen. Die anderen Jobs hab ich als Jugendlicher gemacht, wo ich halt grad Geld bekam. Okay, Koch werte ich nur, weil ich in einer Kebab-Bude in Teheran schweißfrei Fleisch geschnitten hab wie »Der Gerät«.

Trotzdem hätte ich mich damals in Hallstatt in einem Restaurant für eine Kochlehre interessiert. Aber da war dieser grantige alte Herr. Direkt vor dem Lokal hat er auf mich gewartet. Hatte, glaub ich, einen Doppelnamen: Herr See Vorm-Restaurant. Mit dem bin ich damals nicht wirklich warm geworden, freundlich formuliert. Mittelmeer und so. Hat mich dran erinnert und so. An die von den anderen Booten, die ertrunken sind und so. Erwarte also kein Sieben-Gänge-Menü, wenn du zum »Paye Dosti«-Filmabend vorbeikommst (wobei ich mich während der Covid-Lockdowns doch zu einem recht passablen Amateurkoch gemausert habe).

Am Ende war ich bei zwei Friseuren im Bezirk Eferding schnuppern. Hat mir gefallen. Doch eines Tages sah ich in der Stadt einen Salon. Die Auslage war wundervoll und modern dekoriert. Schon da war ich hin und weg. Deko gut, alles gut. Und drinnen erst: Viele Kundinnen und Kunden saßen auf modernen Lederparadiesen und ließen sich an ihren Haaren herumdoktoren, und die Friseurinnen waren ausnahmslos fleißig bei der Arbeit. Allem Anschein nach lief das Geschäft sehr gut. Jeder hatte etwas zu tun und schien motiviert zu sein. Das war anziehend für mich. Ich schaffe es nicht, einfach nichts zu tun oder darauf zu warten, dass etwas oder ein Kunde passiert. Da hätte ich bei den anderen Friseuren Zweifel gehabt, wie ich damit umgehen könnte, wenn über längere Zeit kein Kunde käme und nichts Sinnvolles zu tun wäre. In dem Moment wusste ich: Hier und nirgendwo anders wollte ich meine Lehre machen. So, aber hier endet der Werbetext für den Friseursalon erstmal. Ihr wollt ja auch noch was anderes lesen, oder?

Am nächsten Tag waren Julian und ich gerade am Hauptbahnhof in Linz. Julian war ein Freund vom Sprachcafé. Ich half ihm gelegentlich als ehrenamtlicher Übersetzer bei Flüchtlingsevents, Deutsch – Farsi und umgekehrt. Jedenfalls erzählte ich ihm von dem Friseursalon, dass der das reinste Paradies für mich wäre und dass ich dort unbedingt arbeiten wollte. Und Julian antwortete: »Hey, da geh ich immer zum Haareschneiden hin! Ich kann mitkommen, wenn du dich bewerben willst!« Einige Tage später war's dann auch schon so weit. Ein nervöses Packerl namens Elyas J. (20) zitterte sich hinter Julian durch den Kundeneingang. Ob so ein hochqualitativer Betrieb überhaupt darüber nachdenken würde, einen Flüchtling wie mich zu nehmen, der noch nie jemandem die Haare geschnitten hatte und noch immer nicht richtig Deutsch sprach? Vielleicht, wenn ich mich als Syrer ausgebe? Schließlich werden Syrer als begnadete Friseure geboren, das weiß doch jeder. Kannst du nachprüfen, ist genetisch. Das ist eines der dreizehn ethnischen Vorurteile, von denen ich felsenfest überzeugt bin. Hab ich sogar mal auf Facebook gelesen, die Studie, wirkte relativ echt. Aber wer würde schon einen Afghanen als Friseur einstellen? Vielleicht als Betriebstaliban oder neuerdings Chief Terror Officer, ja, aber: Friseur? Na ja, du bist ja nicht dumm. Ich hatte nämlich im Gegensatz zu dir dieses Buch damals noch nicht gelesen, also wusste ich nicht, wie es enden würde. Aber du weißt, ich würde die ganze Geschichte jetzt nicht mühsam aufbauen,

wenn meine Hoffnung einfach so zerstört worden wäre;

wenn alles umsonst gewesen wäre;

wenn ich eine Abfuhr erhalten hätte.

Ich erhielt eine Abfuhr. Die Chefin, Frau Kieslinger, nahm mich mit in die Angestelltenküche und blätterte meine Bewerbungsunterlagen durch. Sie war freundlich, aber bestimmt, als sie nach einigen Momenten sagte: »Du kannst gerne schnuppern kommen. Aber ich kann mir nicht vorstellen, dass wir dir eine Lehrstelle geben können.« Ein höfliches Nein. Das hatte ich erwartet. War halt kein Syrer. Wie beim Asylantrag. Die Afgha-

nen, die nach jahrelangem Bangen um den Bescheid tonnen-
weise in ihr »sicheres« Heimatland abgeschoben werden und
dort sterben oder am Rande der Gesellschaft ihr Dasein fristen.
Egal ob Oppositionelle, Homosexuelle, Christen oder gar Menschen. Waren halt Afghanen. Waren halt keine Syrer. 2018 starben
allein laut offiziellen Zahlen in Afghanistan durch Anschläge
und Konflikte über 11 000 Zivilisten. Die höchste je dort erhobene
Zahl, Tendenz steigend. Dazu kommen zahllose Verschleppun-
gen, Vergewaltigungen und alles andere, was mit »Ver-« beginnt,
ganz zu schweigen vom Machtwechsel 2021. Ebenfalls 2018 wurden 89 Prozent der syrischen Asylanträge in Österreich positiv
entschieden. Afghanistan: nur 47 Prozent. Waren halt keine Syrer. Wie beim Friseursalon. Aber ich habe nicht aufgegeben. »Ich
möchte trotzdem gerne schnuppern kommen«, antwortete ich.
Frau Kieslinger lächelte verständnisvoll und nickte. Vielleicht
würde doch noch ein Syrer aus mir werden. Sowohl friseurisch
als auch asylisch.

Kurze Zeit danach stand ich tatsächlich wieder im Salon und
durfte den Geschirrspüler ausräumen. Das haben mir jedenfalls
Isabell und Sarah gezeigt, die beiden Lehrlinge. Ich dürfe ihnen
an meinen Schnuppertagen entweder zusehen oder selber mit
anpacken, wurde mir gesagt. Packte natürlich mit an. Ich tat alles, was sie taten: Handtücher wegräumen, Staub wegwedeln,
Ablage abstauben, Produkte abstauben, niesen (Staub), lächeln,
atmen. Als die Kundschaften kamen, war ich sofort zur Stelle
und nahm ihnen die Jacken ab. Als die Kundschaften gingen,
war ich sofort zur Stelle und gab ihnen ihre Jacken wieder. Und
»Grüß Gott« sagen, immer und zu jedem. Das ist überhaupt das
Wichtigste in Österreich, vom Abfallbeauftragen bis zum Zoll-
wachebeamten, alle sagen »Grüß Gott«. Merkwürdiger Imperat-
iv, wie wenn die Langform lauten würde: »Grüß Gott von mir!«

Klingt eher nach einer Killer-Phrase von Bruce Willis aus »Stirb langsam« als nach einer höflichen Begrüßung.

Am letzten Schnuppertag ließ mich Frau Kieslinger eine Steckfrisur an einem Puppenkopf machen. Sie wollte sehen, ob ich überhaupt Talent hatte. Gesagt, getan. Danach: »In deinem Fall muss man sich was überlegen.« Yesss! Das war für mich ein klares »Du hast eine Chance«-Signal! Sie meinte zwar, ich könne inzwischen gerne bei anderen Betrieben schnuppern, und dass sie sich bei mir melden werde. Und natürlich war ich auch bei anderen Betrieben schnuppern, wäre ja dumm, wenn nicht. Aber dieser eine Salon ging mir nicht mehr aus dem Kopf.

Ich hab Tabea über WhatsApp gefragt, ob sie mir helfen könnte, mein Ausländerisch in eine korrekte Mail an den Salon umzuwandeln. Darin sagte ich, dass ich gerne nochmal drei Tage schnuppern würde, wenn möglich. Sie sagten zu. Und nach dieser zweiten Schnupperzeit merkte ich einerseits, dass sie von meiner Zielstrebigkeit beeindruckt waren. Andererseits wussten sie so gut wie ich, dass meine Lage als Flüchtling wackelig war. Jederzeit konnte ein negativer Bescheid kommen, und das war's dann mit Friede-Freude-Steckfrisuren. Dann heißt's Afghanistan. Und wie lange würde Friseur noch auf der Liste von Mangelberufen stehen?

Bald darauf lud mich Frau Kieslinger zu einem Gespräch ein. Herr Kreutzer, der Geschäftsinhaber, nahm sich auch Zeit. Sie stellten mir einige Ausländerfragen. Versteh mich nicht falsch, waren eh völlig berechtigte Fragen. Halt typische Ausländerfragen, die du mit Österreichern nicht abklären müsstest. Ob ich mir vorstellen könne, in einem typischen Frauenberuf zu arbeiten? Ob es ein Problem für mich wäre, wenn alle meine Kolleginnen Frauen wären? Ob es akzeptabel für mich wäre, dass mir Frauen etwas anschaffen können? Ich antwortete in dieser

Reihenfolge: Ja, nein, ja. War offenbar dreimal die richtige Antwort. »Es geht nicht um Kraft oder wer stärker ist«, fügte ich noch hinzu, »sondern es geht um Wissen und Erfahrung. Wenn meine Kolleginnen und meine Chefin mehr Erfahrung in diesem Beruf haben, können sie mir natürlich alles anschaffen. Ich wäre sogar dankbar dafür, von ihnen lernen zu dürfen!« War offenbar wieder eine richtige Antwort. Sie sagten mir, sie würden sich beraten und mir Bescheid geben.

Ich war natürlich gescheit. Schrieb wieder meiner Lieblings-Linguistin in Tansania: »Megasüß-Tabea-jaaan, kannst du mir bitte bei einer neuen Mail an den Friseursalon helfen?« Ich wollte diesmal einen Schritt weiter gehen. Ich wollte fragen, ob es möglich wäre, dass ich freitags nach der Schule und samstags bis dreizehn Uhr freiwillig mitarbeite. Damit die Kundschaften mich ein bisschen kennenlernen und die Angst vor mir verlieren, war meine Begründung. Immerhin war ich Mann, Flüchtling und Afghane, drei komplizierte Voraussetzungen für den Beruf. Sie sagten wieder zu. So bin ich freitags nach der Schule sofort zum Salon rüber, hab brav Sachen abgestaubt, geniest, gelächelt und »Grüß Gott« gesagt, und auch sonst bei allem geholfen, was irgendwie angefallen ist. Ich durfte schon eigenständig arbeiten, als wäre ich ein Lehrling. Und ich bekam sogar schon Trinkgeld. Das war eine Ehre für mich, als mir das erste Großmütterchen mit zittrigen Fingern einen Fünfer in die Hand und ein Lächeln ins Herz drückte. Hier war ich richtig, das wusste ich.

Sehr starke Kopfschmerzen. Wieder weg.

Und eines Tages, nach zwei Monaten bewilligter, freiwilliger Mitarbeit, als ich gerade mit dem Zug nach Linz unterwegs war, genau an diesem Tag, an dem ich die Bestätigung bekommen hatte, die B1-Deutschprüfung mit 94 von 100 Punkten gemeistert zu haben, genau an diesem Tag bekam ich einen Anruf. Frau Kieslinger: »Elyas, wir haben uns entschieden. Wir werden dich aufnehmen.« WOHOOOO!! Man bringe den Spritzwein! An einem Tag die B1-Prüfung mit Bestnote bestanden und an der Lehrstelle meiner Träume aufgenommen worden! Stell dir das mal vor! Sogar Frau Birgit hat mich angerufen und mir gratuliert, als sie das gehört hat! So hatte ich gleich nach Schulschluss, am 15. Juli 2016, knappe eineinhalb Jahre nach meiner Ankunft in Österreich, meinen ersten regulären Arbeitstag im Friseursalon. War das jetzt das, was man »Karriere machen« nennt?

Ich war so glücklich. Ich war so glücklich.
Ich war so glücklich. Ich war so glücklich.
Ich war so glücklich. Ich war so glücklich.
Ich war so glücklich. Ich war so glücklich.
Ich war so glücklich. Ich war so glücklich.
Ich war so glücklich. Ich war so glücklich.
Ich war so glücklich. Ich war so glücklich.
Ich war so glücklich. Ich war so glücklich.
(Ja, diesmal waren alle Zeilen gleich glücklich.)

NOCH 4 KAPITEL
BIS »BORN TO BE«

Hier sind drei Dinge, die ich mit dem Wort »Kopf« verbinde:

1. Am Anfang sagte ich oft »Ich bin kopfdumm«, wenn ich etwas nicht verstanden hatte. Tabea zieht mich heute noch damit auf.

2. Den Tumor in meinem Kopf zwischen Groß- und Kleinhirn.

3. Und vor allem meine Kopfwäsche! Die hat mich berühmt gemacht! Wenn du mich nach meinen drei größten Talenten fragen würdest, würde ich sagen: viel reden können, schlechte Witze erzählen können (ja, »können«, kann nämlich nicht jeder!!), leicht vom Thema abweichen können, schlecht zählen können und legendäre Kopfwäschen vollbringen. Also nicht die Art von Kopfwäsche, mit der du von diesen Gutmenschen oder Dauerwerbesendungen oder so Zeugs infiziert wirst. Auch nicht die Art von Kopfwäsche, die Spar oder Billa mit dir machen. Nein, wirklich nicht, die ist grindig. Zum Beispiel unlängst vor dem Tiefkühlregal:

Oben: »!!BIS 18:00 UHR: 3 ZUM PREIS VON 2!!«

Drei Kilometer darunter, kriminelle Schriftgröße: »nur auf piccolinis«.

Dann gehst du zur Kasse und willst zahlen, und zahlst drei Tiefkühlpizzen, und willst eigentlich nur zwei zahlen, und die Verkäuferin so: »Nein leider, die Aktion gilt nur für Piccolinis.« Und du so: »Was, echt?« Und sie so: »Ja, echt.« Und du so: »Ach, schade.« Und du denkst noch, soll ich zurückgehen und umtauschen, und bist unsicher, und die Menschenschlange hinter dir denkt sicher: Schleicht sich der mal von der Kasse weg oder aus dem Geschäft raus oder nach Afghanien zurück. Und dann bist du doch zu faul und gehst keine Piccolinis holen und bezahlst die drei Tiefkühlpizzen einfach und packst sie ein und schüttelst innerlich den Kopf über dieses Land, in dem sie Wasser wie Cola trinken und Spaghetti nicht in Stückchen essen und Aktionen in Supermärkten grundsätzlich! Und nur! Und einzig und allein die HÖLLISCHEN FALLGRUBEN! DES WESTLICHEN! KAPITALISMUS! DARSTELLEN! FRECHHEIT!!

Also nicht das. Sondern die Art von Kopfwäsche mein ich, die ein Friseur macht. Vor dem Haareschneiden. Einmal nämlich spazierte ich durch Eferding. Und dann hörte ich, das sag ich dir, jemanden flüstern: »Der ist beim Friseursalon, der wäscht die Haare so gut!« Ich dürfte also eine gewisse Weltberühmtheit erlangt haben. Wahrscheinlich verkaufen sie irgendwo in China schon T-Shirts mit Aufdruck von mir. Gleich eine Straße weiter, neben dem Markt, von wo aus unser werter Herr Corona so weltberühmt geworden ist. Tja, aller Dinge Anfang ist klein.

Wie mein Gehirntumor. Der fing auch mal klein an, schätze ich. Hat aber leider Karriere gemacht. Das fing schon damals in Bad Goisern an, 2015. Ich hatte immer mal wieder stärkere Kopfschmerzen, speziell links. Das erste Mal, als es richtig krass wurde, da wollte ich eigentlich am Vormittag mit Frau Edith Kleidung kaufen fahren. In der Früh machte ich noch Klimmzüge im Flüchtlingsheim. Das war so eine Gewohnheit, ein bisschen Sport zu Tagesbeginn. Nach dem vierten Zug an der Stange plötzlich:

SCHMERZEN.

AmSCHMERZ Boden gelegen, zusammenSCHMERZgekrümmt. Wie eine dicSCHMERZke Stricknadel durchSCHMERZ die linke Schläfe geSCHMERZrammt bekommen, so hat sichSCHMERZ das anSCHMERZgefühlt. Mein KoSCHMERZpf stand kurz vorm ExpSCHMERZlodieren, wieSCHMERZ ein LuftSCHMERZballon. Mein SchreienSCHMERZ konnte ich unterSCHMERZdrücken, ich wSCHMERZollte meine Eltern nicht alaSCHMERZrmieren. Meine Mutter hätSCHMERZte sich unglaubliche SorSCHMERZgen gemacht. SoSCHMERZ blieb ich einige Minuten reglos liegen, bis der SCHMERZ langsam zu SCHmerz und dann Schmerz geworden ist. Dann konnte ich mich aufraffen und wie ein Häufchen Elend zurück ins Bett kriechen. Auf WhatsApp:

Frau Edith, ich kann nicht mitkommen, entschuldige.
Mein Kopf macht stark Schmerzen.

Oje, was hast du für Kopfschmerzen? :/

Sehr stark. Wie Messer in Kopf.
Will mein Eltern nicht sagen. Kein Angst.
Ist es ernst?
Oje!!
Elyas, ich bring dich zum Hausarzt!!
Bin gleich da!!!

Der besagte Hausarzt schaute mich an.

»Wie stark sind die Schmerzen auf einer Skala von 1 bis 10?«, fragte er.

»Hundert«, stöhnte ich mit einer bescheidenen Schätzung, und: »Kann ich bitte Schmerztabletten haben?«

Er verneinte und drückte stattdessen Frau Edith eine Überweisung für das Krankenhaus Vöcklabruck in die Hand.

»Wenn du jetzt Schmerztabletten nimmst, können sie dort nicht feststellen, was du hast«, erklärte er.

Nicht das, was ich gern gehört hätte.

Die Fahrt ins Krankenhaus dauerte über eine Stunde. Frau Edith brachte mich hin. Zwischendurch wuchsen die SCHMER-ZEN wieder ins Unglaubliche. Ich konnte SCHMERZ nichts tun. Ich musste mich fast SCHMERZ über SCHMERZ geben, und war mehrma SCHMERZ ls kurz davor, einfach aus dem fahrend SCHMERZ en Auto zu springen. Innerhalb von Sekunden SCHMERZ fühlte sich mein Körper br SCHMERZ ennend heiß an, dann wieder eiskalt. All SCHMERZ es SCHMERZ dreh SCHMERZ te si SCH-MERZ ch. SCHMERZ Ich wol SCHMERZ lte SCHMERZ, SCHMERZ-mus SCHMERZ ste SCHMERZ mich SCHMERZ so SCHMERZ fort au SCHMERZ f SCHMERZ SCHMERZ den Bo SCHMERZ den SCHMERZ zu SCHMERZ sammen SCHMERZ krümmen.

Bei SCHMERZ m Kr SCHMERZ ank SCHMERZ enha SCHMERZ us SCHMERZ ang SCHMERZ ekommen, sc SCHMERZ haffte SCHMERZ ic SCHMERZ h es SCHMERZ SCHMERZ SCHMERZ nic SCHMERZ ht, auc SCHMERZ h SCHMERZ SCHMERZ nur e SCHMERZ in SCHMER-Zen S SCHMERZ chrit SCHMERZ t zu SCHMERZ ge SCHMERZ hen, un SCHMERZ SCHMERZ d Fr SCHMERZ au SCHMERZ Edith brach-SCHMERZ te mich SCHMERZ m SCHMERZ it SCHMERZ einem Rol SCHMERZ lstuhl SCHMERZ SCHMERZ zur SCHMERZ Auf-SCHMERZ nah SCHMERZ me.

(Jetzt hast du wie ein Ausländer gelesen, haha!)

Eine Woche musste ich im Krankenhaus Vöcklabruck bleiben. Die SCHMERZEN kamen hin und wieder, aber nicht mehr so stark. Mir wurde mehrmals Blut abgenommen, das war's. Sonst haben sie nichts wirklich untersucht. Und am Ende der Woche wurde ich mit dem Klassiker »Du hast bloß Migräne« entlassen. Auf der einen Seite freute ich mich, dass es nichts Ernstes war.

Auf der anderen Seite begann nun mein linkes Auge stark zu stechen. Mal wieder weniger, mal wieder sehr stark. Ich spürte das Blut pochen, und mit jedem Herzschlag drückten die Schmerzen Tränen aus meinen Augen. Nach ein paar Wochen wurden die SCHMERZEN mitten in der Nacht wieder so stark, dass mich Frau Edith direkt ins Krankenhaus nach Bad Ischl brachte. Meine intensive Körperbehaarung und ich wurden auf die Kinderstation eingewiesen.

Dort wurden auch ein paar Untersuchungen gemacht. Aber nicht viele. Jedenfalls schickte mich auch hier die Ärztin nach einer Woche nach Hause. Begründung: Der hat nix, nur ein bisschen Kopfweh, der spielt nur. Schon wieder? Jetzt war ich sauer. Warum interessiert sie sich nicht für mein Problem und sagt so etwas? Ich gehe ja nicht ins Krankenhaus zum Spaß oder um irgendeine »3 NaCl-Infusionen zum Preis von 2«-Aktion abzustauben, sondern weil meine Gesundheit beeinträchtigt ist!

Nach meiner Entlassung hatte ich zwar gelegentlich Schmerzen, aber es verging ein wenig Zeit, bis die Schmerzen in dieser Stärke wiederkamen. Um genau zu sein, vergingen ein Interpol-Umzug, 243 Küsse, eine Taufe, ein Abschlusszeugnis, zwei Lehrjahre, eine Verlobung und 9563 Mittelmeer-Tote, also doch gar nicht so viel Zeit. Wir befinden uns nun im friseurischen Vorweihnachtsstress 2018. Meine Mutter und ich haben in dieser Zeit bei einem nahen Gasthaus abends manchmal gearbeitet, um etwas für die Familie dazuzuverdienen. Untertags war ich weiter im Friseursalon. Ich bin so eine Person, für die immer alles fein und sauber sein und am exakt richtigen Platz stehen muss. Kennst du das? So wuselte ich bei Hochbetrieb zwischen den Kunden hin und her und versuchte, alles im Salon in Ordnung zu halten, plötzlich:

SCHMERZEN.

MeiSCHMERZne SCHMERZgSCHMERZanze linkSCHMERZe GesichtSCHMERZshälfteSCHMERZ hattSCHMERZe zSCHMERZu SCHMERZstechen unSCHMERZd zuSCHMERZ pochSCHMERZen begonSCHMERZnen. MeinSCHMERZ AuSCHMERZge stand SCHMERZ gSCHMERZefühlt kuSCHMERZrz SCHMERZvorm eSCHMERZxplSCHMERZodSCHMERZieren. AlsSCHMERZ ich miSCHMERZch hinsetzte, wurde es etwas besser. Aber diesmal blieb der SCHMERZ über Tage. Ich konnte in der Nacht kaum schlafen. Und wenn ich meinen Kopf bewegte, waren die SCHMERZEN wieSCHMERZder sehrSCHMERZ stark.

Spätestens hier wusste ich: Irgendetwas stimmt nicht.

Hausarzt: Vielleicht Migräne?

Ich: Sicher nicht.

Hausarzt: Falsch gegessen oder getrunken, ein Tagebuch führen.

Ich: Sinnlos, ich habe starke Schmerzen, bitte um Überweisung zu CT.

Hausarzt: Kostet viel.

Ich: Arbeite und zahle für so etwas Versicherung (das altbewährte Totschlagargument für den Erhalt von Gesundheitsdienstleistungen).

Hausarzt ist brav, gibt mir eine Überweisung.

CT gemacht: Hallo, Tumor!

Vielleicht erwartest du jetzt, dass ich meine Gefühle darüber beschreibe? Ja sicher, das war schrecklich. Ich hatte Angst. Unglaubliche Angst. Den ganzen Tag dachte ich an nichts anderes mehr als an das Ding in meinem Kopf, das dort nicht sein sollte. Und ich hatte keine Ahnung, was »Tumor« heißt. Am selben Abend brachte mich der Chef vom Gasthaus mit dem Auto nach Hause. Normale Menschen würden nach dem Einsteigen erstmal die Frage stellen, auf die man mit »Gut, danke, und dir?« antwortet.

Ich stattdessen: »Was ist ein Tumor?«

Seinerseits: Stille.

Toller Gesprächseinstieg, Elyas! Genialer Gesprächseinstieg! Phä-no-me-na-ler Gesprächseinstieg! Du könntest das fast in eine Karte für schlechte Gesprächseinstiege einzeichnen. Wenn du eine Landkarte mit fünfzig Kilometern Mittelmeerstrecke hättest und darauf von der Türkei (0) bis Griechenland (50) schlechte Gesprächsbeginne abbilden müsstest, dann würde das in etwa so aussehen:

a) Am Anfang bei Kilometer 1 vor der türkischen Küste: »Wie geht's dir?« Standard. Stabil. Kannst du immer bringen.

b) Auf der Skala bei Kilometer 5 vor der türkischen Küste: »Ja, und ... w-wie geht's dir so, also ich mein, äh, vom Leben her?« Die peinlichere Variante von a). Wenn man sich nicht sicher ist, ob man der Person oberflächlich schon nahe genug gerückt ist, und man die Frage trotzdem fertig stammelt, weil es noch blöder aussehen würde, nach zwei Worten einfach abzubrechen und innerlich im Mittelmeer der Peinlichkeit zu ertrinken.

c) Bei Kilometer 30, wo dich Frontex-Schiffe Richtung Türkei zurückdrängen: »Was ist ein Tumor?« Der Einstieg wird den anderen, sofern Österreicher, mit hoher Wahrscheinlichkeit überfordern, weil er auf eine gewisse persönliche Betroffenheit anspielt. Denn wann stellst du so eine Frage? Wenn du oder ein naher Mensch betroffen ist. Du wirst wahrscheinlich nicht hinzufügen: »Ach, nur so, das Wort hab ich in einem ›Über siebzig und vital bleiben‹-Artikel gelesen.«

Und d), der König der schlechten Gesprächseinstie-

-Oh, warte, mein Gasthaus-Chef antwortete nach einer betroffenen Stille zögerlich auf meine Frage. »Tumor ... ist Krebs.«

222

Medizinisch nicht ganz korrekt, wie ich später erfuhr. Aber das hat mich fertiggemacht. Mein mittlerweile C1-Deutsch hatte bereits vermutet, dass Tumor und Krebs irgendwas miteinander zu tun haben. Aber die Information, dass sich nun so ein Ding in meinem Kopf befand und dort weiter Karriere machen wollte, beunruhigte mich doch recht stark. Wahrscheinlich sogar sehr, muss man sagen, so wie ich hier permanent Witze über so eine ernste Situation mache, um damit fertigzuwerden. Humor statt Tumor.

Tabea und ich sind dann mit dieser Diagnose nach Linz zum ehemaligen Wagner-Jauregg-Krankenhaus migriert. Frau Edith war auch dabei. Sie war halt die, die immer da war. Bei der Anmeldung hieß es dann seitens der freundlichen Anmeldetante, der früheste Termin zur Besprechung meines CTs wäre in über einem Monat.

Ich: »So lange kann ich nicht warten mit den Schmerzen und dem Tumor im Gehirn!«

Sie: »Aber falls Sie heute schon Zeit hätten, könnte es sein, dass Sie später noch drankommen.«

Wir warteten. Schließlich wollte ich Gewissheit, und nicht wochenlang im Ungewissen leben, wie ernst die Lage tatsächlich war. Wir warteten eine Stunde. Warteten zwei Stunden. Drei Stunden. Ah, hab dir vorhin gar nicht mehr den König der schlechten Gesprächseinstiege verraten? Jetzt sitzen wir eh, haben Zeit. Also:

d) Der König der schlechten Gesprächseinstiege. Speziell für Ausländer. Trommelwirbel bitteee ......

»Herr Ja-Jamaaah ... Jamzal ... Jaaaaa-maaaaal-dingsbums, bitte!«

Wenn sie deinen Namen falsch aussprechen. Noch schlimmer, wenn der letzte Teil deines Namens von der Aufruftante auf »-dingsbums« geändert wird. True story. Man sollte meinen, man gewöhnt sich dran. Nein, nein, tut man nicht. Mein Beileid geht an dieser Stelle raus an alle Slawen und Russen, an alle Türken und Perser und Syrer und Aliens und Inuit und die ganzen anderen Ausländer (außer die Deutschen, bei denen kann man die Namen aussprechen, bei den Schweizern auch nicht immer). An alle, deren Nachnamen nicht auf »-dingsbums« enden, sondern auf -sic, -vic, -nic, -nov, -rev, -ski, -orocki, -dzki, -wicz, -ins, -kov, -ci, -ay, -göz, überhaupt alles Zeugs mit c oder y hinten, -yah, -hra, -imu, -aafa, -ijah, -eshi, -isye, -uf, -ud, -gil, -oud, -sar, -shi, -man, -bar, -yeh, -bir, -raf, -bag, -iz, -if, -tros, -ouri, -louf, -gher, -ik, -dam, -oussi, -tafa, -ezi, -oun, -heen, -aan, -riz, -tak, -zemi, -zi, -aq oder -zadeh. Sorry übrigens, falls du dich durch die Namen zu persönlich angesprochen gefühlt hast. Wollt ich echt nicht, war ein Versehen. Deinen Namen hast du mir ja noch immer nicht verraten. Ja gut, Datenschutz und so.

Wir sind also von der Aufruftante aufgerufen worden. So gingen Frau Edith, Megasüß-Tabea-jan und Herr Jaaaaa-maaaaal-dingsbums den typischen Krankenhausgang entlang zu einer typischen Krankenhauszimmertür, hinter der ein typischer Krankenhausarzt saß:

a) recht mächtiger Bauch,

b) weißes, durchsichtiges T-Shirt,

c) von einem lockeren Arztkittel XXL eingerahmt.

Er lehnte sich, vielleicht vom Atmen erschöpft, in den Sessel zurück. Ein klassischer Volkstanz, präsentiert von drei kleinen Schweißperlen auf seiner Stirn. Wirkte wie lange einstudiert. Und das alles extra für uns, mitten im Winter? Wow.

»Grüß! Gott!«, dröhnte er freundlich, während er nach zufälligen Wörtern unsichtbare Rufzeichen betonte, »nehmen Sie! Bitte! Platz!«

Eilig nickten wir und folgten der etwas zu lauten Einladung.

Als wir uns platziert hatten, begann der gutmütige Bauch zu erklären.

»Ein Wunder, dass Sie! Noch normal gehen! Und sehen können!«, flüsterte er nun. »Der Tumor ist schon recht groß! Und genau in der Mitte! Zwischen Groß- und Kleinhirn!«

Danach schnaufte er sich auf die Beine, um mit mir einige Tests durchzuführen. Gehen, sehen, Arme heben und so weiter. Er stellte fest, dass ich mein linkes Auge nur mehr teilweise schließen konnte. Seine dicken Finger notierten ein paar Dinge.

Dann schnaufte er wieder – das tat er sowieso öfter – und erklärte mir: »Sie können gleich! Hierbleiben über! Die Weihnachtsferien!«

Das kam unerwartet für mich. Ich hatte gar nichts dabei für eine längere Pyjamaparty. Aber den Infos des gutmütigen Arztes entsprechend würde das einige Dinge beschleunigen, wie beispielsweise meinen MRT-Termin. Und die Operation, die zeitnahe vorgenommen werden sollte.

Zum Glück hatte ich in der Zwischenzeit eine E-Card erhalten, sodass ich die Kosten nicht selbst übernehmen musste. Hätte ich gar nicht können. Subsidiärer Schutz sei Dank! Und Dank den vielen lieben Menschen, vor allem Mario, die sich dafür eingesetzt hatten, dass ich diesen Schutz erhalten konnte.

Zurück ins Krankenhaus. Ich hab nämlich das Problem, dass meine Adern immer flüchten, wenn eine Krankenschwester mir Blut abnehmen will. So wie wenn du in einen Baumarkt gehst und nach Verkäufern suchst. Oder wenn Afghanen am Bazar in Teheran die iranische Polizei sehen. Einfach weg. War jedenfalls nervig, weil ich im Krankenhaus sowieso oft gestochen wurde. Und wegen der Adern-Flucht mussten sie das Ding immer dreimal auf gut Glück in meine braungebrannte Haut rammen, damit sie zum roten Zeugs kamen. Das ist außerdem eine schlechte Kombination mit meinem anderen Problem. Ich bin nämlich stechophob, hab Angst vor Stichen, im Volksmunde ein Spritzenschisser. Eigentlich merkwürdig bei einem ehemaligen Straßenverkäufer, der als Kind immer mit einem Klappmesser zur Verteidigung gegen Überfälle herumgelaufen ist. Jedenfalls wurde durch diese beiden Umstände jede kleine Blutabnahme für mich zu einer Gratis-Theatervorführung für die Krankenschwestern. Ich hätte Geld für den Eintritt verlangen sollen. Na ja.

Im Krankenhaus hab ich noch einige lustige Sachen erlebt. Wenn du ein lustiger Mensch bist, oder dich zumindest dafür hältst, dann erlebst du halt überall etwas Lustiges. Auch mit einem Tumor im Kopf oder auf dem Kofferraumreservereifen eines VWs. Das ist der Trick im Leben: dich selber mit Humor betrügen. Außer wenn sich der altbekannte, mazedonische Güterzug mit 200 Stundenkilometern an dich heranschleicht.

Dann solltest du besser springen,

als einen Witz zu beginnen.

#Reimmeister

Einmal zitterte ich in meiner locker-luftigen Krankenhausbekleidung im winterlichen Lift und wollte schleunigst wieder in den zweiten Stock fahren. Die Türen schlossen sich bereits. Da sah ich einen Anzug auf den Lift zusprinten. Ich bin ja ein höflicher Mensch, du kennst mich ja. Also steckte ich meinen Arm schnell in die sich schließenden Aufzugkiefer, damit der Lift auch noch die andere Gestalt schlucken konnte. Der Mann, der sich mit Anzug und Krawatte neben mich in den Lift stellte, murmelte ein verschnauftes »Danke«. Und ich bin ja nicht nur ein höflicher, sondern auch ein redsamer Mensch, du kennst mich ja. »Sind Sie ein Arzt?«, fragte ich den Fremden. Er schaute mich ungläubig an, nach einer Sekunde lachte er und sagte: »Ja, ja, bin ich.« Wir stiegen im selben Stock aus, und ich wünschte ihm noch einen schönen Tag.

Tags darauf lag ich im Bett. Ein Rudel von Jungärzten trippelte in mein Zimmer. Ganz vorne: der kleine Typ, dem ich gestern die Lifttür aufgehalten hatte. Er diskutierte mit den anderen hinter ihm über meinen Fall und fragte sie ein paar Sachen. Stellte sich heraus, dass Herr Doppler der Obermacker der ganzen Station war. Ich grinste ihn an. Er grinste mich an. Ich grinste mich selbst an und beglückwünschte mich innerlich. Elyas, du hattest schon viele schlechte Ideen. Aber diesem Anzug die Tür aufzuhalten, das gehörte zum Glück nicht dazu! Er trat an mein Bett, klopfte zweimal mit dem Handrücken auf den Rahmen und meinte: »Keine Angst. Alles wird gut. Wir kümmern uns um dich.« Eigentlich geht's im Leben nur darum, anderen Leuten Lifttüren aufzuhalten. Warum tun wir nicht dasselbe mit den Grenzen?

Schließlich kommt alles zurück, im Leben oder danach.

NOCH 3 KAPITEL
BIS »BORN TO BE«

Höchstwahrscheinlich gutartig.

Das konnten die Ärzte nach dem MRT als erste, kleine Entwarnung geben. Der Tumor hatte sich noch nicht ausgebreitet. Das teilte mir mein persönlicher Held Dr. Eichholzer mit. Er war für meine OP zuständig. Schon bei unserem ersten Gespräch war er sehr freundlich und einfühlsam und konnte mein Vertrauen gewinnen. Er erklärte, dass sich nach dem derzeitigen Stand der Dinge keine Metastasen gebildet hatten, was aber mit endgültiger Sicherheit erst nach der Operation feststehen würde. Trotzdem hatte der Tumor bereits die Größe eines Tischtennisballs und musste bald entfernt werden, bevor er ernsthaften Schaden anrichten oder lebensbedrohlich werden konnte. Er legte mir ein Dokument vor. Da standen die Schäden beschrieben, die durch diese OP entstehen könnten. Doppelbilder sehen, Lähmung der linken Gesichtshälfte, Verlust des Geschmackssinns, solche Sachen halt. Toll. Zumindest stand da nichts von »langsam und qualvoll eintretendem Tod«, das war ja schon mal positiv. Dr. Eichholzer besprach alles mit mir und fragte mich zum Schluss, ob ich unterschreiben würde. Natürlich waren das keine guten Nachrichten. Aber ich musste unterschreiben, damit die Operation durchgeführt werden konnte.

Die OP musste mehrmals verschoben werden. Einmal zum Beispiel war alles für den nächsten Tag vorbereitet: die Ärzte, die

OP-Schwestern, ich als Patient, meine Socken, meine spezielle Strumpfhose, die Werkzeuge, der Operationssaal, die Ärzte-Donuts für die geplanten acht Stunden Operationszeit und so weiter. Also das mit den Donuts stell ich mir halt so vor. Die brauchen doch irgendeinen Snack oder was dazwischen. Oder sind das nur die Polizisten, die 47 Prozent ihrer Arbeitszeit auf professionelle Donutvernichtung verwenden?

Ja, jedenfalls war alles vorbereitet, und um neun Uhr in der Früh direkt vor OP-Beginn kam der Arzt und verkündete, dass irgendwas mit meinem Blut nicht stimme, und sie müssten die OP verschieben. Mehrmals wurde mir Blut abgenommen, die Werte wurden überprüft. der Arzt faselte etwas von Gerinnungsfaktor 11 oder so, und warum ich bisher in meinem Leben noch nicht verblutet bin. Cool. Das baut auf. Zählt definitiv zu den fünfzig Top-Fragen, die man von seinem Arzt vor einer achtstündigen OP nicht hören möchte. Weil das bedeutet, wenn ich eine kleine Wunde habe, würde die ewig brauchen, bis sie sich verschließt, weil mein Blut zu flüssig ist. War bei mir aber nie der Fall gewesen, und das sagte ich ihm auch. Er meinte dann, dass das wahrscheinlich angeboren wäre und mein Körper das irgendwie ausgeglichen hätte. Mein Körper ist schon cool, oder?

Ein anderes Mal wurde meine OP am Abend davor verschoben, weil eine Notoperation durch die Rettungseinfahrt hereingetrudelt war. Weil der noch um einiges unmittelbarer am Abkratzen war (Ast durch den Schädel), wurde er vorgereiht. Und bei jeder Verschiebung fuhr ich wieder heim und arbeitete ein paar Tage weiter, so gut es eben mit den schwankenden Schmerzen ging. Bis dann der nächste OP-Termin angesetzt wurde und ich ein paar Tage davor wieder ins Krankenhaus musste.

Furchtbar langweilig war mir dort immer. Minuten wie Stunden, Sekunden wie Minuten. Ich wusste nicht, was ich mit dieser Zeit anfangen sollte. Am liebsten war mir Schlafen. Beim Schlafen hatte ich keine Schmerzen, beim Schlafen dachte ich nicht an die OP. Frau Edith und Tabea nahmen sich oft frei und blieben lange bei mir, spielten Spiele mit mir oder saßen einfach neben dem Bett. Gelegentlich las ich Zeitung oder spielte am Handy. Jedes Mal war ich in einem anderen Zimmer, meistens mit zwei oder drei Patienten. Mit Karl war ich zweimal im Zimmer: mitten im Leben, ein hohes Tier bei der ÖBB, und eines Tages ist er einfach bewusstlos geworden und auf den Tisch gekracht. Diagnose: Tumor im Kopf. Prahlte vor der Operation noch, er könne mir und allen meinen Bekannten jederzeit Jobs verschaffen, ich solle mich bloß melden. Nach der OP war er nicht mehr derselbe, ich hab ihn gesehen. Die Ärzte schickten ihn in Frühpension. Echt krass. Gesundheit ist wichtiger als Positionen oder Geld. Durch eine einzige OP kann alles anders werden.

Ich bekam oft Besuch. Neben Tabea und Frau Edith waren auch Hesam und meine Eltern öfters da. Lange Zeit versuchte ich, die Erkrankung und meinen Zustand vor meiner Familie zu verstecken, als ich es ihnen dann gesagt habe, glaubten sie mir am Anfang nicht. Aber ist ja wirklich nicht normal: Warum sollte ein junger, gesunder Mann plötzlich einen ernstzunehmenden Gehirntumor entwickeln? Deshalb kamen sie erst gegen Ende meiner endlosen Krankenhausaufenthalte zu Besuch. Dann waren auch Chrissi aus Salzburg, Bekannte und Freunde aus Goisern, von der Kirchengemeinde in Linz und von der Arbeit da. Sogar einige Kunden vom Friseursalon in Eferding besuchten mich! Das hat mich echt gefreut.

Frau Edith und Tabea waren immer dabei, wenn ich ins Krankenhaus musste. Auch am 6. Februar 2019, als schließlich tatsächlich meine Operation stattfand. Ich wurde vorbereitet. Hab meine stylischen Strümpfe bekommen, Tablette geschluckt.

Die Schwester wollte mir eine Infusion geben.

Ich wie immer: »Sorry, aber ich bin stechophob.«

Sie nickte. Endlich! Jemand, der Verständnis für mich hatte! Verständnisvoll rammte sie mir danach den Venflon in den Unterarm und ließ die Infusion laufen. Sie verließ den Raum. Kurz danach kamen junge, attraktive Gesundheits- und Krankenpflegerinnen, wie man sie offiziell nennt, zur Tür herein. Ich meinte, 72 von ihnen gezählt zu haben. Die meisten waren blond, schienen aber trotzdem intelligent zu sein. Ein paar hatten braune oder schwarze Haare. Und alle hatten sie weitere Venflons in der Hand. Ich schrie: »Nein, ich bin stechophob!« Sie nickten. Sie hatten Verständnis, packten die Venflons weg. Ich atmete erleichtert auf. Die 72 Schwestern schoben mich aus meinem Zimmer in Richtung Operationssaal. Da sah ich die große Überraschung: Überall tanzten Luftballons an der Decke! In allen Farben glänzten sie mir entgegen: Rot, Grün, Blau, Gelb, Orange, Pink. »Maaah, sooo viele Ballons!«, rief mein wunderschöner Mund, der sich angesichts der luftgefüllten Latexkugeln staunend verformte. Wow! Und das alles extra für mich? Sogar Mariam saß mit Kleidchen und Kopftüchlein am Empfangstresen und ließ die Beine baumeln. Ihr Kopf hob sich und blickte durch mich hindurch. Warum sie so traurig war?

Die 72 Krankenschwestern schienen sie nicht zu bemerken und schwebten weiter. Ohne Schweben wäre es auch nicht gegangen, weil die dunklen Meereswogen unter uns immer höher wurden. Aber ich hatte keine Angst. Eine Schwester, ich glaube, es war die mit den türkisen Haaren, flüsterte: »Der macht Kopfwäsche, so gut!« Deshalb war ich beruhigt. Wer meine Kopfwäschen zu schätzen wusste, würde sich auch gut um mich kümmern. Schließlich war das keine billige Kreuzfahrt, die ich hier gebucht hatte. Aber nach all den Jahren qualitativer und anstrengender Kopfwäschen war es unglaublich wohltuend, hier am Pool den Urlaub zu genießen. Hatte ich mir auch redlich verdient, nachdem ich die Kopfwäschen-Europameisterschaft 2024 gewonnen hatte.

Etwas Helles wie die Sonne blendete mich. Ich fühlte mich durstig. Deshalb stand ich von meiner gepolsterten Liege auf und schlenderte unter dem wolkenlosen Himmel über das polierte Holzdeck zur Honolulu-Bar rüber. Richtig schön dekoriert, kann man nicht jammern, so mit Kokosnüssen und Blumenkränzen. Roch aber nach Zahnarztpraxis oder so, wahrscheinlich war der Tresen gerade frisch desinfiziert worden. Der freundlich lächelnde Bartender trug sogar dasselbe Hawaiihemd wie ich, in strahlendem Gelb! Wie er dastand, mit seinem silbrig glänzenden Cocktail-Shaker eifrig am Jonglieren, und wie er schon wusste, dass ich gerne eine Piña colada hätte. Mein Drink war fast fertig. Ich rückte meinen Strohhut zurecht und musterte den Bartender genauer. Er sah eigentlich aus wie ich. Attraktiv, gut gebräunt, perfekte Frisur. Die Eiswürfel glitzerten verführerisch im gekühlten Kristallglas, in welches er, in welches ich das kokosfarbene Gold fließen ließ. Ich musste schlucken. Er wusste genau, wie ich sie am liebsten genoss, und schöpfte die Schlagobers-Schaumkrone nicht ab. Ich leckte mir erwartungsvoll über meine trockenen Lippen.

Als Nächstes werde ich die Cocktail-EM 2028 gewinnen.

NOCH 2 KAPITEL
BIS »BORN TO BE«

Der Traum war erfunden.

Die elf Stunden Operationszeit und ebenso viele Blutkonserven nicht. Aber ich war weiterhin am Leben. Klar, das wäre in einem Rechtsstaat wie Österreich gar nicht möglich gewesen, dass ich bei der Operation sterben könnte. Das habe ich ja nicht unterschrieben.

Als ich aufwachte, taten es meine Augen nicht. Kennst du das Gefühl, wenn du dich in der Früh nur noch fester in deine Daunendecke einwickelst, nachdem du den Wecker getötet hast? Genau. Das haben meine Augen mit meinen Augenliedern auch gemacht. Einfach fest eingehüllt geblieben. Die waren so stark mit einem Mittel verklebt, dass ich ein bisschen brauchte, bis ich sie überhaupt ein Stück weit öffnen konnte. Alles war verschwommen. »Können Sie mich sehen?«, krankenschwesterte jemand. Nach einigen Sekunden wurde es besser, obwohl meine Augen stark zu brennen und zu tränen begannen. Ein grässlich chemischer Gestank kletterte in meine Nase und begann eine ernstzunehmende Schlägerei mit meinem Geruchssinn.

Vor mir stand ein verschwommener Umriss, der mich fragend anblickte. Hinter ihm etwas, das so ungefähr wie meine besorgte Verlobte aussah.

»Herr Jamaldingsbums, können Sie mich sehen?«

Nein, Spaß, eigentlich hat sie eh Jamalzadeh gesagt. Und ja, konnte ich, wertes Fräulein, ich konnte Sie sehen. Aber wichtiger und dringlicher war die Frage, ob sie mir meinen Humor noch im Kopf gelassen hatten. Ich hegte nämlich ernsthafte Befürchtungen, dass Tabea heimlich den Chirurgen bestochen hatte, meinen Humor gleich mit dem Tumor herauszuschnippeln. Überprüfen wir das doch gleich mal. Zeig, was du kannst, Elyas!

»S'sndwndrschn«, nuschelte ich mit logopädischer Präzision.

Der fragende Blick der Krankenschwester intensivierte sich: »Ich habe Sie nicht verstanden, was haben Sie gesagt?«

Tabea seufzte nur. Diese Reaktion gab mir Hoffnung. Offenbar hatte sie mich verstanden. Eine wahre Seelenverwandte eben.

Sie übersetzte von Elyasisch auf Deutsch: »Er meint, dass Sie wunderschön sind.«

»Ach ja«, antwortete die Schwester unbeeindruckt, »Humor scheint er noch zu haben.«

Beide atmeten erleichtert auf, und ich auch. Humor: Check. Als ich zu einem Lächeln ansetzte, spürte ich meine linke Gesichtshälfte nicht, und ein unglaublicher, stechender Schmerz zuckte durch meine Nackenmuskeln. Jaja, sorry, Körper, dass ich Freude am Leben zeigen wollte, wird eh nicht wieder vorkommen! Dafür drückte mir Tabea einen liebevollen Schmatzer auf die rechte Wange. Das ist eben noch immer die beste Medizin. Ihre Lippen fühlten sich erleichtert an.

Von den Tagen auf der Intensivstation weiß ich heute nicht mehr so viel. Ich fühlte mich wie ein Wurstsalat, nur mit Kabeln statt Wurst. An mir klebten in etwa so viele Schläuche, wie mich Stationsmitarbeiter zu Tabea beglückwünschten. Sie hatte während meiner OP viele Stunden geduldig gewartet, um spätabends zumindest einen Blick durchs Glasfenster auf mich werfen zu können – die OP dauerte nämlich noch vier Stunden länger als geplant. Tabea erzählte mir später, dass sie kurz ziemlich geschockt war. Eine Schwester antwortete ihr nämlich auf die Frage, ob sie mich sehen dürfte, mit: »Jetzt noch nicht, der Körper muss erst aufgewärmt werden.« Klingt nicht nach einer beruhigenden Erklärung für die besorgte Verlobte eines Gehirnoperierten; klingt eher ein bisschen nach Tod. Bei der raschen Veränderung von Tabeas Gesichtsfarbe beeilte sich die Schwester dann doch, zu erklären, dass dieser Vorgang nach solchen Operationen normal sei.

Den Valentinstag wollte ich Tabea trotz meines Zustands nicht vorenthalten. Um selber einzukaufen, war ich ein bisschen zu verkabelt und zu gehirnoperiert. Deshalb bat ich Chrissi, mir Schokolade, Blumen, eine Karte und Stifte zu besorgen. Dann schrieb ich langsam, sehr langsam – na ja, Zeit hatte ich ja – eine Karte für Tabea: »Ich bin dir dankbar, dass du nicht nur in den guten, sondern auch in den schwierigen Tagen bei mir warst!« Frau Prinzessin sollte sich schließlich wegen ihres Kopftumormenschen nicht benachteiligt fühlen à la: »Oh, lebensbedrohliche Operation, und schon vergisst er meinen Valentinstag!« Nix da, haha.

Ein Arzt kam zu mir. Nicht zwei, weil die Doppelbilder geflüchtet waren. Schade. Hatten nicht nur Nachteile gehabt, diese Doppelbilder. Stell dir vor, du hast alles zweimal im Leben. Zwei attraktive Verlobte kommen auf dein Bett zu, küssen dich zärtlich und fragen dich: »Wie geht's dir, du Kasperl?« Okay, ja, könnte langfristig hässlich werden, wenn eine Tabea auf die andere neidisch wird ... Der Arzt jedenfalls versicherte, die OP sei glatt gelaufen. Ich hatte zwar wegen meines Gerinnungsproblems viel Blut verloren, aber darauf waren sie vorbereitet gewesen. Die Untersuchung der Tumorprobe im Labor hatte ergeben, dass er tatsächlich gutartig war und sich nicht ausgebreitet hatte. So kam ich für zwei Wochen auf die normale Station. Ich konnte meinen Mund kaum öffnen und zwei Wochen lang nichts essen, nur trinken und Tabletten schlucken, und meine linke Gesichtshälfte war taub. Das machte mir schon Angst, ob ich mein Gefühl je wiederbekommen würde. Aber mit Humor und ohne Tumor ist's bergauf gegangen. Übrigens, liebe Österreicherinnen und Österreicher: »Es geht bergauf« ist völlig unlogisch. Bergauf ist's ja anstrengender als bergab. Da braucht man viel mehr Kraft. Wer will denn freiwillig auf einen Berg raufgehen? Verrücktes Land, in dem ihr Wasser wie Cola trinkt und Spaghetti nicht in Stückchen esst, und das mit den teuflischen Tiefkühlpizzen, und dass ihr Bergaufgehen positiv findet ...

Mein Physiotherapeut war vom Bergaufgehen jedenfalls begeistert. Rauf, runter, rauf, runter jagte der mich, rauf, runter, rauf, runter, die Stiege rauf und runter. Ich wette, er war auch einer von denen, die in ihrer Freizeit grundlos auf Berge klettern, rauf, runter, rauf, runter. So wie ich nun die Stufen rauf, runter, rauf, runter musste. Schnaufte rauf, schnaufte runter, schnaufte rauf, schnaufte runter. Na ja, sei's drum, er wollte mir mit dem Rauf-runter-rauf-runter jedenfalls helfen. War begeistert, wenn ich rauf, runter, rauf, runter, die Stiege, rauf, runter, rauf, runter, und ganz alleine schon, rauf, runter, rauf, runter, klatschte für mich, rauf, runter, rauf, runter, war von meinem Fortschritt begeistert, rauf, runter, schnaufte, rauf, runter, fühlte mich wie ein Hamster, nur ohne Rad, rauf, runter, rauf, runter, und wusste nach Rauf und Runter noch immer nicht, warum Österreicher wie besessen Berge und Stiegen rauf, runter, rauf, runter wollen. Bei der Reha dann rauf, runter, rauf, runter, mein Zustand ging überhaupt nur rauf, rauf, und dann runter, runter kamen die Tränen bei der Lehrabschlussprüfung zwei Monate später, rauf der Rotz, runter die Tränen, rauf, runter, auch bei den Klassenkollegen und Lehrern, rauf der Rotz, runter die Tränen, rauf, runter, und rauf auf die Bühne, als ich nach der Reha als Klassensprecher rauf, runter, rauf, runter das Gedicht las, das ich nicht geschrieben hatte, sondern Frau Edith, rauf, runter, rauf, runter mit meiner Gefühlsachterbahn, rauf mit Dankbarkeit, rauf mit Freude, und die Tränen runter, runter, runter, die kommen runter, wie die Flüchtlinge, runter, runter, runter, ungewollt kommen die und immer mehr, runter, runter, runter, die schmaROTzen Sozialleistungen, runter, runter, runter, und der Rotz rauf.

NOCH 1 KAPITEL
BIS »BORN TO BE«

Na ja, dann ist jetzt erstmal Schluss mit dem Buch. War eine schöne Zeit mit dir. Wir sehen uns dann beim »Paye Dosti«-Filmabend. Bring was zum Knabbern und Cider mit, du Schmarotzer!

Ach ja, warte! Hab dir noch gar nicht gesagt, wo ich wohne? Alter, meld dich, sonst kannst du ja gar nicht zum Filmabend kommen! Echt hey, mal mitdenken hier!

Also, weißt du, wo der Hauptbahnhof ist? Wenn du da grade rausgehst, also so ein bisschen links, aber schon gerade, nur halt links, aber nicht zu weit. Sonst fährst du auf die Autobahn. Und die Autobahn fährt dich mit ihrem ruhigen Asphalt weit weg, nach Wels oder nach Salzburg oder, Gott behüte, sogar nach Wien, wo ich am 1. Oktober 2020 nach über fünf Jahren mit Tabea, meinen Eltern und dem Pastor unserer Kirchengemeinde endlich mein Asylinterview hatte.

Die Autobahn hat am Tag vor Weihnachten schließlich auch das positive Geschenk zu uns gefahren: Juhu! Offiziell Asylant nach fünf Jahren! Und sie hat uns in den Weihnachtsferien nach Goisern gefahren, um das positive Geschenk mit Tabeas Familie und mit unserem Freund und Autor Andi zu feiern.

Das alles macht die Autobahn, sie fährt dich in Gefahr (wenn alkoholisiert) oder Sicherheit (wenn von-afghanischen-Ehrenmördern-verfolgt), alles Wichtige in meinem Leben hatte irgendwie mit der Autobahn, diesem Asphaltkunstwerk und Teerfluch zugleich, zu tun, die Autobahn, die fährt dich ins Glück und ins Unglück, in die Zukunft oder die Vergangenheit (echt jetzt, laut der Physik kommt das, glaub ich, nur auf deine Geschwindigkeit an), und sie fährt dich sogar an den Wolfgangsee, wo wir uns am 08.08.18 verlobten.

Denn wo würde ein Flüchtling, der ein Mittelmeer-Trauma hat und unglaubliche Panik vor tiefem Wasser, sich lieber verloben als in einer filigranen Tretbootschüssel 114 Meter über dem dunklen, kalten, unentrinnbaren Seegrund? Ich wollte Tabea eine Freude machen – an diesem Tag ging es schließlich um sie, und nicht um den komischen Typ, dem ein bisschen Nass um ihn herum Angst machte. Es sollte ein perfekter Tag für eine perfekte Frau werden. Tja, die Dinge, die Mann für die Liebe tut. Der Ring glitzerte. Ich war nervös. Das Wetter war warm. Der Tag war schön. Tabea auch. Sie sagte übrigens »Ja«, wie du vermutlich schon mitbekommen haben dürftest, also kein Güterzug mehr wie damals im Dezember 2015 (das war eigentlich der Hauptgrund für die See-Verlobung, Tabea konnte nicht »Nein« sagen, auf den See, da kommt nämlich kein Güterzug hin, haha). Für noch mehr Romantik oder sonstige Beschwerden fragen Sie bitte Ihren Elyas oder dessen Verlobte. Wir wollten jedenfalls im Jahr darauf, 2019, heiraten. Denkste! Über den dafür entfesselten Bürokratiesturm könnte ich ein zweites Buch füllen. Das war noch ein langer Weg.

Okay, zurück zum Filmabend; vom Hauptbahnhof ist's nämlich kein so langer Weg mehr. Also wie gesagt nicht nach links zur Autobahn, sondern eher so geradeaus. Aufpassen, dass du nicht nach rechts abzweigst, rechts kommst du nämlich zur Goethekreuzung, und da willst du nicht hin. Erstens sind da viele Flüchtlinge, so Afghanen und so. Und außerdem hab ich da meine Geburtsurkunde auf der Straße überreicht bekommen. Mehr als ein Fünfteljahrhundert nach meiner Geburt, schon witzig, oder? Wie ich da zu meiner Geburtsurkunde kam? Ach, erzähl ich gern noch, nochmal so richtig vom Thema abschweifen, ein letztes Mal in diesem Buch, ich versprech's, Afghanenehrenwort, aber »wenn, dann gscheit«, sag ich immer, wie die Taliban mit den Bomben, »wenn, dann gscheit«.

2020 konnte ich die Geburtsurkunde endlich beantragen. Davor waren Stempel von allen möglichen Ämtern notwendig. Echt: Seit meinem ersten Interview 2017, als ich subsidiären Schutz bekommen habe, bin ich drei Jahre lang zwischen, ich verarsch dich nicht, sicher zwanzig Behörden im Kreis rotiert, damit ich eine Geburtsurkunde bekomme, damit die mir

1. glauben, dass ich geboren wurde (haha, der Witz wird alt), und

2. glauben, dass ich nicht im Heimatland verheiratet bin.

Für unsere anvisierte Hochzeit wollte das Standesamt dafür eine Geburtsurkunde als Beweis sehen. »Okay«, denk ich mir, »dann beantragst du einfach eine Geburtsurkunde.«

Gar nicht so einfach als Ungeborener in Österreich, der heiraten möchte. Untot war ich zwar spätestens seit dem Mittelmeer gewesen. Aber ungeboren heiraten in Österreich, da hast du richtig Probleme. Probier das ruhig mal. Jedes Amt verwies mich an ein anderes. Hey, kennst du den schon:

Herr Keiner, Herr Niemand und Herr Elyas wohnen in Österreich. Herr Keiner und Herr Niemand waren Beamte in zwei verschiedenen Ämtern. Herr Elyas geht zu Herrn Niemand und fragt: »Wo kann ich meine Geburtsurkunde beantragen?«

Herr Niemand antwortete: »Geburtsurkunde? An so einen Fall hat, glaub ich, Keiner gedacht.«

Herr Elyas geht daraufhin zu Herrn Keiner und fragt wieder:

»Kann ich bei Ihnen meine Geburtsurkunde beantragen?«

Darauf der Herr Keiner: »Puh, da kann Ihnen Niemand helfen, denke ich.«

Haha? Nein? War nicht lustig, ich weiß. Jeder Beamte war mit mir überfordert. So wie du halt schon das ganze Buch mit meinen Witzen. Bin halt etwas Besonderes. Und endlich, nach drei Jahren, hatten wir eine Beamtin gefunden, die uns hoch und heilig versprach: »Mit folgenden zwölf Stempeln (ja, zwölf, ich schwöre) und einer Geburtsurkunde von der österreichischen Botschaft für Afghanistan in Pakistan könnt ihr bei mir heiraten.« Immerhin mal eine konkrete Ansage. Die Hoffnung lebt! Die zwölf Stempel wurden innerhalb einiger Wochen organisiert. Du kommst dir zwar ein bisschen vor wie kleine Kinder bei einer Schnitzeljagd. Nur frustrierter. Erfolgsgefühle, wenn du alle Stempel hast, stellen sich trotzdem ein. So, und die Geburtsurkunde beantragte meine Schwester Mahbobeh in Afghanistan für mich.

»Waaaaas?! Mahbobeh?! Die wurde doch von den Taliban entführt und war verschwunden?!«, schreist du verwundert. (Oder auch nicht, weil du das längst vergessen hast auf den letzten 240 Seiten.) Long story short: Mahbobeh ist vor ein paar Jahren wieder aufgetaucht, bei entfernten Verwandten von uns in Kabul. Sie war mit ihrem Taliban-Entführer/Vergewaltiger von damals nun verheiratet. Es hatte so lange gedauert, bis sie Verwandte von ihr wiedergefunden hatte. Wie willst du das auch schaffen, ohne Kontakte, fast immer zu Hause eingesperrt, ohne Internet oder Handy? Über die Verwandten konnte sie uns dann kontaktieren. Schon krass, und wie reagierst du da drauf, wenn eine viel ältere Schwester, die du noch nie gesehen und tot geglaubt hast, sich vom anderen Ende der Welt plötzlich nach einem Vierteljahrhundert bei dir meldet? #JustAfghanThings

Sag mir: Wie schnell fliegt ein Flugzeug? Ist mir egal, wie gebildet ihr Europäer seid: Wie schnell fliegt ein Flugzeug wirklich? Solange du nicht selbst dort außen draufhängst, wenn es abhebt, solange du nicht siehst, wie die anderen um dich herum in die Tiefe gerissen werden, weißt du es nicht. In Afghanistan ist Leben Tod. Seit der Machtübernahme der Taliban hat meine Mutter unglaubliche Angst. Angst um die Tochter, die, kaum wieder lebendig, nun wieder unter lebensbedrohlicher Herrschaft lebt. Angst um die Verwandten, um die Cousinen und Cousins und Freunde. Angst, dass ein Anruf kommt. Angst vor Fernsehbeiträgen: Hängt da jemand an dem abhebenden Flugzeug dran, den ich kenne? Ist jemand von denen, die vor laufender Kamera exekutiert werden, ein Bekannter, ein Freund? Stell dir das vor: Heimat, und doch keine Heimat mehr, sondern nur noch Angst, Angst, Angst ist da alles, was bleibt. Deshalb versuchte auch Mahbobeh mit ihren Kindern, ihrem Mann und dessen anderer Frau über den Flughafen zu fliehen. Problem: Mauer. Problem: Amerikaner. Problem: Taliban. Problem: Menschenmengen. Problem: Covid, Covid überall. Ihr Mann erkrankte schwer, sie mussten nach Hause. Mahbobeh versucht, nach Pakistan zu kommen. Mahbobeh braucht dafür viel Geld von uns. Mahbobeh schickt uns Fotos. Von Gewehren. Von Patronenhülsen vor der Haustür. Von Flugzeugen, die weg, weg, wegfliegen. Sag mir: Wie schnell fliegt ein Flugzeug?

Na ja, bevor ich weiter vom Thema abschweife, jedenfalls schaffte sie es noch 2020 mit einigen goldenen Handschlägen, die Geburtsurkunde für mich vor Ort zu beantragen und auf den langen, langen, langen Weg nach Österreich zu schicken. Alleine der eingeschriebene Priority-Versand kostete achtzig Euro und dauerte über einen Monat lang. Wir warteten und warteten.

September 2020. Eine unbekannte Nummer schickte mir auf Farsi eine Nachricht auf WhatsApp. Ich war grad in der Arbeit.

»hey elyas
schatzi-jan <3
wie geht's«

»Ich kenne Sie nicht, wer sind Sie?«

»haha
elyas
ich kenn dich aber ;)«

»Wer sind Sie, und woher haben Sie meine Nummer?«

»elyas-baby <3
du hast was bei mir
etwas gaaaanz wichtiges«

(Notiz: An diesem Punkt hatte ich ernsthaft darüber nachge-
dacht, ob ich irgendwann in der jüngeren Vergangenheit
1) eeeventuell betrunken gewesen und
2) eeeventuell aus Spaß Ernst geworden und
3) eeeventuell Ernst bereits geboren worden sein könnte?
Ich verneinte die Frage innerlich und tippte eine Antwort.)

»Ich bin in der Arbeit, kann gerade nicht schreiben.
Könnten Sie deutlich sagen, was Sie von mir möchten?«

»sorry
elyas-jan <3
muss jetzt gehen
byeeeeeeee
<3«

Okay. Am nächsten Tag dann: zehn Anrufe in Abwesenheit.

»Ich kann gerade nicht telefonieren,
rufe Sie zurück.«

»was machst du«

Schicke schnell ein Bild vom Friseursalon.

»wow oh mann
elyas-jan <3
du hast andere problemeeee
sitzt einfach beim friseeeur
haha«

»Ich arbeite hier, ich bin Friseur!«

»ah ok
elyas-jaaaan
hab brief
von dir
wo wohnst du
ich komme.
jetzt«

(Notiz: An diesem Punkt dämmerte mir, um welchen Brief es gehen könnte. Meine explosiven Talibangene waren wegen dieser Person kurz vorm Erwachen. Ich rief sie an.)

»DORUT, ELYAAAAS-JAN, CHETORI?!«, süßelte eine dröhnende Frauenstimme ins Telefon.

»Wer sind Sie?«, fragte ich, Talibangene unterdrückend.

»Hihi. Ich komm gleich vorbei, Elyaaas-jan. Ich hab irgendeinen wichtigen Brief von dir. Wo wohnst du?«

»Meine Adresse steht auf dem Brief. Aber ich bin gerade nicht zu Hause, Sie können jetzt nicht –«

»Okay, gleich da, Schatziii!«

Aufgelegt.

Sie reagierte nicht auf meine Folgeanrufe.

Mein Leben lag sprichwörtlich in ihren Händen.

Mein Leben fühlte sich gerade recht wackelig an.

Eine Stunde später ihr Rückruf: »Elyas-jaaan, ich war gerade da. Warum hast du nicht aufgemacht? Ich hab den Brief jetzt weggeschmissen.«

.

.

...

Ich innerlich: »WOW, FICK DICH.«

Ich äußerlich: *Stille.*

.

.

...

»Haha, Scheeeerz! Komm am Abend zum AKH, bin dort wegen meiner Tochter, dann kann ich dir den Brief geben.«

Aufgelegt.

Ich fuhr gleich nach der Arbeit von Eferding nach Linz.

Am Abend stand ich beim Haupteingang des Allgemeinen Krankenhauses. Aber sie war nicht da. Ich rief sie an.

»Elyas-jaaan? DORUT, CHETO-«

»Jaja, man khubam, WO SIND SIE?! Ich bin beim AKH!«

»Nein, nicht beim AKH, ich bin bei der Goethekreuzung!«

»Bleiben Sie bitte dort und GEHEN. SIE. NICHT. WEG! Ich komme sofort, bin mit einem blauen Skoda unterwegs!«

»Bis gleich, Schatziii <3!«

Fünf Minuten später war ich bei der Goethekreuzung. Ich stand an der roten Ampel und blickte mich nervös um. Wo war diese Frau? Plötzlich begann jemand hektisch winkend quer über die Kreuzung bei roter Ampel auf mich zuzulaufen.

»Oh Jesus, Maria, Mutter Gottes ...«

Notbremsungen. Hupen. Uniformierte Sturmgewehre lehnten an einem Polizeiwagen an einer Straßenecke. Sie wurden aufmerksam. Ich schickte ein Stoßgebet zum Himmel, dass ich keine Probleme mit ihnen bekommen und die Frau die letzten zehn Meter überleben würde. Ich lenkte an den rechten Straßenrand und stieg aus.

»Elyas-jaaan, mein Lieber, DORUT!«

»Dorut ...«

Sie kramte in ihrer Handtasche und drückte mir einen leicht zerknitterten Umschlag in die Hand.

»Hieeer, dein Brief, haha. Hast hoffentlich nicht gedacht, ich hab ihn echt weggeschmissen, haha!«

»Danke, schönen Abend Ihnen ...«

»Jajaaa, dir auch, Schatziii! Ciaooo, bis baaald!«

Und weg war sie.

An dieser Stelle möchte ich meinen Eltern danken, dass sie mich geboren haben, damit ich die Geburtsurkunde überhaupt beantragen konnte, und Tabea, die mir bei den jahrelangen Behördengängen zur Seite stand, und ... – schau, eine einsame Träne läuft mir schon vor lauter Rührung die Wange – ... und vor allem: Ich möchte der Österreichischen Post AG danken, die meinen eingeschriebenen »Priority«-Brief einer Person zugestellt hat, die

1) an einer völlig anderen Adresse wohnte,

2) einen völlig anderen Namen trug und

3) offenbar ein anderes Geschlecht hatte.

Natürlich gebührt mein Dank auch der mysteriösen vierzigjährigen Afghanin, die einen eingeschriebenen »Priority«-Brief von der Österreichischen Post AG angenommen hat, der

1) an eine völlig andere Adresse gehen sollte,

2) an eine Person, die einen anderen Namen trug und

3) offenbar ein fremder Mann war.

Also, so viel zu meiner Geburtsurkunde. Wenn Lockdowns und Ramadans aufhören, dazwischenzufunken, werden Tabea und ich 2021 schlussendlich heiraten können.

Aber wo war ich eigentlich? Ach ja, der Filmabend. Also, damit du zu meiner Wohnung kommst, musst du von der Goethekreuzung geradeaus, am Volksgarten vorbei und … Ob ich nicht mehr in Leppersdorf im Flüchtlingsheim wohne, fragst du? Nein, da sind wir schon 2017 ausgezogen.

In Eferding eröffnete nämlich im Jahr nach unserer Umpflanzung vom Salzkammergut nach Leppersdorf ein Sprachcafé. Sprachkurse und Austauschmöglichkeiten mit Einheimischen waren geplant. Also das, was bei der Maslowschen Asylantenpyramide die obersten beiden Bedürfnisse waren, gleich nach der weißen Karte und stilistisch unmöglich kombinierbarer Secondhandkleidung. Hesam hatte als Erster von uns Wind vom Sprachcafé bekommen, fuhr gleich mit dem Bus hin und lernte dort prompt einen freundlichen Mann namens Georg kennen.

Georg arbeitete viel mit Flüchtlingen in und um Eferding. Er war ein reicher Mann, dem unter anderem auch einige Wohnungen in der Umgebung gehörten. Als er in den folgenden Wochen im Sprachcafé unsere Familie kennenlernte und von den Zuständen im Heim erfuhr, bot er uns an: »Warum zieht ihr nicht in eine meiner Wohnungen, die ich gerade renoviert habe?« Wir zögerten, dachten, dass wir uns so etwas unmöglich leisten konnten. Aber er meinte, er würde viel weniger als normal verlangen, eine geringe Miete und Betriebskosten und Strom. Als er uns die Summe nannte, konnten wir es kaum glauben. Wir hatten uns schon in den Tagen davor umgesehen, ob wir uns vielleicht eine alte Wohnung in der Nähe leisten könnten. Aber mit meinem Lehrlingsgehalt als einzigem Verdienst der Familie neben dem staatlichen Taschengeld waren selbst die mickrigsten Wohnungen unleistbar für uns. Und hier kam jemand, der uns eine frisch renovierte Wohnung um viel weniger anbot, der für uns sogar Verluste in Kauf nahm! Schon wieder jemand, der uns einfach so aus Nächstenliebe um einiges mehr entgegenkam, als es »vernünftig« gewesen wäre. Im Iran waren wir es gewohnt gewesen, die dreifache Miete zu zahlen, nur weil wir Afghanen waren. Hier in Österreich bekamen wir nun ein Angebot, viel weniger zu zahlen, weil oder obwohl wir Afghanen waren. Wow. Natürlich sagten wir zu und waren sehr dankbar. Seither wohnt unsere Familie einerseits in Eferding.

Und andererseits bin ich auch oft bei Tabea in unserer Wohnung, die sie im Herbst 2018 bezogen hatte. Dort habe ich mittlerweile auch meinen Wohnsitz gemeldet, wo die Geburtsurkunde hinkommen hätte sollen. Ach ja, dorthin wollte ich dir ja eigentlich den Weg für den Filmabend beschreiben.

Sorry, ich schweif immer ab, versprochen, das war das letzte Mal. Dass du das über 60 000 Wörter lang mit mir aushältst! Man chesha to bebosam, Bruder, ich küsse deine Augen! Also, wenn du vom AKH zur Goethekreuzung kommst, dann fährst du grade weiter am Volksgarten vorbei, aber nicht am Bauernbergpark rauf. Der gehört Tabea und mir. Wenn ich mal reich bin, dann kaufe ich den, und die ganzen Häuser in unserer Straße, und überhaupt alles andere, kommt halt drauf an, wie reich ich dann bin. Haha, nein, nur Spaß. Als Friseur werde ich sowieso nicht reich. Aber vor allem möchte ich reich an Familie sein. Ich möchte, dass wir mit unserer Familie Karriere machen können. Mit der Frau, die ich am meisten liebe. Pardon, die ich über alles liebe, meine ich natürlich – nicht, dass es da jemand anders gäbe, haha.

Aber ohne Spaß: Ich weiß, ich gehöre hierher. Unsere Familie gehört hierher. Ich wünsche mir, dass ich nicht mehr flüchten muss, weil ich jetzt in einem Land lebe, in dem ich Rechte habe und als Mensch gesehen werde. Und in einem Land, in dem meine Kinder nicht das Leben werden leben müssen, das ich gelebt habe. Dass meine Tochter, dass sie dieselben Rechte wie ein Junge haben wird. Dass niemand, niemand sie schlagen wird. Dass sie einfach schwimmen dürfen wird, aus dem Haus gehen dürfen wird, leben dürfen wird. Und dass sie eine Heimat haben wird. Ich bin gerade dabei, meine Staatsbürgerschaft zu beantragen. Für Österreich. Bald ist Herkunft keine komplizierte Frage mehr für mich. Bald ist die Antwort leicht. Schon jetzt kann ich sagen: »Ich bin EU-Bürger.« Und bald darf ich voller Stolz sagen: »Ich bin Österreicher.« Und auch meine Kinder werden das dürfen. Auch meine Kinder werden dann Österreicher sein dürfen. Ich bringe dann Gott sei Dank keine Ausländer mehr auf die Welt, haha!

Ach sorry, jetzt bin ich wieder vom Thema abgekommen. Aber wenigstens sind wir am Ende der Erzählung fast bei unserer Wohnung angekommen. Musst nur noch vom Bauernberg- park runter, und bist praktisch schon beim Eingang. Also, hier ist sie. Trautes Heim, Glück allein. Hast du dir den Weg hoffentlich gemerkt? Also, Treppe rauf, Alltagssport, rauf, rauf, rauf, wie der Physiotherapeut immer wollte, rauf, rauf, rauf, fühl mich wie ein

Österreicher, schnauf, rauf, rauf, weil vierter Stock und schnauf, schnauf, schnauf, kein Lift, schnauf, schnauf, rauf, noch ein Stock, schnauf, rauf, schnauf, und hier sind, schnauf, wir schon, schnauf.

Also, das ist der Eingangsbereich. Und das da drüben unser kleines Esszimmer und die Küche. Schön, oder? Und hier drüben durch die Tür ist unser »Paye Dosti«-Zimmer, haha. Unser Wohnzimmer halt. Und wenn ich jetzt schon Vater wäre, dann hätte ich genau zwei Kinder bekommen, und die hätte ich »Flücht« und »Linge« genannt, und immer, wenn ich heimkomme und Essen für Gäste wie dich koche, dann könnte ich rufen: »Ey, Flücht, Linge, kommt, das Essen ist fertig!« Und dann kommen sie, Flücht und Linge, dann kommen sie, ihr müsst nicht durch die Tür kommen, ruf ich, und dann kommen sie, ihr könnt überallher kommen, ruf ich, durchs Fenster kommen sie, durch den Kanal, durchs Dach, egal, dann kommen sie, egal, ob die Grenzen offen sind oder zu: Die kommen. Haha.

So, ist das jetzt das Ende?
Ich denke schon.

BORN TO BE

Der Herr Pastor kam gleich zur Sache.

»Elyas Jamalzadeh,
ich frage dich vor Gottes Angesicht:«

Eigentlich flüchtet jeder.

»Nimmst du Tabea an
als deine Frau
und versprichst,
ihr die Treue zu halten ...«

Das Neugeborene flüchtet aus der Mutter.

»... in guten und bösen Tagen,
in Gesundheit und Krankheit ...«

Der Schüler flüchtet vor der Prüfung.

»... und sie zu lieben,
zu achten und zu ehren,
bis der Tod euch scheidet?«

Der Erwachsene flüchtet vor der Verantwortung.

»Ja.«

Der Herr Pastor nickte andächtig.

»Tabea Laimer,
ich frage dich
vor Gottes Angesicht:«

Der Österreicher flüchtet vor dem Rundfunkgebühren-Inquisitor.

»Nimmst du Elyas an
als deinen Mann
und versprichst,
ihm die Treue zu halten ...«

Der Sterbende flüchtet aus dem Leben.

»... in guten und bösen Tagen,
in Gesundheit und Krankheit ...«

Und ich? Ich flüchte.

»... und ihn zu lieben,
zu achten und zu ehren,
bis der Tod euch scheidet?«

Vor? Nein. Nein, nicht mehr.

»Ja!«

Born to be.

DANKSAGUNG

Wenn ein Buch erscheint, steht normalerweise der Autor im Vordergrund, im Fall dieses Buches stehen zumindest zwei Personen im Vordergrund, nämlich der eigentliche Autor Andreas Hepp und sein Freund Elyas Jamalzadeh, dessen Lebensgeschichte das Buch erzählt. Doch es bedarf immer vieler Menschen, die eine solche Publikation überhaupt erst ermöglichen. So auch in unserem Fall. All die lieben Menschen, die uns bei diesem Projekt eine Hilfe gewesen sind, sollen hier besondere Erwähnung finden. Wir hoffen, niemanden vergessen zu haben.

Zunächst richtet sich unser Dank an unseren Verlag. Dass sich überhaupt jemand gefunden hat, unser Manuskript zu lesen und veröffentlichen zu wollen, war für uns ein Wunder. Herzlichen Dank – an die Autorinnen und nun Kolleginnen Judith Taschler, Karin Peschka und Ljuba Arnautović, die, obwohl wir als Newcomer völlig unbekannt waren, unser Manuskript gelesen, uns konstruktives Feedback gegeben und es weiterempfohlen haben, wodurch der Stein erst so richtig ins Rollen gebracht wurde. Wir danken unserer Lektorin Bettina Wörgötter für die offenen Ohren, die motivierenden Worte, ihre Mühe und Zeit. Neben den erwähnten Autorinnen und Bettina haben auch ein paar unserer guten Freunde das Buch vorab als Testleser gelesen. Diesen möchten wir ebenfalls für ihre Zeit und Mühe danken: Jörg Mußmann, Martin Spanka, Patrick Hofer, Edith Laimer und Andreas Stögmüller.

Selbstverständlich geht der Dank auch an unsere Liebsten, ohne die wir dieses Projekt niemals geschafft hätten. Ich, Elyas Jamalzadeh, möchte zuerst meinem besten Freund Andreas Hepp danken, der nun mehr als die meisten anderen über mich und mein Leben weiß, weil er dieses zu Papier gebracht hat. Danke für die Freundschaft, die tolle Leistung, die Zeit, Kraft, Energie und deinen unvergleichlichen Humor. Ein großes Dankeschön an meine Ehefrau Tabea, die sich für mich entschieden hat, als ich nichts hatte, mich immer motiviert, hinter mir steht und meine Ideen unterstützt. Durch alle Höhen und Tiefen hat sie mich begleitet und für dieses Buch als erste Lektorin fungiert. Ich liebe dich, meine bessere Hälfte.

Ich danke meinen Eltern, die stets alles in ihrer Macht Stehende für mich und meine Zukunft gegeben haben, und meiner Schwiegermutter, Edith Laimer, die immer für mich da ist und die verschiedensten Rollen in meinem Leben spielt. Für meinen guten Neustart in Österreich sind auch meine damaligen Lehrerinnen Angelika Wolf, Brigitte Bitsch, Gertrude Schodterer und Johanna Sams verantwortlich, welchen ich auf ewig zu Dank verpflichtet bin. Wirklich dankbar bin ich auch meinem Arbeitgeber Thomas Kreutzer und meiner Chefin Silvia Kieslinger vom Salon Ulli, die mir einen Vorschuss an Vertrauen geschenkt haben und viel Geduld, Energie und Zeit in mich und meinen Erfolg investiert haben.

Das letzte Danke gilt mir. Ungewöhnlich, ich weiß, aber ich bin tatsächlich dankbar, dass ich trotz aller Widrigkeiten nie aufgegeben, sondern stets weitergekämpft habe, dass ich mit Gottes Hilfe in den vergangenen sechs Jahren in Österreich ein neues Leben mit ungeahnten Möglichkeiten und einer Zukunft aufbauen durfte. Das bringt mich auch zu meiner wirklich letzten Danksagung, welche da wäre:

Ein großes Dankeschön an Österreich. Ich bin unendlich dankbar dafür, dass ich ungehindert lesen und schreiben und mir Stift und Papier leisten kann, dankbar für die freundlichen Menschen um mich herum, die mich glücklich machen, für die Kinder, die unbeschwert spielen und lachen und nicht arbeiten müssen. Ich bin Österreich unbeschreiblich dankbar dafür, mir ein so schönes, sicheres, stabiles, arbeitsreiches, erfülltes und gesegnetes Leben ermöglicht zu haben.

Ich, Andreas Hepp, möchte neben meinen guten Freunden Elyas und Tabea und den bereits oben Angeführten meinen beiden Brüdern Christian und Markus und vor allem meinen Eltern danken. Sie waren es, die mich im Vierteljahrhundert seit meiner Geburt begleitet, unterstützt und ermutigt haben – vielen Dank, liebe Mama, lieber Papa!

Gemeinsam danken wir, Andreas Hepp, Elyas Jamalzadeh und Tabea Laimer-Jamalzadeh, dem Verein AVC und Hamid für die wertvolle Arbeit, die du, lieber Leser, mit dem Kauf dieses Buches auch unterstützt hast, und nicht zuletzt danken wir aus tiefstem Herzen unserem Gott für seine Gnade, die uns erst dazu geführt hat, dass wir drei uns kennenlernen und in der Folge dieses Projekt ins Leben rufen durften. Und das allerletzte Dankeschön gilt dir, lieber Leser ...